대통령과 골프

대통령과 골프

골프로 보는 대통령의 통치 스타일

안문석 지음

인물과
사상사

들어가며

한국에 골프가 들어온 지 100년이 넘지만 골프는 여전히 문제적 스포츠다. 어떤 이는 "있는 사람들이 돈 쓰면서 취미생활 하는 게 뭐가 나쁘냐" 하고, 어떤 사람은 골프를 '특권층의 전유물', '부르주아의 유희'로 몰아세운다. 그런 가운데도 골프를 하는 인구는 늘어만 간다. 지금은 한 해 이용객이 3,000만 명이 넘는다. 프로야구 총 관중 수의 4배나 된다. 좋아해서 치고, 운동 삼아 치고, 사람을 만나기 위해 치고, 골프를 욕하면서 치기도 한다. 특히 '사업하는 사람, 정치하는 사람은 안 치는 사람이 없을 정도'라는 말이 있을 만큼 골프를 가까이 하는 사람이 많아졌다.

언제부턴가 '정치하는 사람들이 왜 골프를 좋아하나?'라는 의문이 생겼고, 이를 풀어보려고 자료를 찾아보면서 책까지 쓰게 됐다. 이런저런 자료를 찾아보니 미국이건 한국이건 정치하는 사람치고 골프 안 하는 사람은 드물 정도였다. 이처럼 정치와 골프는 친하다. 미국의 첫 골퍼 대통령 윌리엄 태프트William Taft 이후로, 우드로 윌슨Woodrow Wilson에서 버락 오바마Barack Obama까지 17명이 백악관의 주인이 되었는데, 그 가운데 골프를 안 한 사람은 셋뿐이다. 허버트 후버Herbert Hoover, 해리 트루먼Harry Truman, 지미 카터Jimmy Carter가 그들이다. 앨 고어Al Gore, 밥 돌Bob Doll, 마이클 듀카키스Michael Dukakis, 월터 먼데일Walter Mondale 등 골프를 안 하는 대통령 후보들은 대선에서 지는 경우가 많았다. 한국에서도 박정희, 전두환, 노태우, 노무현, 이명박 등 많은 대통령이 골프를 좋아했다. 국회의원, 국회의원 보좌관, 정부 관료, 지방의원 등 정치에 몸담고 있는 사람들은 대부분 주말이면 골프장으로 향한다.

골프는 왜 이렇게 정치와 친할까? 세 가지 이유가 있는 것 같다. 첫째는 사람 만나는 데 좋다는 것이다. 운동도 하고 사람도 사귀고 할 수 있으니 좋은 것이다. 운동하면서 기분이 들뜬 상태로 만나니 서로 좋은 관계를 형성하는 데 도움이 될 수 있다. 둘째는 이런저런 대화를 나누기 편하다는 것이다. 넓은 들판을 걸으면서 이야기를 할 수 있으니 비밀스런 대화를 하기에 안성맞춤이다. 셋째는 일상과 격리되어 있다는 것이다. 골프장은 도심 외곽에 있는 산이나 넓은 들판에 자리하고 있다. 그러니 권력이 되었든, 국가의 미래가 되었든, 무거운 문제와 씨름하는 정치인에게 골프가 안식처가 되는 것이다. 오바마는 이를 두고 '4시간의 자유'라고 했다.

이런 이유들로 정치인은 골프장을 찾아나서지만, 일반인의 시선은 고울 리 없다. '민생을 챙겨야 할 사람들이 신선놀음이나 하고 있다'고 말하는 게 보통이다. 이 말에는 두 가지 생각이 담긴 것 같다. 하나는 '일을 더하라'는 것이다. '먹고살기 힘든데, 정치하는 사람들은 우리와 다른 세계에 살면서 신경을 안 써준다'는 불만이다. 또 하나는 골프장에서 이루어질 법한 부정한 거래에 대한 경계다. '정치인끼리 또는 정치인과 기업인이 서로 만나 밀담하고 거래하는 것 아니냐'하는 의심이다. 골프가 많이 대중화되었다고 하지만 우리 주변의 일반인들은 이런 생각을 여전히 가지고 있다.

정치인 골프와 관련해서 하나 더 주목해야 할 것은 골프장에서 이뤄지는 주요 의사 결정이다. 일요일에 끼리끼리 어울려서 골프장에서 중요한 이슈에 대해 공감을 형성하고, 월요일 공식 회의에서 이를 통과시키는 방식말이다. 비공식 절차를 통한 공식적 의사 결정이 아닐 수 없다. 이는 시스템이 아니라 일부 패거리가 일을 하는 구조를 형성하는 것이고, 투명하고 예측 가능한 사회와는 정반대의 방향으로 가는 것이다.

본문에서 소개하겠지만, 정치 지도자에는 다양한 유형이 있다. 사적 이익을 주로 추구하는 출세주의자형도 있고, 공직을 즐기면서 정열을 바쳐 일하는 승부사형도 있고, 마지못해 공직을 수행하는 회사원형도 있다. 골프를 하는 행태는 이러한 유형을 잘 반영한다. 규칙을 무시하고 '내 맘대로' 골프를 하는 지도자는 출세주의자형이기 쉽다. 골프를 해도 거래와 관계없이 스트레스 해소용으로 즐기는 경우는 승부사형 지도자일 것이다. 승부욕도 없이 이래도 좋고 저래도 좋다는 식으로 골프를 하는 지도자는 회사원형일 가능성이 높다.

다양한 유형의 지도자와 다양한 형태의 골프를 관찰하면서 우리는, 적어도 '이런 지도자는 안 되겠다'는 생각을 하게 될 것이다. 규정은 안중에도 없이 골프를 하는 경우, 선거 자금 모금의 수단으로만 골프를 이용하는 경우, 일을 팽개치고 골프에 매진하는 경우 모두 부적격이다. 빌 클린턴은 규칙을 무시했고, 기부금 모금에 주로 골프를 활용했다. 그런 그는 르윈스키 스캔들을 일으켰다. 우드로 윌슨은 골프를 자주 하긴 했지만 이권과 관계 있는 사람을 골프장으로 끌어들이지 않았다. 이 차이가 정치 지도자를 평가하는 절대적 기준이 된다고 하기는 어렵겠지만, 평가에 흥미로운 자료를 제공하는 것은 분명한 것 같다. 정치골프, 골프정치의 흐름이 대세인 지금 '정치인은 모두 골프를 끊으라'고 주장하는 것은 어림없는 소리다. 하지만 사람들은 언론과 소문의 도움으로 정치인이 어떤 형태로 골프를 치는지 늘 관찰하고 있다.

2015년 12월

전북대 연구실에서

안문석

차례

제2부　골프와 통치 스타일

7장   출세주의자 · 야수 · 정치인 유형과 골프

8장   승부사 · 장인 · 회사원 · 시인 유형과 골프

제**1**부

골프에
얽힌
정치사

1장

•

골프를
사랑한
대통령들

'막걸리 골프' 박정희

박정희는 원래는 골프를 못했다. 군 장성이었지만 골프를 하지 않았다. 대부분의 한국군 장군들이 미군이나 미국대사관 사람들과 어울려 골프를 치고 파티에도 가고 했지만 박정희는 그런 걸 싫어했다. 마지못해 파티에 참석하는 경우도 있었는데, 그럴 때면 박정희는 한쪽 구석에서 술을 마시다가 먼저 자리를 빠져나왔다. 그가 1961년 5월 16일 쿠데타를 일으켰을 때, '박정희가 골프 못 치는 유일한 장군이고, 미국식 이름도 갖고 있지 않다'는 점이 뉴스가 되기도 했다.

골프를 시작한 것은 5·16 쿠데타로 국가재건최고회의 의장이 되고 난 1962년이었다. '외교를 위해서는 골프가 필요하다'는 주변의 조언에 따라 시작했다. 그해 5월부터 한장상 프로한테서 배웠다. 1960~1970년대 최고의 프로골퍼로 활약했던 한장상은 1962년 당시에는 육군에 입대해 이등병을 달고 있었다. 박정희가 골프를 한다고 하자 당시 육군참모총장 김종오가 수소문해 한장상을 찾아서 박정희한테 보냈다. 지시에 따라 머리도 어느 정도 기른 상태였다. 한장상은 먼저 목수들을 불러 장충동 국회의장 공관에 길이 15미터, 폭 10미터의 작은 연습장을 만들었다. 국가재건최고회의 의장 박정희는 국회의장 공관을 쓰고 있었다. 국회의장 공관은 장충체육관 맞은편에 있었다. 목재와 철재를 잔뜩 싣고 공관에 들어서자 경비병들이 그를 막아서기도 했다. 그렇게 작은 연습장을 설치하고 레슨을 시작했다.

박정희는 한장상이 시키는 대로 잘 따라서 했다. "쉽지 않네. 서 있는 공을 맞히는 게 왜 이렇게 힘들지" 하면서 연습을 했다고 한다. 클럽은 스폴딩Spalding을 쓰고 있었다. 레슨을 세 번째 하는 도중에 갑자기 "외교사절을 만나야 한다"는 비서의 연락을 받고 급하게 자리를 떴다. 그러고는 한동안 골프를 못했다. 쿠데타 이후 민정 이양의 격랑이 심화되었고, 그해 12월 대통령제로 권력 구조를 바꾸는 개헌 국민투표가 실시되었다. 이후 선거 정국에 들어가 1963년 10월 15일 제5대 대통령 선거가 실시되었고, 박정희가 당선되었다. 46.6퍼센트 득표로 45.1퍼센트를 얻은 민정당의 윤보선을 간신히 이겼다.

대통령이 된 직후에도 골프를 한동안 못하다가 1964년 들어 클럽을 다시 잡았다. 청와대에서 조금씩 연습을 했다. 그해 가을 서울CC에서 머리를 올렸다. 경호실장 박종규와 함께 라운드를 했다. 첫 번째 홀 티박스에서 티샷을 했는데, 슬라이스가 나버렸다. 생애 첫 샷이 제대로 안 된 것이다. 두 번째 샷은 180야드(164미터) 정도 날아갔다. 샷을 하고는 골프채를 메고 갔다. 이런 습관은 이후 계속되었다. 군 시절 총을 메고 다니던 기억 때문이었을 것이다. 한장상이 첫 라운드에 동행하면서 레슨을 해줬다. 그립도 봐주고 자세도 잡아줬다. 그러다가 경호원한테 "너무 가까이 가지 마라"는 주의를 받기도 했다. 한장상은 너무 세게 치려 하면 안 된다고 충고도 해줬다. 그러자 박정희는 "한 코치는 빨리 치면서 왜 나한테는 천천히 치라는 거요" 하고 농담을 하기도 했다.

박정희는 골프를 늦게 배웠지만 아주 좋아했다. 기회가 되면 서울CC로 빠져나가 골프를 했다. 그렇게 일주일에 한 번 정도는 라운딩을 했다. 골프장을 걸으면서 "푸른 잔디를 걸으니까 좋구먼"을 연발했다고 한다. 그 바람에 골프장도 많이 생겼다. 한양, 뉴코리아, 태릉, 안양 컨트리클럽 등 20여 개의 골프장이 박정희 임기 동안 문을 열었다. 이 가운데 박정희가 자주 가는 골프장의 모든 직원은 신원 조회를 철저히 받아야 했다.

그런가 하면 관악CC를 경기도 화성으로 옮기고 서울대학교를 그 자리에 앉히기도 했다. 서울대학교의 시설이 낙후되어 이전했다는 말도 있고, 서울대생들이 유신 반대 시위를 하도 해대니까 보기 싫어서 멀리 보냈다는 말도 있다. 서울대학교가 이전한 것이 1975년이고, 유신 반대 학생 시위가 10월 유신 1주년을 맞은 1973년 10월 시작되어 이후 계속되었음을 감안하면 후자가 맞는 말인 것 같다.

핸디캡은 18 정도 되었다. 꼿꼿하게 서서 치는 스타일이었다. 거리가

박정희는 골프를 늦게 배웠지만 일주일에 한 번 라운딩을 할 정도로 좋아했다.
그 때문에 박정희 임기 동안 20여 개의 골프장이 새로 생겨났다.

많이 나지는 않았지만 또박또박 쳤다. 자주 연습할 기회가 있는 것은 아니
었지만 연습을 할 때는 연습장보다는 라운딩을 하면서 레슨 받는 걸 좋아했
다. 『한국일보』 사장 장기영도 골프를 좋아했다. 잘하지는 못하고, 몸이 뚱
뚱해 실제로 6홀 정도 하면 도중하차하는 일이 많았지만 골프 이야기하는
것을 좋아했다. 입담이 좋았고, 서울CC에 나오는 유력 인사들의 골프 친목
회인 '목동회'의 기술지도위원을 자청했다. 사주가 없이 사단법인으로 운
영된 서울CC의 2대 이사장도 지냈다. 하루는 박정희가 골프를 하는 데 장
기영이 코스로 들어와 코치를 해주겠다고 나섰다. 장기영의 골프 실력을 아
는 박정희는 핀잔을 줬다. "나중에 정식으로 시합이나 하지." 그래도 장기

영은 기죽지 않았다. 박정희와 라운드할 기회가 있었다. 이때도 역시 코치를 하려고 들었다. 박정희는 또 한마디 했다. "장기영은 입으로 명프로야." 이후에도 장기영은 누구에게나 코치를 하려 했다고 한다.

박정희는 9홀을 하는 때가 많았고, 끝나면 막걸리를 즐겼다. 때로는 라운딩 도중에도 막걸리를 마셨다. 막걸리에 사이다를 타서 마시기도 했다. 실제로 클럽하우스 식당의 직원이 막걸리통을 들고 따라다니기도 했다. 그야말로 '막걸리 골프'였다. 서울CC에서 가까운 워커힐 호텔로 옮겨 술을 마시기도 했다. 1966년 미국의 린든 존슨 대통령이 왔을 때 머물던 스위트룸이 있었다. 그 방을 이용했다. 술은 청주, 안주는 소고기를 애용했다. 술이 거나해지면 노래를 불렀다. 박정희는 18번 〈황성옛터〉를 3절까지 다 불렀다. 스코틀랜드 세인트앤드루스 코스의 '19번 홀The 19th Hole'은 가볍게 맥주를 마시면서 갈증을 해소하고 그날의 골프를 이야기하며 즐기는 곳인데, 박정희의 19번 홀은 너무 거창했다.

골프장에 박정희가 자주 나오니까 캐디들도 편안하게 느꼈는지 자기들끼리 박정희를 두고 농담을 하기도 했다고 한다. 하루는 캐디 둘이서 서로 농담을 주고받았다.

"우리나라에서 골프 제일 잘 치는 사람이 누군지 알아?"

"그야 한장상 프로겠지."

"아니. 바로 저 앞에 계신 분."

박정희를 가리키며 하는 말이었다.

"왜? 골프는 한장상 프로가 더 잘하지."

"아냐. 아무리 잘하는 프로선수도 아냐honor(이전 홀에서 이긴 사람이 티 샷을 먼저 하는 것)를 못할 때도 있는데, 저분은 항상 아냐를 하잖아."

박정희가 한번 골프장 나들이를 하면 딸린 식구가 엄청 많았다. 경호원뿐만 아니라 비서진, 운전기사 등 모두 합치면 50명 정도 되었다. 서울CC처럼 사단법인 형태로 운영되던 골프장은 어디서 따로 돈이 들어올 데도 없어서 골프장 자체에서 이익을 내야 했다. 하지만 정부, 검찰, 법원, 군의 고위 관계자들에게 회원 대우를 해주고 있는 상황에서 대통령이 많은 식구까지 데려와 식당을 이용했으니 골프장 사정이 좋을 리 없었다. 이런 비용을 댄 사람이 김성곤이었다. 김성곤은 젊은 시절 사업으로 성공해 1962년에는 쌍용양회를 세웠고, 1963년 국회의원으로 당선되어 활동하면서 1965년부터는 공화당의 재정위원장을 맡아 재정문제를 책임지고 있었다. 함께 정치활동을 하던 주변의 국회의원들에게 경제적으로 도움을 많이 주기도 했다. 김성곤은 박정희의 골프 비용도 대고 있었다. 박정희 이후 전두환·노태우는 그들이 골프에 나서면서 발생하는 부대 비용을 고스란히 골프장에 떠넘겼다. 오치성 내무장관에 대한 해임건의안에 김성곤 등이 찬성하는 '10·2 항명사건'(1971년)이 발생하기 전까지 박정희와 김성곤은 아주 긴밀했다. 김성곤은 1969년 삼선개헌에도 적극 나섰다. 둘은 골프장에서 꾸준히 우의를 다진 사이였다. 하지만 항명 사건 이후 서로 완전히 돌아섰다. 물론 골프를 같이하는 일도 없었다.

박정희는 1968년에 '골프를 하면서 시야를 넓히라'는 의미에서 대법관 전원에게 골프채를 선물하기도 했다. 이 해에 민복기가 대법원장이 되었는데, 그의 대법원장 취임을 기념하는 의미도 있었던 것 같다. 민복기는 일제강점기부터 판사를 하면서 독립운동가들에게 형을 내려 친일 인사로 비판받는 사람이다. 그도 1954년 서울CC가 복원되면서 골프를 시작해 마니아가 되었다. 삼성 회장 이병철, 법무장관을 거쳐 『중앙일보』 사장을 하던 홍진기 등이 그의 골프 파트너였다. 박정희는 골프 좋아하는 민복기를 대법원장에 앉히면서 대법원 판사들도 모두 골프를 해보라고 골프채를 돌린 것이다.

주변 사람에게도 많이 권했다. "몸에 좋더라", "술만 마시는 것보다 골프를 하는 게 좋다" 하면서 권장했다. 함께 쿠데타를 한 사람들에게 "찾기 쉽게 일요일에는 골프장에 있으라"고 말하기도 했다. 그 바람에 김종필, 김형욱, 박종규 등이 골프를 자주 하게 되었다.

'낭만파 골퍼' 김종필

김종필은 잘 알려진 골프 마니아다. 그가 골프를 처음 접한 것은 5·16 쿠데타 직후다. 그와 교분이 있었던 극작가 한운사의 『한운사 골프만유기』에 김종필이 골프를 처음 접한 상황이 나온다.

"5·16 직후 한 주체 세력이 능동의 골프장 옆길을 지나가는데 괴상한 차림을 하고 칼 같은 것을 번쩍 휘두르면서 잔디 위를 걷는 사람들을 보고 부하에게 물었다. '저 사람들 뭐하는 거야?', '골프를 치는 겁니다.' 그러자 그 주체 세력의 말은 '지금이 어느 때인데……. 저 사람들이 밥 먹고 할 일도 없나? 트럭에 모두 실어다가 공사장에 투입해야 되겠군'이었다. 이 말을 전해 들고 김종필은 '아냐, 그들을 욕할 일이 아니지. 무슨 곡절이 있을 거야. 골프라는 것 좀 잘 알아봐'라고 일렀다."

이렇게 해서 김종필은 골프를 알게 되었다. 50년 가까이 골프를 즐겼고, 한창때는 핸디캡 10의 실력을 자랑했다. 우리나라 주말 골퍼들이 파 4홀에서 4타를 치면 4로 적지 않고 0으로 적는 스코어카드 작성법도 김종필이 처음 시작했다고 한다. 친 타수를 모두 적다 보니까 숫자가 높아져 계산이 복잡해졌다. 그래서 김종필이 규정 타수를 초과한 부분만 적기 시작한 것이 주변에 확산되어 지금은 주말 골퍼들의 일반적인 스코어카드 작성법이 되었다. 그의 최고 기록은 70타. 서서울CC에서 2언더파를 기록했다.

그날 같이 골프를 했던 전 과학기술처 장관 이태섭 등이 기념패도 만들어줬다. 나도 기자 시절 취재를 하면서 김종필이 골프하는 모습을 본 적이 있다. 2001년 4월 경기도 용인의 아시아나컨트리클럽이었다. 당시 내로라하는 정치인이 대거 참여한 자리였다. 민주당에서 김중권 대표와 최고위원을 지낸 권노갑, 자유민주연합에서 명예 총재 김종필과 총리 대행이던 김종호, 민주국민당에서 김윤환 대표와 김상현 최고위원이 골프 모임을 연 것이다. 김종필은 당시 75세였는데 원기가 왕성했다. 골프장에서는 더 생기가 돌았다. 18홀로 모자라 27홀을 쳤다. 자세는 그렇게 좋지 않았다. 백스윙을 바로 뒤로 빼지 않고 일단 조금 들어올리고 뒤로 빼서, 폼이 어색했다. 클럽을 많이 올리지 못했고, 폴로스루도 완전하게 하는 것이 아니라 하다가

김종필은 폼은 어색했지만 공을 정확히 맞혔다.
그는 골프 자체보다 분위기를 즐기는 타입이었다.

마는 것 같았다. 나이가 나이인 만큼 거리도 많이 나지 않았다. 하지만 공은
정확히 맞혔다.

　　김종필은 골프 실력에 크게 신경 쓰는 스타일은 아니고 그저 분위기를
즐기고, 골프장에서 사람 만나는 것을 즐기는 유형이었다. 드라이버샷은 별
로지만 3번 우드로 치는 세컨드샷이 좋은 것으로 소문나 있었다. 그래서 만
년 2인자를 벗어나지 못했다는 말도 있다. 어프로치샷도 클럽을 미는 듯 어

색하게 쳤는데 비교적 정확했다. 어떤 샷이건 훅을 거의 내지 않았다. '좌익이 싫어서'라고 한다.

김종필이 공화당의 당 의장으로, 총리로 왕성하게 활동하던 1960년대 말에서 1970년대 초, 주말이면 골프장으로 향하는 그를 줄기차게 비판하는 기자가 3명 있었다. 참다못한 김종필이 하루는 이들을 불러 호통을 쳤다.

"왜 나의 운동을 비판하는 거요? 내가 공무를 제쳐놓고 운동한 적 있소? 아니면 비용을 다른 사람한테 부담시켰소? 그게 아니잖소. 이건 내 운동이오. 나는 운동 이것밖에 몰라요. 내 건강관리를 이걸로 한단 말이오. 내가 아프면 대신 아파줄 거요? 내가 죽으면 대신 죽어줄 수 있소?"

이렇게 혼을 냈다. 기자들은 별소리 못하고 그다음부터는 비판 기사를 쓰지 않았다. 그런데 당시 기자들이 좀 어설펐던 것 같다.

'휴일에 치는 것 맞습니다. 비용 남한테 부담시키는 것 아니란 것 알고 있습니다. 하지만 우리의 현실에서 골프가 귀족 스포츠인 것은 분명하지 않습니까. 국민소득이 얼마입니까? 1,000불 정도 아닙니까? 이런 상황에서 고위 공직자가 휴일이라고 해서 마음껏 골프를 치는 것을 국민들이 그럴만하다고 인정해줄 수 있겠습니까? 우리는 그런 것을 지적하는 겁니다. 국민들로 하여금 위화감을 느끼게 하고, 국민과 국가 리더와의 거리감을 확대시키는 행위는 삼가야 한다는 말입니다. 외교적으로 꼭 필요한 경우는 모르겠지만 주말마다 골프장으로 가는 것은 분명 문제가 있습니다.'

이렇게 논박을 했어야 했다. 김종필 자신의 전언이어서 당시 기자들이 어떤 식으로 반응했는지까지는 자세히 이야기를 안 했지만, 강력하게 항변

하지는 않은 것 같다. 어쨌든 박정희 정권의 영원한 2인자 김종필은 자기 식의 생각과 자기만의 방식으로 골프를 오랫동안 즐긴 낭만파 골퍼였다.

'대통령 골프' 전두환

전두환도 골프를 아주 좋아했다. 1971년부터 제1공수여단장을 했는데, 그 자리에 있으면서 1973년 대령에서 준장이 되었다. 전두환은 별을 달면서 골프를 시작했다. 생도 시절에는 축구를 좋아했고, 영관장교 때까지는 테니스를 하다가 장군이 되면서 골프를 한 것이다. 대한민국 장교들의 운동 습성이 그랬다. 지금도 그렇다. 전두환은 부대 내에 골프연습장을 설치해놓고 연습할 정도로 좋아했다. 제1사단장 시절에는 여건이 좋아 자주 했다. 인근에 있는 한양CC와 뉴코리아CC를 자주 찾은 것이다. 박정희 정권 당시 사단장은 막강한 파워를 지니고 있었다. 골프장은 인근 사단의 협력 없이는 운영하기 힘들었다. 주말에 골프장 주변에서 갑자기 대규모 훈련이라도 하게 되면 영업이 어려워지기 때문이었다. 이런 힘을 이용해 사단장들은 골프장을 쉽게 다닐 수 있었다. 전두환은 대통령이 된 뒤에도 청와대에 연습장을 만들어놓고 연습했다. "재임 시절 라운드 하기 전날에는 소풍을 앞둔 학생처럼 맘이 설레 잠을 설쳤다"고 회고하기도 했다.

전두환의 골프 실력은 역대 한국 대통령 가운데 최고였다. 핸디캡이 12 정도였다. 특히 드라이버를 잘 쳤는데, 230미터 정도의 장타를 날리곤

앞뒤 한 팀씩 비우고 치는 소위 '대통령 골프'를 처음 한 사람이 전두환이다.
그는 유력 인사들과 골프로 어울리면서 네트워크를 형성하는 '골프정치'의 달인이었다.

했다. 그의 게임을 지켜본 수원CC의 한 캐디가 그렇게 말했으니 허언은 아
닐 것이다. 호방한 성격만큼이나 시원시원하게 골프를 했다. 육사 시절 축
구를 할 때도 포워드, 풀백, 골키퍼까지 올라운드 플레이어로 활약할 만큼
운동을 좋아했고 잘했다. 졸업 성적은 156명 중 126등으로 바닥 수준이었
지만, 운동은 누구에게도 뒤지지 않았다. 부대장을 할 때도 축구만큼은 다

골프에 얽힌 정치사__1부

른 부대보다 잘하기 위해 애를 썼다. 사병들과 어울려 함께 뛰면서 사기를 북돋우기도 했다. 운동에 대해서는 집착이 이만저만이 아니었다. 테니스도 아주 잘했다. 그런 체질이어서 골프도 잘했던 것 같다.

앞과 뒤의 한 팀씩을 비우고 여유 있게 치는 '대통령 골프'도 그가 시작했다. 측근들과의 긴밀한 이야기도 골프장에서 많이 했다고 한다. 임기 말에는 후계자 문제도 주로 골프를 하면서 논의했다고 한다. 골프는 야외에서 하는 것이기 때문에 말이 새나갈 염려가 없어서 비밀스러운 이야기를 하고 싶을 때는 골프장을 주로 이용했을 것이다.

라운딩 도중 잔디를 보수하거나 청소를 하는 사람을 만나면 봉투를 건네기도 했다고 한다. 부정하게 돈을 많이 걷으면서 여기저기 잘 쓰기로 유명했던 전두환의 모습을 여실히 보여주는 장면이기도 하다. 전두환의 '돈 만들기'는 꽤 역사가 깊다. 젊은 장교 시절부터 그런 걸 잘했다. 그는 어린 시절 대구에서 이병철과 한동네에 살았다. 해방 전 일이다. 이병철의 장남 이맹희는 그와 친한 친구였다. 이맹희는 국수공장 삼성상회 집의 장남, 전두환은 인근 빈민촌 아이였지만, 같은 1931년생이어서 친하게 지냈다. 장교 시절에도 이맹희하고 친한 관계를 유지했다. 1960년대 중반 전두환이 대대장을 할 때까지 이맹희가 매달 2~3만 원, 설탕, 밀가루 등을 보내줬다. 전두환은 그 돈을 육사 11기 동기생 회식 등에 썼다. 그는 동기회 회장을 맡고 있었다. 당시 중정부장은 김형욱이었는데, 이를 박정희에게 보고해 전두환은 박정희의 호출을 받기도 했다. 동기생 불고기 값으로 썼다고 설명해 겨우 위기를 벗어났다.

전두환은 그렇게 젊은 시절부터 돈을 잘 만들었고, 그 돈으로 조직을 꾸리는 것을 좋아했다. 군에서 계급이 올라가고 대통령까지 되자 점점 돈의 단위가 커졌다. 대통령 자리에 앉아서는 수천억 원을 받아 챙겼다. 그 돈을 지금도 여기저기 숨겨놓은 채 추징금을 내지 않고 있다. 이런 돈을 부하들에게도 주고, 행사에 다니면서 금일봉으로도 주고, 기자들 촌지로도 주고, 공직자들 전별금으로도 줬다. 그가 주는 돈은 보통 생각하는 것보다 '0' 하나가 더 붙어 있었다고 한다. 그것에 맛들인 이들은 지금까지 그에게 충성을 다하고 있다. 권력도, 재산도 모두 불법적이고 부정하게 얻어낸 그의 윤리 의식은 보통 사람이 가늠하기 어려울 정도다. 골프장에서 청소하는 사람에게 돈 봉투를 건네는 것은 무슨 심리일까? 돈을 뿌리면서 희열을 느끼는 것일까? 아니면 그동안의 악행에 대해 면죄부를 받고 싶은 것인가?

그런데 정치인은 가끔 이런 행동을 하는 것 같다. 지금 새누리당 최고위원인 이인제도 비슷한 행동을 한 적이 있다. 영화배우 안성기와 함께 골프를 할 때의 일이다. 초선 의원으로 광주민주화운동 진상조사 특위 청문회에서 날카로운 질문을 많이 해 스타로 떠오른 지 얼마 안 되었을 때다. 안성기도 연예인 골프 대회에서 몇 번 우승할 만큼 골프를 잘하고, 이인제도 변호사 시절 골프를 배워 아주 좋아했다. 한때는 너무 골프에 빠져 부엌칼로 손가락을 자르려고도 했다 한다. 손가락을 자르기 직전, 그럴 용기가 있으면 골프 욕구를 통제해보자 해서 칼을 거두었다. 1990년 5월의 화창한 날, 이인제가 안성기를 만났다. 장소는 경기도 기흥의 골드CC 챔피언스 코스. 이인제는 룰을 잘 지키면서 하는 스타일이다. OBOut of Bound가 나서 안성기가 멀리건을 줬는데도 받지 않았다. 안성기는 인상대로 편안하게 웃으면서 골프를 한다. 뒤 땅을 쳐도, 스리퍼트를 해도 찡그리는 법이 없다.

이인제가 5번 홀에서 6번 홀로 이동하는데 나무 그늘에서 인부들이 점심을 먹고 있었다. 나무를 심고, 풀을 뽑는 고된 일을 하다가 점심시간을 맞은 것이다. 이인제는 성큼성큼 다가가서는 인사를 했다.

"수고하십니다. 점심 아주 맛있게 들고 계시네요."

인부들도 반갑게 맞고서는 밥 한술을 권했다. 이인제는 사양 않고 밥한 숟가락에 김치까지 받아서 맛있게 먹었다. 그러고는 주머니에서 지갑을 꺼내더니 5만 원을 내놓았다.

"아주 잘 먹었습니다. 약주라도 한잔 하십시오."

이인제는 이름도 밝히지 않았다. 그러고는 다시 6홀 티샷에 나섰다. 일들 열심히 하고 있는데 골프를 치는 게 미안해서 그랬다고 한다. 전두환과는 성격이 좀 다른 금일봉 같기는 하다. 물론 그 돈의 출처도 다르다. 하지만 그 돈에 담긴 의미, 그런 행위를 하는 동기는 뭐가 어떻게 다른지 의문이다.

이와 관련된 이야기가 또 하나 있다. 차지철은 박정희의 총애를 받아 경호장교를 하다가 국회의원을 네 번이나 하고 대통령경호실장도 5년이나 했는데, 골프를 안 했다. 당시 박정희를 비롯해서 박정희 정권의 핵심 인물들은 일요일이면 골프장으로 내달았는데, 차지철은 교회로 갔다. 그도 한때는 골프를 했다. 그런데 어느 날 라운드 도중 뙤약볕 아래서 잡초를 뽑고 있는 인부들을 보고는 이후 골프채를 놓았다고 한다. 그가 이미 죽어서 확인할 길이 없지만 그런 이야기가 전해진다. 그렇게 권력을 탐하고 월권도 일삼으며 정부 곳곳에, 심지어 군에까지 영향력을 행사했던 차지철에게 의외의 면이 있었던 것 같다.

전두환은 퇴임 후에는 실컷 골프를 하면서 여유 있게 지내고 싶어 했지만, 그럴 수 없었다. 씨를 뿌려놓으면 언젠가는 자라서 새싹이 나오는 게 자연의 이치일 것이다. 전두환이 집권하는 과정에서 벌인 불법과 악행은 임기가 끝나면서 조금씩 드러났고, 후계자 노태우도 막아주지 못했다. 전두환은 그 서막을 공교롭게도 골프장에서 들었다. 그는 1988년 2월 대통령에서 퇴임하고, 다음 달 따뜻한 햇살을 찾아 남쪽 제주도로 가서 가족들과 골프를 했다. 그런데 갑자기 국가원로자문회의 폐지설이 신문에 나기 시작했다. 국가원로자문회의 의장은 전직 대통령이다. 여기서는 30여 명의 직원도 둘 수 있었다. 현 대통령으로서는 부담이 될 수밖에 없다. 그래서 노태우 정부가 출범하자마자 폐지를 검토하기 시작했고, 신문에 나기 시작한 것이다. 결국 이듬해 국가원로자문회의법은 폐지되었고 이 기구는 헌법상의 규정으로만 남게 되었다. 전두환은 미국에 가서도 골프를 할 계획을 세우고 있었지만 모두 취소하고 술만 엄청 마셨다고 한다.

1988년 4월 총선에서 여소야대의 구도가 만들어지자 5공 청산의 목소리는 커져만 갔다. 5공비리특별위원회도 구성되었다. 전두환은 백담사 칩거에 들어갔다. 청문회가 열려 장세동, 정주영 등이 불려나왔다. 전두환은 야당의 계속적인 출석 요구에 하는 수 없이 나와 발표문을 읽었다. 광주항쟁과 관련해 자위권 발동 운운하면서 야당의 격분을 샀다. 결국은 발표문도다 읽지 못하고 나가야 했다.

2년간의 백담사 유배 생활을 정리하고 나온 전두환은 다시 장세동 등 심복들과 골프 모임을 갖기 시작했다. 노태우 임기 말로 갈수록 5공 세력의 골프 모임은 잦아졌다. 5공 세력의 신당 창당 움직임도 있었다. 신당까지 가지는 않았지만, 김영삼이 대통령이 된 뒤에는 전두환, 노태우 모두 불안한 상황이 되어 둘이서 골프 모임을 하며 결속을 시도하기도 했다. 김영삼이 취임하자마자 골프금지령을 내린 것은 공직자뿐만 아니라 5공, 6공 세력의 골프 모임에 대한 경계의 의미도 있었다. 1995년 노태우의 비리가 백일하에 드러나면서 전·노 연대는 불가능해졌다. 1995년 10월에는 민주당의 박계동 의원이 구체적인 증거를 제시하며 노태우 비자금 4,000억 설을 제기해 본격 수사가 시작되었고, 수사 결과 임기 중 5,000억 비자금을 조성한 사실이 밝혀졌다. 이후 12·12 쿠데타와 5·18 광주항쟁 강경 진압에 대한 진상 규명 요구도 높아짐에 따라 전두환도 구속, 수감되었다. 이듬해 전두환은 무기징역, 노태우는 징역 17년이 선고되었다. 김영삼이 퇴임 전 이들을 사면하긴 했지만 이들의 죄상이 없어질 수는 없었다.

'관리형 골프' 노태우

전두환의 '영원한 2인자' 노태우도 골프를 잘하는 편이었다. 특히 그는 어프로치와 퍼팅이 좋았다. 거리를 많이 내지는 못했다. 남성대CC에서 노태

노태우는 정확한 골프를 추구했다. 꼼꼼하고 조용한 성격처럼 재임 중에도
소리 소문 없이 골프를 쳤다. 그런 그의 골프는 '용각산 골프'라고 회자되었다.

우의 라운딩을 본 적이 있는 골프 칼럼니스트 최영정은 "드라이버 거리는
180야드 정도 나가는 것 같았고, 스윙 아크가 작았다"고 말한다. 거리 대신
정확히 치려 노력했다. 꼼꼼한 그의 성격을 반영한다. 실제로 연습할 때도
드라이버보다는 숏게임과 퍼팅에 더 많은 시간을 썼다. 그런 점수 관리 스
타일이었기 때문에 핸디캡 12 정도를 유지할 수 있었다. 이병철 골프와 비
슷했다. 이병철도 거리는 짧았지만 숏게임에 강해 안정적인 싱글을 유지했
다. 노태우는 조용조용한 성격 때문인지 재임 중에도 소리 소문 없이 골프

골프에 얽힌 정치사 _1부

를 했다. 그래서 '용각산 골프'라고 했다. 청와대의 연습장에서 부인 김옥숙과 함께 연습을 많이 했다. 청남대에 한 번 가면 하루 종일 골프를 하곤 했다.

노태우도 전두환과 비슷하게 생도 시절에는 럭비를, 영관장교 시절에는 테니스를 했다. 9사단장이 되면서 골프를 시작했다. 역시 전두환처럼 영내에 연습장을 만들어놓고 열심히 연습을 했다. 전두환 정권 당시 체육부장관을 할 때는 새벽에 연습장에서 운동을 하고 출근했다. 민정당 대표 당시에는 이춘구 사무총장, 김윤환 의원 등과 라운딩을 많이 했다. 대통령이 된 뒤에는 동서 금진호, 처의 고종사촌 박철언, 어릴 적부터 친구 사이였던 이원조 등이 골프 파트너였다. 대통령 재임시에는 친척이나 죽마고우 같이 정말 신뢰할 수 있는 사람들과 주로 골프를 한 것이다.

노태우는 특히 경기도 포천의 일동레이크GC를 좋아했다. 1980년대 초 우리나라 프로 골프의 간판스타 김승학이 심혈을 기울여 만든 골프장이다. 사돈인 선경그룹이 이 골프장의 회원권을 대량으로 가지고 있었다. 선경의 자금이 많이 들어간 것이다. 노태우는 퇴임 후 여기를 자주 찾았고, "코스도 좋고 조경도 아주 좋다"고 칭송을 하기도 했다. 그런데 개장 얼마 후인 1995년 8월 노태우 비자금이 폭로되었다. 그러면서 비자금이 일동레이크GC로 흘러들어갔다는 이야기가 나왔다. 노태우의 비자금이 발견되었고, 사돈이 골프장을 지었고, 노태우가 자주 그 골프장에 가다 보니 그런 소문이 났다. 야당도 나서서 진상 파악을 주장했다. 하지만 결국은 실체가 없는 소문에 그쳤다.

노태우는 청와대가 갖고 있던 골프장 인·허가권을 시·도지사에게 위임해 골프장 건설을 쉽게 했다. 때문에 6공화국 당시 새로 생긴 골프장이 139곳이나 되었다. 골프를 좋아한 만큼 골프산업도 활성화하려 한 것이다. 노태우가 재임 시절 5,000억 원이나 되는 비자금을 끌어모았기 때문에 골프장 허가를 하면서도 돈을 받았다는 의혹이 제기되기도 했다. 한 건에 10억 원 정도는 받았을 것이라는 의혹이었다. 검찰 조사 결과 이것도 사실이 아닌 것으로 드러났다. 하지만 골프 좋아하고 돈까지 밝혀 많은 의혹을 사기에는 충분했다.

8년 동안 1,200번 골프를 친 윌슨

미국 대통령 가운데 가장 골프를 많이 친 대통령은 우드로 윌슨이다. 재임 8년 동안 1,200번 정도 골프를 쳤다. 2~3일에 한 번은 골프를 친 것이다. 눈 오는 날에도 빨간 공을 가지고 골프를 쳤다. 요즘처럼 잘 나온 컬러볼이 아니라 경호원들이 하얀 공에 빨간 칠을 한 것이었다. 아무리 컬러볼을 사용한다 해도 눈이 내린 코스에서 공을 치다 보면 공을 잃어버리는 일이 많았다. 그때마다 경호원들이 바빴다. 윌슨은 심지어 밤에도 골프를 했다. 요즘처럼 조명이 잘 되어 있지 않았기 때문에 역시 경호원들이 수고할 수밖에 없었다. 경호원들이 손전등을 가지고 공을 찾아야 했다. 그렇게 새벽 5시까지 골프를 한 적도 있다고 한다. 기록이 얼마나 되었을까? 최소한 250타 정도는 되지 않았을까 싶다.

　월슨은 밤에도 골프가 불가능하지 않다는 것을 보여줬는데, 그즈음 실제로 볼 만한 달밤 골프 시합이 열리기도 했다. 영국에서 있었던 유명한 시합이다. 19세기 말에서 20세기 초에 영국 골프는 존 볼John Ball이 주름잡고 있었다. 영국 아마추어 선수권을 여덟 번이나 우승했고, 'The Open'에서도 우승했다. 존 볼은 밤에도 골프가 제대로 되는지 시험해보고 싶었다. 상대를 고르고 날짜를 잡았다. 보름달이 밝은 날 밤 10시로 했다. 신기한 시합을 보기 위해 관객들도 모여들었다. 어린아이와 개는 들어갈 수 없었다. 소리로 공을 찾는 데 방해가 되기 때문이었다. 로스트볼은 벌타 하나만 먹고 그 근처에서 다시 치기로 했다. 두 사람의 티샷으로 시합이 시작되었다. 공 떨어지는 소리로 공을 찾았다. 둔탁한 소리가 나면 페어웨이에 떨어진 것이고 풀 속에 떨어지는 소리가 나면 깊은 러프였다. 구경꾼들은 3홀까지는 따라왔다. 하지만 이후에는 다들 집으로 향했다. 공이 보이지 않으니 재미가 있을 턱이 없었다. 게다가 소리로 공을 찾아야 하니 찍소리도 못하는 판이었다. 관중 없는 경기는 새벽 3시까지 갔다. 5시간 걸린 것이니 아주 양호한 것이다. 존 볼은 공을 6개밖에 잃어버리지 않았다. 147타. 상대는 32개를 잃어버리고 165타를 기록했다. 존 볼의 비결은 클럽의 로프트에 있었다. 모든 클럽의 각도를 낮춰 공이 낮게 깔리도록 했다. 공이 굴러가면서 소리를 내도록 한 것이다.

　월슨은 골프를 잘하는 편은 아니었다. 오히려 못하는 편이었다. 평균 115타 정도를 쳤다. 어릴 적 심한 난독증을 극복하고 프린스턴대학을 졸업

한 뒤 같은 대학의 교수가 될 만큼 의지와 의욕이 넘치는 사람이었지만, 골프만은 마음대로 되지 않았다. 하지만 골프에 대한 애정만은 대단했다. 평일 오전에도 골프를 하는 일이 많았다. 아침 일찍 시작해 12홀을 치고 집무실에 복귀했다. 첫째 부인이 사망한 뒤 혼자였던 윌슨이 두 번째 부인을 만난 것도 오전 골프를 하고 돌아올 때였다. 1915년 3월 어느 날 골프를 마치고 백악관에 돌아와 급하게 집무실로 향하다가 복도 코너 맞은편에서 오던 한 부인과 부딪혔다. 이 부인은 윌슨의 사촌인 헬렌 본즈Helen Bones의 친구 이디스 골트Edith Galt였다. 당시 윌슨은 58세였고, 골트는 43세 미망인이었다. 그렇게 만난 이들은 1915년 가을에 결혼했다.

윌슨은 토요일 오후에는 어김없이 18홀을 쳤다. 제1차 세계대전이 한창일 때도 골프채를 놓지 않았다. 제1차 세계대전이 시작된 이후 1915년 5월 독일 잠수함이 미국의 선박을 침몰시켜 미국인 123명이 사망했다는 보고도 골프장에서 받았다. 심지어 한 손이 다쳤을 때는 다른 한 손만으로 골프를 하기도 했다. 제1차 세계대전이 막바지로 치닫던 1918년 여름 영국제 탱크가 백악관에 전시되었다. 전쟁 중에 보여줬던 탱크의 무공을 과시하고 미국과 영국 사이의 연대 의식을 더욱 강화하기 위한 것이었다. 윌슨은 탱크를 직접 운전하는 모습도 보여줬다. 그런데 탱크에서 내리다 가열된 부분에 오른손이 닿아 큰 화상을 입었다. 몇 주간 붕대를 감고 다녔다. 그런 상태로도 골프를 포기할 생각은 없었다. 왼손 하나로 골프를 했다. 골프는 오른손잡이의 경우 주로 왼손만 가지고 한다. 그래서 왼손만으로 치는 것도 좋은 연습 방법 중 하나라고 한다. 왼손의 감각을 발달시킬 수 있기 때문이

윌슨 대통령은 화상을 입어 오른손을 못 쓸 때도,
왼손 하나로 골프를 했다. 진정한 골프광이었다.

다. 하지만 그건 연습장에서나 할 수 있는 것이다. 아무리 왼손 운동이라고
하지만 오른손이 받쳐주지 않으면 정확히 공을 맞출 수가 없다. 하지만 윌
슨은 왼손 하나로도 했다. 그는 진정한 골프광이었다.

골프장은 주로 워싱턴 근교의 콩그레셔널CC를 이용했다. 메릴랜드의
베데스다Bethesda에 있는 이 골프장은 1924년에 조성된 명문 골프장으로, 백
악관에서 거리가 가까운 데다 고급스러워서 대통령들의 사랑을 받았다. 초
기에는 대통령 전용 호화 객실을 갖추고 있었다. 뿐만 아니라 사람들을 피
하고 싶을 때 객실로 빠르게 이동할 수 있는 비밀 통로까지 있었다. 1930년

대에 없어지긴 했지만 말이다. 월슨 외에도 윌리엄 태프트, 워런 하딩Warren Harding, 캘빈 쿨리지Calvin Coolidge, 드와이트 아이젠하워Dwight Eisenhower, 리처드 닉슨Richard Nixon, 제럴드 포드Gerald Ford, 조지 H. W. 부시George H. W. Bush, 빌 클린턴Bill Clinton 등이 이 골프장을 자주 찾았다. 이 골프장에서 PGA 메이저대회인 US오픈이 자주 열린다. 메릴랜드주 체비 체이스Chevy Chase에 있는 커크사이드Kirkside 컨트리클럽과 버지니아주 알링턴Arlington에 있는 워싱턴 컨트리클럽도 자주 이용했다.

'일은 조금, 골프는 많이' 아이젠하워

드와이트 아이젠하워는 월슨만큼 골프를 사랑한 대통령이다. 재임 8년 동안 800번 정도 쳤다. 3~4일에 한 번은 골프를 친 것이다. 수요일과 토요일에는 꼭 골프를 했다. 아이젠하워는 원래 군인이다. 제2차 세계대전을 승리로 이끈 미국의 전쟁 영웅 가운데 하나다. 1944년 연합군 최고사령관으로 노르망디 상륙작전을 성공시켜 1945년 5월 독일의 항복을 받아내는 데 결정적으로 공헌했다. 제2차 세계대전이 끝난 후 육군참모총장과 나토군 사령관을 지내고 1952년 퇴임했다. 그를 이렇게 성공한 군인으로 만든 것은 부하들에 대한 따뜻한 배려였다. 성공적인 작전의 공은 모두 부하들에게 돌렸다. 그래서 부하들의 충성심이 높았다. 그 바람에 그는 승승장구할 수 있었다.

퇴임 후 아이젠하워는 조용히 여생을 즐기려 했다. 하지만 국민들에게 인기가 높은 그를 정치권이 그냥 두지 않았다. 공화당에서 그를 대통령 후보로 영입했고 1952년 대선에 출마해 당선되었다. 한국전쟁을 마무리하고, 소련의 핵 공격을 받을 경우 전략폭격기로 대량 보복을 가한다는 전략을 채택하고, 소련의 팽창을 적극적으로 저지하는 롤백roll back정책을 실시하는 등 주요 정책을 시행했다. 공산국가의 침략을 받은 국가에 대해서는 적극적으로 군사적·경제적 지원을 한다는 '아이젠하워 독트린'도 채택했다.

　　소련과의 냉전이 심한 시기여서 대외 정책에서 주요 결정을 해야 하는 상황이었지만 아이젠하워는 대통령의 일에 정열을 쏟는 형은 아니었다. 복잡한 문제를 단순화시켜 쉽게 해결하는 형이었다. 잔머리를 많이 굴리지 않고 솔직 담백하게 문제에 접근하는 그의 성격이 이러한 단순한 일처리가 가능하도록 해줬다. 대통령 일에 모든 것을 바쳐 밤낮으로 일을 하는 사람이 아니어서 골프를 마음껏 즐길 수 있었다. 윌슨 행정부 1기 4년 동안은 경제도 호황이었다. 그래서 1주일이면 두 번씩 라운딩을 했다.

　　아이젠하워는 골프를 얼마나 좋아했는지 백악관 집무실에도 골프화의 스파이크 자국이 수두룩했다. 후임 대통령인 존 F. 케네디John F. Kennedy가 집무실을 인계 받아 들어갔는데, 나무 바닥에 수천 개의 스파이크 자국이 있어서 깜짝 놀랐다. 골프를 좋아하기로는 아이젠하워 못지않은 케네디도 백악관 집무실의 그런 모습은 상상하지 못했던 것이다. 이 스파이크 자국은 케네디와린든 존슨의 임기를 거쳐서 1969년 리처드 닉슨이 집무실에 들어설 때까지 그대로 남아 있었다. 제7대 국회의원이었던 김영삼, 장경순,

아이젠하워는 백악관 집무실 나무 바닥에 스파이크 자국을 수두룩하게 남겼다.
훗날 닉슨은 이 나무 바닥을 뜯어서 아이젠하워의 측근에게 선물로 돌렸다.

신용남 등 12명의 국회대표단이 1969년에 미국이 인류 최초의 달 탐사선 아폴로 11호를 발사하는 장면을 참관하기 위해 미국에 갔다. 백악관도 예방해 닉슨과 환담했다. 아마 골프의 강자였던 신용남은 자신의 특기가 골프였던 만큼, 그때까지 남아 있던 스파이크 자국을 쉽게 발견할 수 있었다. 당시에는 집무실에서 뒷마당으로 가는 문 앞까지 카펫이 깔려 있었다. 그런데 카펫이 끝나는 부분에 나무 바닥이 좀 드러나 있었고, 거기에 스파이크 자국이 그대로 남아 있었다. 신용남이 닉슨에게 물어봤다.

골프에 얽힌 정치사__1부

"이것들이 어떻게 생긴 것입니까?"

닉슨이 곧바로 대답했다.

"아이젠하워의 '소행'입니다. 이것을 뜯어서 아이젠하워의 친구들, 공화당의 후원자 등에게 기념품으로 나누어줄 생각입니다."

이후 닉슨은 실제로 나무 바닥을 뜯어서 아이젠하워와 가까운 사람들에게 선물로 돌렸다.

아이젠하워는 백악관 지하 체육관에 그물을 쳐 작은 연습장을 만들었는가 하면 백악관 남쪽 뜰에서 롱 아이언을 연습했고, 퍼팅 그린까지 만들었다. 매일 업무가 끝날 때쯤에는 집무실에서 골프화를 갈아 신고 현관을 지나 남쪽 뜰로 나가곤 했다. 그가 가장 좋아하던 8번 아이언, 그리고 웨지와 퍼터를 챙겨들고 나갔다. 백악관에서 골프 연습을 한 건 아이젠하워가 처음이 아니다. 27대 대통령 태프트가 처음으로 시작했다. 그도 백악관 잔디밭에서 어프로치샷을 연습하곤 했다. 그의 임기가 1909년에서 1913년이니 100년 전부터 백악관이 골프 연습장으로 쓰였다는 이야기다. 케네디, 포드도 백악관 잔디밭을 연습장으로 이용했다.

그가 골프를 처음 시작한 것은 25세이던 1925년이다. 미국에 골프가 도입된 지 얼마 안 되던 때다. 캔자스주의 포트 레번워스Fort Leavenworth에 있는 육군지휘참모대학에 1년간 다닐 때 골프를 배웠다. 이후 워싱턴, 필리핀 등지로 임지를 옮겨 다니면서 줄곧 골프를 했다. 심지어 제2차 세계대전 당시 연합군의 최고사령관을 할 때도 틈틈이 런던 남쪽에 있는 골프장을 다녔다. 당시 부하들은 독일이 골프장을 폭격하지 않을까 노심초사했다고 한다. 전쟁이 끝나고 육군참모총장, 컬럼비아대학 총장, 나토군 사령관을 할 때나 대통령이 되어서도 골프 사랑은 변함이 없었다.

대통령직에 있으면서 골프를 자주 하다 보니 비판이 없을 수가 없었다. 상원의원 한 사람은 "골프 타수보다는 실업률에 더 관심을 보이라"고 촉구하기도 했고, 민주당과 노조 단체들은 그의 라운딩 횟수를 세기도 했다. 하지만 산전수전 다 겪은 아이젠하워의 맷집은 누구도 따라가기 어려웠다. 그렇게 얻어맞아도 꿋꿋하게 골프를 했고, 그러고도 1956년 대선에서 또 이겼다. 그의 제2차 세계대전 당시의 명성과 경제적 호황이 그를 뒷받침해주고 있었고, 또 그렇게 골프를 하면서도 중요한 일은 제대로 챙기고 있었기 때문이다. 아이젠하워는 대통령이 골프를 해도 크게 문제가 없음을 보여줬고, 또 언론이나 야당, 노조가 아이젠하워의 골프에 대해 워낙 오랫동안 비판을 했기 때문에 그 이후 케네디나 클린턴, 버락 오바마의 골프는 크게 문제가 되지 않았다. 그런 점에서 이들 후임 대통령들은 아이젠하워에게 많이 고마워해야 할 것 같다.

아이젠하워에게 골프는 워낙 중요해 일까지 영향이 미칠 정도였다. 골프가 잘 안 되면 다음 날 짜증내고 화를 냈다. 백악관의 분위기가 말이 아니었다. 반대로 평소 잘 나던 슬라이스를 안 내거나 퍼팅이 잘 되면 다음 날 백악관이 밝았다. 회의도 화기로운 분위기에서 진행되었다. 백악관 직원들은 대통령의 골프에 관심을 가질 수밖에 없었고, 늘 잘 되기를 바랐다. 하지만 한국에서든 미국에서든 골프라는 게 마음대로 되는 것이 아니다. 백악관 직원들의 바람과는 달리 아이젠하워의 골프도 '하루는 맑음 하루는 흐림'

을 반복했다. 그에 따라 백악관의 기후도 변덕을 부렸다.

아이젠하워가 주로 이용하던 골프장은 버닝트리Burning Tree다. '불타는 나무'라는 이름이 특이한데, 푸른 잎의 끝부분이 단풍처럼 붉게 물든 나무들이 많아서 그런 이름이 붙었다. 나뭇가지가 치마처럼 아래로 길게 땅까지 내려와 있는 멋진 모습을 볼 수 있는 골프장이다. 아이젠하워는 육군참모총장 시절부터 이곳을 자주 이용했다. 메릴랜드주 베데스다에 있는 골프장이다. 1923년에 문을 연 고급 골프장으로 200여 명의 명사가 회원으로 가입되어 있다. 한국 사람으로는 주미대사를 했던 김동조가 회원이었다. 케네디도 이곳을 많이 이용했다. 아직도 여성 출입이 금지되고 있는 특이한 골프장이다. 그래서 운동을 하다가 더우면 웃통을 벗는 사람들도 많다고 한다. 마스터스가 열리는 오거스타 내셔널도 2012년 콘돌리자 라이스Condoleezza Rice 전 국무장관을 회원으로 받으면서 '금녀의 성'을 해제했다. 반면 버닝트리는 옛 관습을 그대로 지니고 있다. 아이젠하워 재임 당시 버닝트리는 수요일 오후와 토요일 오전에는 그린피를 올려 받았다. 혼잡을 줄여서 아이젠하워가 좀더 여유롭게 골프를 할 수 있도록 하기 위한 특별 배려였다.

여성 출입 금지는 골프가 처음 생긴 스코틀랜드에서 기원했다. 15세기에 골프가 시작되어 곧 번창했고, 남녀가 모두 골프를 즐겼다. 해가 질 무렵 보통 여성들은 집으로 돌아가 저녁을 준비하고 남자들은 선술집에 모였다. 거기서 그날의 게임 이야기, 일과 가정 이야기를 나누며 친해졌다. 이렇게 친해진 사람들이 골프클럽을 만들었다. 첫 골프클럽이 1744년에 에든버

스코틀랜드 에든버러 근교에 있는 뮤어필드 골프장은 지금도 여성 출입을 금지하고 있다.

러 근교에 생긴 아너러블 컴퍼니 오브 에든버러 골퍼스Honorable Company of Endinburgh Golfers다. 이 클럽은 지금도 여성 출입을 금지하고 있는 뮤어필드 Muirfield 골프장을 운영하고 있다. 두 번째 클럽이 1754년에 구성된 로열 앤 드 애인선트 골프클럽Royal and Ancient Golf Club: R&A이다. 이 클럽은 미국골프 협회USGA와 함께 골프 규칙을 만들고 관리하는 곳이다. 이곳도 오랫동안 여성을 회원으로 받지 않았다. 이처럼 골프클럽들은 초기에는 여성들이 배 제된 상태로 운영되었고, 그 전통이 미국으로 건너갔다. 그러다가 여성들의 목소리가 높아지면서 자연스럽게 여성에게 개방되었다. 그럼에도 아직 옛 날 전통을 그대로 가지고 있는 골프클럽들이 있긴 하다.

　미국의 1만 6,000여 개 골프장 가운데 20여 곳이 지금도 여성을 출입시키지 않고 있다. 스코틀랜드에도 뮤어필드와 함께 로열 세인트 조지가 아직 남성 전용으로 남아 있다. 전통을 지킨다고 하지만 비판을 피할 수는 없기 때문에 그 숫자는 차츰 줄어들 것으로 보인다. 세계 최초의 골프장인 스코틀랜드의 세인트앤드루스도 2007년까지는 여성을 출입시키지 않았다. '개와 여성은 출입금지No dogs or women allowed'라는 간판이 붙어 있었다. 회원들 사이에서 골프Golf는 '남성 전용, 여성 금지Gentleman Only, Ladies Forbidden' 운동이라는 말이 있었다. 'Girls Off(여성은 저리 가)'를 줄여서 golf라고 한다고 하기도 했다. 하지만 2007년 브리티시여자오픈을 개최하면서 여성을 허용했다. 2014년 9월에는 '개와 여성은 출입 금지' 간판도 뗐다. 2015년 2월에는 이 골프장을 운영하는 로열 앤드 애인션트 골프클럽이 정식 회원으로 여성을 받아들였다. 영국의 앤 공주, 골프 여제 안니카 소렌스탐Annika Sörenstam, 메이저 4승을 이룬 영국의 로라 데이비스Laura Davies, 스코틀랜드 여자 아마추어대회 7승을 이룬 벨 로버트슨Belle Robertson, LPGA 흑인 선수 르네 파월Renee Powell, LPGA투어 창립자 중 하나인 루이즈 서그스Louise Suggs, 선수 출신으로 국제골프연맹IGF 회장을 역임한 랠리 시가드Lally Segard 등 7명이 골프 성지의 첫 여성 회원이 되었다. R&A는 2018년까지는 여성 회원을 15명으로 늘릴 계획이다. 여성들이 사회의 다양한 영역에서 뛰어난 활약을 하고 있고, 세계 여러 나라에서 대통령도 많이 하고 있는데, 아직도 못 들어가는 골프장이 있다는 게 아이러니다.

골프장이 많고 생긴 배경과 발전의 역사가 다 다르기 때문에 특이한 규칙을 가지고 있는 골프장이 여전히 많기는 하다. 플로리다주 팜비치의 세

미놀 골프클럽은 거장 잭 니클라우스Jack Nicklaus를 멤버로 받아주지 않아서 유명해졌다. 이유인즉슨 투어 프로는 회원으로 받지 않는다는 운영 규칙 때문이었다. 벤 호건Ben Hogan은 회원이었는데, 그런 규칙이 생기기 전에 가입했기 때문이다. 로스앤젤레스CC는 할리우드에서 멀지 않으면서도 연예인은 회원으로 받지 않는다. 2000년대 초반까지 활약했던 배우 로버트 스택Robert Stack은 어릴 적에 부모를 따라 이 골프장에서 공을 쳤는데, 영화배우가 된 다음에는 출입할 수 없었다.

아이젠하워는 주말을 이용해 오거스타 내셔널에도 자주 갔다. 재임 8년 동안 210번 갔다. 8년이면 주말이 400여 번 되는 거니까 2주에 한 번은 주말에 오거스타에 갔다는 말이 된다. 그곳 10번 홀 부근에 별장을 가지고 있었다. 골프장 회원들이 15만 달러를 모금해 아이젠하워를 위해 지어준 것이다. 사람들은 이를 아이젠하워 코티지Eisenhower Cottage라고 불렀다. 오거스타에서 자주 골프를 하다 보니 자신의 애칭인 '아이크Ike'라는 이름을 가진 나무와 연못까지 생겼다. 17번 홀에 커다란 미송나무가 한 그루 있었다. 높이가 20미터, 티박스에서 앞으로 192미터 지점 약간 왼쪽에 있었다. 아이젠하워가 공을 칠 때마다 공이 이 나무에 걸렸다. 참지 못하고 "저 나무 좀 없애줄 수 없겠소?" 하고 클럽의 회장 클리퍼드 로버츠Clifford Roberts에게 요구했다. 하지만 그는 들은 척도 안 했다. 그다음부터 그 나무에 아이크라는 이름이 붙었다. 이 나무는 100세 넘게 살다가 2013년 겨울 혹한을 견디지 못하고 얼어 죽었고, 결국 2014년 초에 베어졌다.

'아이크 연못'은 아이젠하워가 제안한 위치에 연못을 조성해 그런 이름이 붙었다. 아이젠하워는 라운딩을 마치고 거기서 낚시를 하곤 했다. 아이젠하워의 또 다른 취미가 낚시였다. 둘 다 시간 많이 드는 스포츠였는데, 이 두 가지를 다 하면서 군의 최고 지도자와 대통령이 될 수 있었다는 것은 신기한 일이다. 언젠가는 아이젠하워가 오거스타 내셔널에 갔는데 너무 어린 흑인 아이가 캐디로 일하고 있었다. "일을 하기엔 너무 어린 것 아닌가?" 하고 그가 지적했다. 골프장은 홈스쿨링으로 그 아이에게 교육을 받을 수 있도록 조치했다.

아이젠하워의 골프 실력은 90타 정도. 워낙 많이 치다 보니 70대 타수를 기록한 것도 10여 번 된다. 그토록 자주 골프를 한 것 치고는 실력이 출중한 편은 못되었다. 특히 퍼팅이 약했다. 하지만 80~100야드(73~91미터) 정도의 숏게임은 좋은 편이었다. 홀인원은 딱 한 번 했다. 77세이던 1968년 팜스프링스 세븐 레이크스Seven Lakes 골프장 13번 홀에서 9번 아이언으로 친 것이 홀로 빨려들어갔다. 그러고는 이듬해 사망했다.

그의 골프에 대한 애정은 PGA 62승을 기록한 전설의 골퍼 아널드 파머Anold Palmer와 함께 1950~1960년대 미국의 골프 붐을 일으키는 데 크게 기여했다. 미국 수도 워싱턴에 가면 미국역사박물관이 있다. 거기에는 대통령관이 따로 있다. 대통령들이 쓰던 유품이 전시되어 있다. 조지 워싱턴 George Washington 대통령이 들고 다니던 낡은 가방, 에이브러햄 링컨Abraham Lincoln이 즐겨 쓰던 모자 등을 직접 볼 수 있다. 나도 2014년에 자료 수집 차 워싱턴에 갔다가 들렀다. 아이젠하워 코너에는 뭐가 있나 궁금해서 다가가서 유심히 살펴봤다. 아니나 다를까 그가 즐겨 쓰던 골프채와 골프백이 주요 유품으로 전시되어 있었다. 그의 전쟁 영웅 이미지와는 잘 어울리지 않는, 빨간색의 자그맣고 귀여운 골프백이다.

골프 최고수, 케네디

미국 대통령 가운데 최고의 골퍼는 케네디였다. 역대 미국 대통령의 골프 행태에 대한 책 『백악관에서 그린까지First Off the Tee』의 저자 돈 반 나타Don Van Natta는 케네디가 미국 대통령 가운데 골프 실력이 가장 좋았다고 평가한다. 그다음은 아이젠하워, 3위는 포드, 4위는 프랭클린 루스벨트Franklin Roosevelt(소아마비 발병 전), 5위 아버지 부시, 6위는 아들 부시, 7위는 클린턴, 8위가 오바마다. 골프를 친 대통령 중에는 쿨리지가 실력이 가장 형편없었다. 케네디는 프로 못지않은 제대로 된 스윙을 했다. 고등학교와 하버드대학 재학 시절 골프팀에서 활약했다. 드라이버샷이 평균적으로 275야드(251미터)나 나갔다. 300야드(274미터)를 날린 적도 있다. 80타 정도의 실력을 갖추고 있었다.

케네디는 애디슨병(콩팥 위쪽의 부신에 문제가 생겨 쉽게 피로해지는 병)과 만성소화불량, 만성요통 등 병이 많았다. 이른 나이부터 병치레가 많아 조기에 와병하거나 사망할 가능성을 생각하고 있었기 때문에 정치적으로 빨리 성장하려 노력했다. 그래서 29세에 하원의원에 출마하고, 35세에는 상원의원, 43세에는 대통령에 출마했다. 정치 활동을 왕성하게 하면서 많은

케네디는 프로 못지 않은 골퍼 대통령이었으나, 젊고 일에 전념하는 대통령 이미지를 위해 골프 치는 모습을 대중에 공개하길 꺼렸다. 아이젠하워와 대통령에 당선된 케네디가 만난 장면.

여성과 접촉한 것도 조기 와병이나 사망에 대한 염려를 하고 있었기 때문이라는 분석이 있다. 어쨌든 골프를 좋아한 케네디에게 최대의 적은 요통이었다. 수시로 치료를 받았고, 허리에 무리가 가지 않게 스윙하는 법도 스스로익혔다. 그래도 요통을 치료하지 못해 생각만큼 자주 라운딩을 하지는 못했다.

하지만 아이젠하워와는 달리 케네디는 골프를 몰래 했다. 동반자 한두 명, 최소한의 경호원을 데리고 골프장을 출입했다. 클럽을 들고 있는 자신을 사진기자들이 찍지 못하도록 했다. 골프광 아이젠하워를 미국인들이 못마땅하게 생각하고 있음을 케네디는 알고 있었다. 상원의원을 하면서 골프에 빠진 아이젠하워에 대한 수많은 조롱을 들었다. 그는 골프에 홀린 늙은 대통령과 대조되는 젊고 활기찬, 국정에 올인하는 대통령으로 자리매김하고 싶어 했다. 그래서 아이젠하워가 만들어놓은 백악관 뜰의 퍼팅 그린도 없앴다. 골프 치는 모습이 노출되는 것도 그래서 싫어했다. 이런 이유 때문에 18홀 전체를 도는 일은 많지 않았다. 첫 홀과 마지막 홀은 사람들 눈에 띄기가 쉬워 피하고 중간의 5~11개 홀을 도는 때가 많았다. 그렇게 90분에서 2시간 정도 치는 게 케네디 스타일의 골프였다.

골프에 대한 열정은 어쩔 수 없어서 백악관의 로즈가든Rose Garden에 나와 아이언을 휘두르기도 했다. 아이젠하워와는 다른 모습을 보여주고 싶어 했지만 골프를 좋아하는 정도는 아이젠하워와 별 차이 없었던 것이다. 업무시간에는 골프를 하지 않겠다는 취임 전 약속과는 달리 평일 오후에도 골프를 했다. 골프는 중독성이 있다고 하는데, 아이젠하워나 케네디를 보면 실제로 그런 것 같다.

멀리건의 명수, 클린턴

클린턴은 대통령 재임 8년 동안 모두 400번 골프를 쳤다. 일주일에 한 번은 골프를 한 것이다. 미국 사람들이 가장 함께 골프를 하고 싶어 하는 대통령이기도 하다. 2005년에 『골프다이제스트』가 설문 조사를 했는데, 골프를 함께 하고 싶은 대통령 1위(30퍼센트)를 차지했다. 다음으로 케네디(24퍼센트), 아들 부시(14퍼센트), 레이건(11퍼센트), 아이젠하워(9퍼센트), 아버지 부시(5퍼센트), 프랭클린 루스벨트(5퍼센트), 포드(2퍼센트) 등으로 나타났다. 같이 골프를 하면 마음을 편안하게 해줄 것 같은 모양이다.

한창때 그는 핸디캡 13 정도였다. 비거리도 많이 나갔다. 드라이버샷은 275야드에 달했다. 시가에 불을 안 붙이고 물고 다니면서 골프하는 것을 즐긴다. 케네디도 그랬는데, 클린턴이 이를 따라서 했다. 그는 겉보기와는 달리 퍼터 하나를 35년 동안 쓰는 면도 갖고 있다. 초록색 손잡이가 달린 타이틀리스트 불스아이Bull's Eye 퍼터를 35년 동안 썼는데, 1995년 초 어느 날 잃어버렸다. 클린턴은 이 구식 퍼터를 찾기 위해 집 구석구석을 2시간 동안 미친 듯이 뒤졌지만 허사였다.

클린턴은 12세 때부터 가끔씩 캐디로 일하면서 골프채를 잡기 시작했다. 본격적으로 공을 치기 시작한 것은 예일대학 로스쿨을 졸업하고 고향 아칸소에 정착했을 때다. 29세였다. 초기엔 골프장에서 골프 이야기만 하고 싶어 했다. 32세에 아칸소주지사가 되면서 유력 인사들과의 골프를 즐겼다. 대선에 출마할지, 선거 자금을 어떻게 마련해야 할지 등을 골프를 하면서 의논했다. 대통령이 되어서는 아이젠하워처럼 백악관 잔디밭에 퍼팅 그린을 만들어놓고 연습을 했다.

다른 골프광 대통령들처럼 그도 날씨에 구애받지 않고 골프를 했다. 추우면 추운 대로, 더우면 더운 대로, 비가 오면 비를 맞으면서 골프를 했다. 때와 장소를 안 가린 것이다. 섭씨 38도의 무더위 속에서 골프를 한 적도 있다. 그 더위 속에 골프를 할 사람이 누가 있겠는가? 동반자를 못 찾자 그날은 혼자서 라운딩을 했다. 한번 시작하면 웬만한 일 가지고 중간에 그만두는 법이 없었다. 케네디처럼 중간에 몇 개 홀을 도는 법도 없었다. 처음부터 끝까지 18홀을 다해야 직성이 풀렸다. 그러고도 모자라면 9홀을 더 하기도 했다.

많은 미국 사람들이 클린턴 하면 멀리건과 르윈스키가 떠오를 만큼 멀리건을 좋아했다. 멀리건은 샷을 잘못했는데, 벌타 없이 다시 치는 것이다. 친한 주말 골퍼들 사이에서나 주고받는 것이다. 그것도 최소한으로. 하지만 클린턴은 시도 때도 없이 멀리건을 썼다. 동반자의 의사도 묻지 않고 그냥 자기가 자기한테 줬다. 그래서 빌 클린턴의 '빌'과 멀리건을 합쳐 '빌리건'이라는 별명이 붙었다.

전쟁 중에도 골프 친 부시 부자

부시 집안은 골프 집안이다. 41대 대통령 아버지 부시를 중심으로 보자. 먼저 그의 외할아버지 조지 허버트 워커George Herbert Walker가 1920년대 미국 골프협회 회장이었다. 골프를 잘하기도 했다. 안정적인 싱글 골퍼였다. 그의 이름 George Herbert Walker Bush는 외할아버지의 이름을 가져온 것이다. 지금도 격년으로 열리는 미국과 영국의 남자 아마추어 대항전인 워커

Like his father, Jeb Bush is an unusually speedy golf player. Pictured: George W. Bush, George H.W. Bush, and Jeb Bush at the Cape Arundel Golf Club in Kennebunkport, Maine, in 2001.

부시 집안은 골프 집안이다. 선대부터 이어져 내려오는 골퍼의 피가 막내 젭 부시까지 흐르고 있다.

컵Walker Cup 대회가 그의 외할아버지가 창설한 것이다. 그의 아버지 프레스콧 부시Prescott Bush도 1935년대에 미국골프협회 회장이었다. 상원의원이었던 프레스콧 부시는 핸디캡 3 정도의 막강 실력파 골퍼였다. 결국 아버지 부시도 자연스럽게 골프를 배웠고, 즐기게 되었다. 그의 아들 43대 대통령 조지 W. 부시George W. Bush도 골프를 좋아하고, 다른 아들 젭 부시Jeph Bush 도 마찬가지다.

아버지 부시는 1991년 걸프전쟁 당시에도 골프를 할 정도로 골프를 좋아했다. 아이젠하워처럼 백악관 남쪽 정원에 연습장을 조성해서 퍼팅 연습을 했다. 한창때는 핸디캡이 11이었다. 미국 정부 내에서 국가안보보좌관과 국무장관은 늘 경쟁 관계에 있다. 아버지 부시 시절에도 그랬다. 군 출신인 브렌트 스코크로프트Brent Scowcroft 국가안보보좌관과 변호사 출신인 제임스 베이커James Baker 국무장관이 외교정책의 방향을 놓고 다투는 일이 많았다. 그런데 보통 스코크로프트 쪽으로 기울었다. 이유는 스코크로프트가 대통령과 자주 골프를 하기 때문이었다. 백악관 내 대통령과 지근거리에서 일하면서, 일과 후 골프장에서 가벼운 마음으로 만나기까지 했기 때문에 베이커가 그의 영향력을 따라갈 수 없었다.

내가 방송기자를 하던 2004년 10월 워싱턴에서 스코크로프트를 만나 인터뷰를 한 적이 있다. 당시는 아들 부시와 민주당의 존 케리John Kerry가 대선에서 맞붙어 경쟁하는 상황이었다. 대선 결과에 따른 주한미군의 변화 가능성을 물어보기 위해 그를 찾아갔다. 듣던 대로 각 잡힌 노장군이었다. 비서의 전갈을 받고 나오면서 그는 나를 혼냈다. 전화나 이메일로 의견을 묻는 것인 줄 알았는데, 이렇게 직접 텔레비전 카메라까지 대동하고 오면 어떡하냐는 것이었다. 내가 이메일에 "I would like to hear your opinion"이라고 했는데, 방송국 기자라는 것도 함께 밝혔기 때문에 텔레비전 인터뷰라 알 것으로 생각했는데 그게 아니었다. 더 자세히 설명을 했어야 했는데, 그렇게 못한 것은 나의 불찰임을 말하고 인터뷰를 요청했다. 조금 망설이더니 멀리서 왔으니까 해주겠다면서 인터뷰에 응했다.

자신은 아들 부시와 친하지만 부시가 대통령이 되든 케리가 되든 주한 미군은 크게 변화하지 않을 것이며, 앞으로 한미동맹은 더욱 강화될 것이라고 대답했다. 전통적인 동맹을 잘 지켜가는 것은 미국의 국익을 위해 매우 중요한 부분이라는 설명도 덧붙였다. 3성 장군 출신으로 닉슨 대통령 시절부터 오랫동안 백악관 국가안보실에서 잔뼈가 굵은 공화당 계열의 대표적인 군사안보전략가지만, 그가 닉슨, 포드, 아버지 부시 정권에서 자신의 생각을 편 것은 전문가로서의 능력뿐만 아니라 대통령에게 가까이 다가가는 능력이 있었기 때문이다. 아버지 부시와의 관계로 미루어 본다면 그런 능력 가운데 하나가 골프였음을 알 수 있다. 전문 지식과 대통령과의 친분으로 그는 오랫동안 공화당 정부의 브레인 역할을 했다. 콘돌리자 라이스를 부시 집안에 소개하기까지 했다. 1989년 스코크로프트가 아버지 부시 행정부에서 국가안보보좌관을 하고 있을 때 스탠퍼드대학에서 무기 통제 관련 세미나가 있었는데, 여기서 당시 스탠퍼드대학 정치학과 교수였던 라이스가 토론하는 것을 지켜본 스코크로프트가 그녀를 발탁해 국가안보회의NSC의 소련·동유럽 책임자로 임명했다. 그러면서 아버지 부시에게 소개했고, 이후 아들 부시에게도 소개했다. 그러면서 스코크로프트는 워싱턴 외교가에 큰 영향력을 행사했다.

클린턴 재임 시절인 1995년 2월 클린턴과 아버지 부시, 포드 세 명의 전·현 대통령이 골프를 한 적이 있다. 대통령 세 명이 한자리에 모여 한 조로 골프를 하는 것은 전무후무한 경우다. 여기서 부시가 사고를 쳤다. 첫 홀에서 4번 아이언으로 친 두 번째 샷이 문제였다. 잘 날아가던 공이 그린 근처의 나무에 맞더니 직각으로 꺾였다. 갤러리들이 운집한 곳으로 간 것이다. 이 공이 한 여성 갤러리의 선글라스에 정통으로 맞았다. 유리 파편이 왼쪽 눈 아래쪽에 큰 상처를 내 열 바늘이나 꿰매야 했다. 대형 사고였다. 조금만 운이 나빴다면 실명으로까지 이어질 뻔했다. 이런 대형 사고를 치고도 부시는 게임을 계속했다. 그러고도 부시는 이날 92타를 쳤다. 클린턴은 93타, 포드는 100타로 끝냈다. 물론 이후에도 골프를 계속했다. 이 정도 사고를 치고 나면 정이 떨어져서 웬만한 사람은 골프를 그만둘 것 같은데 부시는 아니었다. 정치인은 그렇게 강심장인가 보다. 아니면 마약 같은 골프가 문제인가?

아들 부시도 아버지만큼은 아니지만 골프를 좋아한다. 달리기도 좋아하지만 골프도 그 못지않게 좋아한다. 미군이 이라크에서 전쟁을 하고 있을 때 워싱턴 외곽의 앤드루스 공군기지에서 골프를 치다가 언론의 질책을 받기도 했다. 2003년 8월 바그다드에 파견된 유엔특사가 유엔사무소 폭탄 테러로 사망하자 골프를 중단했다. 이후 임기 중에는 골프를 하지 않았다. 그래서 임기 중 골프 횟수는 24번밖에 안 된다. 하지만 임기가 끝난 다음에는 다시 시작해 요즘도 골프를 즐긴다. 핸디캡은 한창때 15 정도였다. 그의 아버지는 11 정도였는데, 그보다는 좀 떨어진다. 물론 요즘은 핸디캡 15도 유지하기 힘들 것 같다. 그의 나이도 벌써 69세다.

부시 집안은 성질이 급해 골프도 빨리 친다. 아버지 부시의 외할아버지 조지 허버트 워커와 아버지 프레스콧 부시의 빠른 골프 스타일이 후대로 내려오면서 정착되었다. 아버지·아들 부시가 18홀을 도는 데 1시간 42분밖에 안 걸린 적도 있다. 그래서 부시 집안의 골프를 '번개 골프'라고 한다. 젭 부시도 집안의 전통에 따라 번개 골프를 한다. 2015년 1월에 플로리다 주 마이애미에서 열린 골프 시합에 나갔는데, 2시간 반 만에 끝냈다. 더욱이 게임에서 승부가 안 가려지고 동타가 나와 한 홀을 더 했는데도 말이다. 이런 걸 보면 여러 가지 골프 특성도 유전인지 모른다. 그래서 사람을 정확히 알려면 같이 골프를 쳐보라고 하지 않는가.

부시 집안은 규칙을 잘 지키면서 골프를 한다. 미국골프협회장의 후손들이니 규칙을 잘 지키는 것도 당연하겠지만, 부자父子 대통령 모두가 멀리건을 멀리하고 기브도 잘 받지 않는다. 멀리건은 가끔 첫 티샷할 때 받는 일이 있을 뿐이다.

골프 운 좋은 오바마

오바마도 역대 어떤 대통령 못지않게 골프를 좋아한다. 2009년 임기 시작부터 2014년 말까지 5년 동안 214번 쳤다. CBS의 마크 놀러라는 기자가 5년 동안 정확히 체크를 해서 나온 숫자다. 1년에 36번, 한 달에 세 번 골프를 했다. 오바마는 국정이 바쁘게 돌아가는데도 떳떳하게 휴가를 즐기고 골프를 하는 것으로 유명하다. 2011년 5월 알카에다의 리더 오사마 빈 라덴에 대한 사살 작전이 진행되는 상황에서도 골프를 했다. 2014년 9월에는 미군이 이라크의 수니파 반군 단체 이슬람국가IS에 대해 공습을 시작한 지 몇 시간

만에 휴가지로 날아가 골프채를 들었다. 2015년 6월에는 캘리포니아 코첼라밸리의 한 골프장에서 고등학교 동창 3명과 골프를 했는데, 167년 만의 큰 가뭄으로 물이 매우 부족한데 대통령이 물을 많이 쓰는 골프장에서 친구들과 골프를 쳤다고 비난을 받기도 했다.

　미국은 대통령의 휴가나 여가 생활을 보는 관점이 우리와 많이 다르다. 물론 미국에서도 비상 상황이나 어려운 상황에서 대통령이 그럴 수 있느냐는 비판은 있다. 한국적인 정서에서도 이는 비난거리이다. 하지만 대부분의 미국 사람들은 어디에 있든 대처를 잘하면 되는 것이고, 대통령도 필요할 때 여유를 즐길 권리가 있다는 생각이다. 비상 상황에서 골프를 하는 것에 대해 백악관은 당당하다. "통신 장비를 갖추고 있고 국가안보보좌관도 따라간다. 군 최고사령관으로서 역할을 충분히 할 수 있기 때문에 문제가 없다"라고 공식적으로 말한다. 이렇게 공개적으로 말하고, 그에 따른 필요한 조치를 충분히 하고, 또 이런 것을 미국인들이 용인해주고 있기 때문에 오바마가 그렇게 자주 골프를 즐길 수 있는 것이다.

　오바마는 원래 농구를 좋아했는데, 1997년에 손을 다쳐 농구를 할 수 없게 된 시기가 있었다. 일리노이주의 주 상원의원을 할 때였다. 이때 부인 미셸이 골프를 권했다. 그래서 골프를 하게 되었다. 미셸도 골프를 한다. 오바마의 핸디캡은 16 정도. 임기가 끝날 때 싱글이 되겠다는 희망을 가지고 있다. 그런 생각 때문인지 타이거 우즈와도 라운딩을 했고, 타이거 우즈와 필 미켈슨 등 대선수들을 가르친 명 코치 부치 하먼과 27홀을 돌며 필드 레슨을 받기도 했다.

오바마는 학창 시절 농구선수로 뛸 정도로 농구를 잘했다.
그러나 손을 다친 것을 계기로 골프를 시작했고, 지금은 골프를 무척 즐긴다.

공화당 대선 후보 경선에 출마한 부동산 재벌 도널드 트럼프Donald Trump는 출마 이후 거친 말들을 쏟아내 화제가 되었다. "멕시코는 성폭행범, 마약 사범 등 범죄자들을 미국으로 보내고 있다"고 했고, "한국과 사우디아라비아는 하루 10억 달러를 벌면서 안보는 미국에 의존하고 있다"고도 했다. 공화당 대선 후보 경쟁자인 린지 그레이엄Lindsey Graham 상원의원이 과거에 자신에게 선거 자금을 달라고 했다면서 그의 휴대전화 번호를 공개하기도 했다. 그런 트럼프가 오바마에게도 한마디 했다. 불법체류자에게 관대한 이민 정책을 추진하면 안 된다면서 "나는 세계에서 제일 좋은 골프장을 갖고 있다. 오바마가 빨리 물러나서 골프나 하기를 바란다"고 권했다. 골프를 아주 좋아하는 오바마를 빗대 한 말이다. 오바마는 대꾸도 하지 않고 골프는 예전처럼 즐기고 있다. 실제로 트럼프는 좋은 골프장을 많이 갖고 있다. 미국에 LA 트럼프내셔널 골프 코스를 비롯해 17개를 가지고 있고, 스코틀랜드에도 있다. 2015년 7월 브리티시여자오픈이 열린 스코틀랜드의 트럼프 턴베리 골프 코스도 그의 것이다. 이 대회 당시 트럼프는 선수들이 경기에 열중하고 있는데 헬기를 타고 골프장을 돌면서 구경해 빈축을 샀다. 2015 US 여자오픈에서 우승한 전인지를 알아보고는 같이 사진을 찍기도 했다. 그의 골프 사랑도 보통은 아닌 것 같다. 어쨌든 오바마가 골프를 좋아한다고는 해도 앞으로 트럼프가 운영하는 골프장은 안 갈 것 같다. 재미있는 것은 오바마가 골프 운이 좋다는 것이다. 그의 동반자들이 전하는 바에 따르면 오바마는 잘못 쳐서 공이 나무 쪽으로 가는 일이 가끔 있는데, 그런 때도 대부분 공이 나무를 맞고 튕겨나온다고 한다. 그때마다 동반자들이 "골프 운처럼 정치 운이 따른다면 언젠가는 대통령이 될 것"이라고 말했다고 한다. 그들의 말처럼 오바마는 대통령이 되었다. 골프 운과 정치 운은 함께 가는 것인가?

2장
●
골프를
싫어한
지도자들

골프를 모른 영국 유학파 윤보선

윤보선은 영국 유학생이었다. 에든버러대학에서 고고학을 전공했다. 에든 버러는 스코틀랜드의 중심 도시, 골프의 본고장이다. 하지만 윤보선은 골프 를 하지는 않았다. 대신 주말이면 테니스를 했다. 유명한 테니스대회 윔블 던이 열리면 직접 가서 보기도 했다고 한다. 대회 입장권을 사기 위해 아르 바이트를 하기도 했다.

　한국에도 일찌감치 영국과 일본을 통해 골프가 도입되어 해방 직후에 도 골프를 하는 사람이 있었고, 1958년에는 한국오픈대회도 생겼다. 아마 추어 부문에서 우승한 사람에게는 이승만이 매년 경무대로 불러 시상을 했 다. 1960년에는 4・19 혁명으로 이승만 정권이 무너지고 민주당 정권이 들어섰다. 대통령은 윤보선이었다. 그는 골프를 몰랐고 한국아마골프선수권대회 우승자에게 대통령이 시상하던 전통도 깼다.

민주당 정권이 들어서자 골프협회 구실을 하던 서울CC 이사회가 1960년 9월 회의에서 그동안 열리던 대통령배 아마골프선수권대회 개최를 놓고 논의했다. 혁명의 분위기에 맞춰 폐지하자는 쪽도 있었고, 계속 존속시키자는 쪽도 있었다. 그래서 '대통령배'인 만큼 청와대의 의사를 물어보기로 했다. 청와대는 골프 대회에 대통령배를 붙이는 것을 꺼렸다. 결국 대통령배를 빼고 '한국아마골프선수권대회'라는 타이틀로 대회를 치렀다. 대통령배가 빠져 대통령이 시상을 하는 절차도 없어졌다. 경제도, 민주주의도 안 되어 있는 나라에서 골프는 시기상조라는 것이 윤보선의 생각이었던 것으로 짐작된다. 실제로 민주당 정부는 이승만 독재를 무너뜨린 학생들의 희생 위에 형성된 정부였고, 그런 만큼 민주 세력의 뜻을 받들어 정치와 경제, 사회 전반에 걸쳐서 조속한 개혁을 추진해야 할 입장이었다. 그런 상황에서 대통령이 골프선수권대회에 관심을 갖는 것은 어울리지 않는다고 본 것이다.

이 전통이 다시 살아난 것은 5·16 쿠데타 이후 박정희 정권이 어느 정도 자리를 잡은 1965년이다. 박정희가 제12회 한국오픈 아마추어 부문 우승자 신용남을 비롯해 5등까지 5명을 청와대로 초대해 시상식을 했다. 그 자리에는 공화당 당의장에서 잠시 물러나 있던 김종필, 비서실장 이후락 등이 함께 있었다.

장면도 미국 생활을 오래 했지만 골프를 알지 못했다. 장면은 이승만 정권에서 초대 주미대사와 국무총리를 지냈지만 이승만과 갈라서고 야당 지도자가 되었다. 1956년 민주당 부통령 후보로 출마해 당선되었다. 신익희가 선거운동 과정에서 사망하는 바람에 대통령은 자유당의 이승만이었지만 부통령은 민주당의 장면이었다. 장면이 부통령으로 있을 때 서울CC의 초대 이사장 이순용이 외자청장이었다. 골프를 좋아한 이순용은 서울CC 하나로는 부족하다며 외교적 목적에 활용하기 위해 골프장을 더 짓는 안을 작성해 부통령에게 올렸다.

"골프장은 무슨 골프장입니까? 돈이 있습니까?"

장면은 면박을 주었다. 미국에서 들어오는 외자를 관리하던 이순용이 "돈은 걱정 마시고 결재만 해주십시오"라고 했지만 거절했다. 장면은 부통령이었지만, 어디까지나 야당이었다. 이승만 정부의 독재뿐만 아니라 경제 운영, 산업 정책 등을 비판하고 감시해야 하는 위치에 있었다. 개인적인 성품으로도 장면은 교육자나 사제 스타일이었다. 먹고 마시고 놀고, 그 속에서 주고받고 거래하는 것을 싫어했다. 장면의 눈에는 골프도 그런 것 중 하나로 보였을 것이다.

엉덩방아 찧고 골프 끊은 김영삼

김영삼도 원래는 골프를 했다. "골프의 단점은 너무 재미있다는 것"이라고 말하기도 했다. 그러다 10월 유신 이후 골프를 끊었다. 야당 국회의원이 엄혹한 시국에 골프를 하는 것은 비난의 여지가 많았다. 그러다가 다시 골프를 시작한 김영삼은 1989년 김종필과 잇따른 골프 회동을 통해 3당 합당에 합의했다. 3당 합당에는 합의했지만 이후로 골프는 다시 끊었다. 계기는 김종필과의 네 번째 골프 회동이다. 1989년 10월 2일 안양CC에서 김영삼과 김종필이 만났다. 3당 합당을 위한 몇 차례의 회동 가운데 하나였다. 양측의 책사 황병태·김용환 의원도 자리를 함께했다. 이날은 골프를 하면서 좀 가벼운 마음으로 의견을 교환하는 자리였다. 김영삼은 하얀 긴팔 셔츠에 갈색 조끼까지 멋지게 받쳐 입고 1번 티박스로 향했다. 몇 번 연습 스윙을 하고는 공을 티에 올렸다. 연습은 제대로 못 했지만 자신은 있는 표정이었다. 공을 향해 크게 스윙을 했다. 하지만 클럽과 공 사이에는 거리가 있었다. 너무 세게 휘둘렀는지 김영삼은 중심을 잃고 넘어져버렸다. 기자들이 잔뜩 모여 있으니 얼굴을 찡그릴 수도 없었다. 환한 표정을 지었다.

김종필은 뒤에서 놀란 듯, 당황한 듯, 재미있는 듯 드라이버를 든 채 웃었다. 현장에선 환한 표정이었지만 분명 김영삼의 기분이 좋을 리 없었다. 골프는 즐기기 위해서 하는 것이지만 코스에 들어서는 순간 경쟁심도 생긴다. 지난번보다 잘 쳐야 하고, 버디 몇 개는 해야 하고, 특히 동반자보다는 잘 쳐야 한다. 이게 인지상정이다. 그런데 정치적 라이벌 김종필 앞에서, 그것도 뭇 신문·방송이 보는 가운데 티샷을 하다가 엉덩방아를 찧어버렸으니 기분이 나빠도 많이 나빴을 것이다. 나도 드라이버샷을 연이어 세 번 헛스윙 하는 사람은 본 적이 있다. 하지만 샷을 하다가 엉덩방아를 찧는 사람은 못 봤다. 김영삼은 골프에 영 소질이 없었다고 봐야 할 것 같다. 실제로

골프에 얽힌 정치_1부

당시 김영삼의 실력은 110타 정도였다고 한다. 이 사건 이후 김영삼은 골프를 아예 끊어버렸다.

대통령이 되자마자 전두환이 만들어놓은 청와대의 연습장을 없앴고, 청남대 골프장도 방치했다. 골프를 사치성 스포츠로 분류해 높은 세금을 부과했다. 연습장을 없애는 것은 개인적으로 얼마든지 할 수 있는 것이고, 바람직하다고도 할 수 있다. 골프는 돈이 많이 드는 스포츠인 만큼 세제를 조정하는 것은 얼마든지 있을 수 있었다.

문제는 여기서 더 나갔다는 것이다. 김영삼은 "재임 기간 중 골프를 안 치겠다"고 선언했다. 취임 한 달이 안 된 1993년 3월 17일 금융단체회장단과의 조찬간담회에서 "경제를 살리기 위해 땀과 노력이 필요한 즉 나는 그런 뜻에서 임기 중 결코 골프장에 가지 않겠습니다"라고 했다. 여기까지도 있을 수 있는 일이었다. 김영삼은 여기에 덧붙여서 "골프는 재미있지만 국민에게 위화감을 줄 뿐만 아니라 일하는 시간을 빼앗습니다"라고 말했다. 맞는 말이긴 하다. 하지만 김영삼이 이런 말을 하는 건 좀 아닌 것 같다. 그도 골프를 했다. 유신 이전에도 했고, 3당 합당 논의 당시에도 했다. 티샷하다 넘어진 다음에는 안 했다. 한마디로 골프로 별 재미를 못 봤다. 해봐야 잘 안 되고 그러다보니 크게 흥미를 잃었다. 그래서 김영삼은 여당의 당대표일 때도 안 했다. 대통령이 된 이후 '안 한다'고 선언해도 자신은 잃을 게 하나도 없는 상황이었다. 그런데 거기에다 위화감, 일 등을 갖다 붙였다.

김영삼이 그렇게 '안 친다'고 선언함으로써 공직자들의 발도 묶였다. 뿐만 아니라 기업하는 사람들도 못 치게 했다. 경제 관련 연구 기관 대표들과 조찬을 하면서 "부도 나는 회사는 사장이 출근하자마자 골프 치러 가는 회사입니다"라고 했다. 그 자리에 있던 경제부총리 이경식은 국세청장에게 그런 사람들을 조사하라고 했다. 사장이 골프를 치면 망한다는 생각이었고, 골프 치는 사장들은 찍어서 세무조사를 하겠다는 발상이었으니 저급하기 이를 데 없다. 김영삼은 골프에 대한 자신의 좋지 않은 기억과 인식을 그런 식의 비합리적인 발언과 조치로 표현했다.

어쨌든 김영삼의 발언으로 골프는 '금기 스포츠'가 되었다. 1993년 7월 빌 클린턴 미국 대통령이 방한할 당시에도 클린턴은 골프를 하고 싶어 했지만, 김영삼이 조깅을 하겠다고 해서 새벽 조깅으로 대체되었다. 김종필 민자당 대표가 "국회의원들 골프를 좀 하게 하시지요" 하고 건의했지만 묵묵부답이었다. 1995년 8월에는 강원경찰청장 정동수가 평일에 육사 선배인 전두환과 골프를 했다가 좌천되기도 했다. 평일에 김영삼이 싫어하는 골프를, 김영삼이 싫어하는 사람과 했으니 그야말로 제대로 걸린 것이다. 김영삼은 임기 말까지 금지령을 꼭 붙들고 있었다. 임기가 얼마 남지 않은 1997년 8월 보건복지부 차관 전계휴는 휴일에 전 보건복지부 장관 이해원과 골프를 쳤다가 들통 나 차관이 된 지 5개월 만에 경질되었다. 차남 김현철이 구속되어 심기가 좋지 않은 상황에서 김영삼이 금과옥조처럼 여기던 골프 금지령을 어겨 김영삼을 대로大怒하게 했고, 그 결과 조기 낙마한 것이다.

그렇다면 김영삼이 그토록 골프를 금지한 것은 무엇 때문일까? 깨끗한 문민대통령으로서의 이미지를 창출하기 위한 나름의 전략 때문이었다. 직전의 노태우, 그 이전의 전두환이 기업에서 돈을 받고 부정축재를 하면서 국민의 지탄을 받았기 때문에 이와는 반대 이미지로 자신을 자리매김하려 한 것이다. 공직자, 기업인까지 골프를 못하게 하는 것은 개인의 자유를 지나치게 침해하는 것이어서 논리적으로 따지면 분명 문제가 있는 조치였다. 하지만 일반 국민의 정서는 '골프는 사치'라는 것이었다. 정치를 오래한 김영삼은 누구보다 여론에 민감했고, 어떻게 하면 시민들의 지지를 얻을 수 있는지 잘 알았다. 합리, 비합리가 문제가 아니었다. '골프를 금지시키면 일반 국민은 무조건 좋아한다'는 확신이 있었다.

'칼국수 점심'도 골프 금지와 똑같은 '청렴 이미지 창출 전략'이었다. 청와대로 사람을 초청해도 칼국수 한 그릇 대접하는 데 그쳤다. 김대중이 야당 총재 시절 청와대에서 여야영수회담을 한 적이 있다. 김영삼은 그날도 점심으로 칼국수 한 그릇만 내놨다. 회담을 마친 김대중은 당사로 돌아왔다. 양김 사이에 무슨 말이 오갔는지 알기 위해 기자들이 잔뜩 기다리고 있었다. 하지만 김대중은 당사에 오자마자 기자실로 가지 않았다. 먼저 그가 향한 곳은 식당이었다. 허기를 참을 수 없었던 것이다. 밥을 한 그릇 먹고 그제야 기자회견장으로 갔다. 여하튼 김영삼은 인기 있는 대통령이 되는 데 진력했고, 그런 맥락에서 골프를 안 치고, 골프금지령을 내린 것이다. 당연히 골프업계는 죽을 맛이었다. 골프장도 안 되고, 골프 용품점과 골프장 주변의 음식점도 타격을 받았다. 그래서 김영삼 시절을 골프계에서는 '골프의 암흑기'라고 한다.

하지만 이 골프금지령이 잘 지켜지지는 않았다. 골프를 좋아하는 공직자들은 몰래 골프를 쳤다. 필명(필드용 가명)을 쓰고 얼굴을 가려가면서 골프를 쳤다. 새벽 골프를 하기도 하고, 고속도로 휴게소에서 차를 바꿔 타고 가는 '007 골프'도 했다. 감찰기관들이 휴게소에 장시간 주차되어 있는 차를 조사하기도 했다. 공무원끼리는 "1998년 3월 1일에 보자"는 말을 하곤 했다. 김영삼의 임기 후 처음 맞는 3·1절에 골프를 하자는 말이었다.

골프금지령은 과거에도 있었지만 그때도 잘 안 지켜졌다. 1971년 초 당시 백두진 총리가 공직자 골프금지령을 내렸다. 뒷거래에 대한 우려 때문이었다. 그 당시에도 골프금지령이 내려지는 순간 잘 지켜질지 의구심이 많았다. 당시 『경향신문』 기사(1971년 3월 1일자)를 보자.

"하기야 요즘의 골프열은 대단한 것이라고 할 수 있다. 공비가 남침해 한창 소탕전을 벌이고 있을 때 작전 지구에서 골프를 즐기다 좌천된 공무원이 있을 정도인 것이다."

이게 40여 년 전 상황인지, 현재의 상황인지 헷갈릴 정도다. 그때나 지금이나 변한 게 없다. 『경향신문』은 또 이렇게 쓰고 있다.

"정치인들은 골프를 필수적인 것으로 여기고 있다. 어느 틈엔가 사랑방정치, 요정정치는 골프정치로 변했기 때문이다. 이러한 상황 아래서 골프금지령의 실효가 얼마나 갈는지 궁금하다."

1971년 상황이 벌써 이랬고, 김영삼이 재임하던 1990년대에는 골프정치 현상이 훨씬 더 심해져 있었다.

『경향신문』 기사가 말하는 것처럼 1970년대 초만 해도 골프정치가 많이 성행했다. 1950년대에서 1960년대까지는 그야말로 요정정치의 시대였다. 대표적인 요정이 서울 종로구 청운동에 있던 '청운각'이었다. 주인은

'아마이'라고 불리던 40대 여인이었는데, 수완이 뛰어나 정객, 사업가, 군 장성의 발길이 끊이질 않았다. 아마이는 안주인을 뜻하는 함경도 사투리로, 이 여인의 본명은 조수임이었다. 조수임은 젊고 예쁜 여성들을 많이 고용해 손님을 끌었고, 이 여성들을 잘 다뤄 요정의 손님을 계속 늘렸다. 정부의 장차관, 웬만한 회사의 사장들이 여기서 만나서 네트워크를 확장하고 비밀스런 거래를 했다. 주변의 집을 여러 채 사들여 데리고 있는 여성들의 기숙사로 쓸 정도로 청운각은 날로 번창했다.

그러다가 유력 인사들이 골프를 많이 하게 되면서 청운각보다는 서울CC, 안양CC 등에서 사람을 만나고 긴한 대화를 하는 일이 많아졌다. 조수임도 이런 흐름을 금세 알았다. 그 자신도 서울CC에 가입하겠다고 나섰다. 세상의 조류를 알아야 했고, 골프를 알아야 손님들과 대화를 할 수 있었다. 하지만 회원가입이 순탄치 않았다. 접객업을 하는 사람이 어떻게 서울CC 회원이 될 수 있느냐며, 가족 회원으로 되어 있는 여성들이 반발했다. 서울CC의 초대 이사장 이순용이 이들을 설득해서 조수임을 가입시켰다. 물론 요정정치가 쉽게 사라지진 않았지만 요정에서 골프장으로 정치적 만남의 중심이 서서히 옮겨갔고, 1970년대 초부터 정치, 사업과 골프의 연결고리는 아주 탄탄해졌다.

시 한 편 읽어보자. 김지하의 대표작 「오적五賊」이다. 재벌과 국회의원, 고위 공무원, 장성, 장차관 등 오적이 모여 신나게 골프를 하는 대목이다.

하루는 다섯 놈이 모여

십년 전 이맘때 우리 서로 피로써 맹세코 도둑질을 개업한 뒤

날이 날로 느느니 기술이요, 쌓이느니 황금이라,

황금 십만 근을 걸어놓고

그간에 일취월장 묘기妙技를 어디 한번 서로 겨룸이 어떠한가

이렇게 뜻을 모아 도盜짜 한자 크게 써 걸어놓고 도둑시합을 벌이는데

때는 양춘가절이라 날씨는 화창, 바람은 건 듯, 구름은 둥실

지마다 골프채 하나씩 비껴들고 꼰아잡고

행여 질세라 다투어 내달아 비전秘傳의 신기神技를 자랑해 쌌는다.

이 시가 나온 게 1970년이다. 골프로 얽히는 고관들의 비밀스런 관계가 시인 김지하의 눈을 피해가지 못했다.

골프금지령 이야기가 나왔으니까 옛날이야기를 좀 해보자. 골프의 본고장 스코틀랜드에서도 이미 550여 년 전에 골프금지령이 있었다. 1457년 당시 스코틀랜드의 왕 제임스 2세가 골프금지령을 내린 것이다. 스코틀랜드는 잉글랜드와 전쟁 중이었다. 그런 상황에서 남자들이 궁술처럼 전쟁에 도움이 되는 스포츠를 해야 하는데, 골프는 그런 걸 못하게 남자들을 유혹한다고 보았다. 하지만 이때도 금지령은 지켜지지 않았다. 스코틀랜드 남자들은 전과 같이 골프를 한 것이다. 그래서 스코틀랜드에서 골프가 점점 확산되었고, 이후 미국까지 전파되었다.

이런 골프금지령의 속성은 국가에 대한 경제제재와 비슷하다. 경제제재의 역사도 깊다. 세계 역사에서 잘 알려진 것이 1806년 나폴레옹의 대륙

봉쇄령이다. 나폴레옹은 영국 점령에 실패하자 대륙의 국가들이 영국과 거래하는 것을 금했다. 이렇게 되자 제일 힘든 국가가 러시아였다. 러시아는 공업이 발달하지 못해, 산업혁명의 성공으로 값싼 공산품을 만들어내는 영국에서 신발이나 옷 등을 수입해야 했다. 영국에 밀을 수출하기도 했다. 그래야 생존이 가능했다. 그래서 러시아는 나폴레옹의 명령을 안 듣고 영국과 거래를 했다. 나폴레옹이 가만히 두고 볼 리가 없었다. 1812년 60만 대군을 이끌고 러시아로 쳐들어갔다. 결과는 대패였다. 겨우 패잔병 5,000명의 목숨만 건져 돌아왔다. 이걸로 나폴레옹은 몰락했다. 그뿐인가? 1959년 쿠바혁명 성공 이후 쿠바에 대한 미국의 장기간의 경제제재, 후세인 대통령 당시 이라크에 대한 유엔과 미국의 경제제재도 잘 지켜지지 않았다. 지금 북한에 대해 시행하고 있는 유엔과 미국의 경제제재에 대해서도 중국과 러시아는 시큰둥하다.

경제제재는 국가들의 경제적 이익 추구 욕망을 억누르려 하는 매우 어색한 강제 수단이다. 특히 국제사회는 기본적인 성격이 무정부상태인데, 여기에 그러한 강제 수단을 적용하는 것은 처음부터 실현 가능성이 매우 낮은 것이다. 골프금지령은 인간의 원초적인 욕구 가운데 하나인 오락 욕구를 강제로 누르는 것이어서 역시 실효성이 보장되기 어렵다. 그렇게 지켜지기 어려운 것으로 알려진 골프금지령을 김영삼은 20세기 말 1990년대에 내렸다.

이명박 정부도 금지령 속에 있었다. 취임 직후인 2008년 3월 류우익 비서실장이 수석비서관 회의에서 "이 시점에 골프를 하는 수석이나 비서관은 없겠지만⋯⋯"이라고 하는 바람에 이것이 금지령이 되었다. 이후 미국

산 쇠고기 수입 반대 집회와 미국발 금융위기로 인한 경제 상황 악화, 2010년 천안함 사건과 연평도 포격 사건 등이 발생하면서 이 금지령은 풀리지 못했다.

　박근혜는 골프를 하지 않는다. 아버지가 골프를 아주 좋아했던 것과는 대조적이다. 그렇다고 골프 치지 말라고도 하지 않았다. 임기 초반인 2013년 3월 북한이 정전협정 무효화를 선언하면서 긴장 분위기가 조성되었다. 그런 분위기에서 일부 장군들이 골프를 했다. 이에 대해 박근혜가 국무회의에서 "안보가 위중한 시기에 현역 군인들이 주말에 골프를 치고 그런 일이 있었다. 특별히 주의를 해서 이런 일이 일어나지 않도록 해주기 바란다"고 말했다. 이것이 금지령처럼 되었다. 2013년 7월 청와대 수석비서관들과의 대화에서도 "골프를 치라 말라 한 적이 없어요. 그런데 바빠서 그럴 시간이 있겠어요?"라고 했다. 공직자 골프에 대한 부정적인 시각을 다시 한 번 확인한 것이다. 이후 세월호 침몰 사건과 메르스 확산 사태 등으로 공직사회에서 골프를 하면 안 되는 분위기가 형성되었다. 2015년 2월 박근혜가 나서서 "잘못된 메시지가 전달되었다"고 말했지만, 사회적 분위기와 경기 침체가 겹쳐서 '공직자는 처신을 조심해야 하는' 상황이 계속되고 있다. 하지만 박근혜는 2015년 10월 세계적인 골프 이벤트인 프레지던츠컵의 명예 대회장을 맡았고, 미국프로골프협회PGA 관계자들에게 산업적 측면의 골프에 대해서도 언급한 적이 있기 때문에 임기 후반에 다른 분위기를 만들어낼 수도 있다.

'골프는 체통 떨어지는 운동' 시어도어 루스벨트

영국에서 생긴 골프가 미국에 전해진 것이 1800년대 후반이다. 1888년 처음으로 미국에 골프장이 생겼고, 미국골프협회는 1894년에 만들어졌다. 1901년에 임기를 시작한 시어도어 루스벨트Theodore Roosevelt 이래 버락 오바마까지 19명의 미국 대통령이 있었다. 그 가운데 골프를 안 친 대통령은 넷. 시어도어 루스벨트, 해리 트루먼, 허버트 후버, 지미 카터였다. 루스벨트는 딱 한 번 시도해보고는 그만뒀다. 루스벨트가 보기에 골프는 너무 정적인 운동이었다. 게다가 체통 떨어지는 스포츠였다. 대통령이 작은 공을 따라다니는 것이 영 마땅치가 않았던 것이다.

루스벨트는 운동에 일가견이 있었다. 사냥과 사격을 좋아했다. 아프리카 밀림에 들어가 사자를 잡기도 했다. 복싱을 열심히 해 시합을 벌이기도 했다. 하버드대학 복싱 선수였고, 대통령 재임 시에도 가끔 시합을 했다. 2008년 미국 대선에 공화당 후보로 나섰던 존 매케인John McCain이 루스벨트를 존경하는 이유도 권투 때문이다. 매케인도 미 해군사관학교 생도 시절 복싱 선수로 활약했고 지금도 복싱이라면 사족을 못 쓴다. 대선 기간에도 라스베이거스까지 가서 WBC 수퍼웰터급 타이틀전을 직접 보았다. 여하튼 루스벨트는 그렇게 운동을 좋아했는데, 유독 골프는 싫어했다.

루스벨트가 골프를 싫어한 데는 당시 전쟁 장관 태프트의 영향도 컸다. 일본의 조선에 대한 지배를 인정하는 대신, 1905년에 미국의 필리핀 지배를 인정하는 가쓰라 · 태프트 밀약을 체결한 그 태프트다. 태프트는 미국

미국인들은 거구의 태프트가 허리를 수그린 채 골프를 치는 모습을 웃음거리 삼고 풍자했다.

땅에 들어온 지 얼마 안 된 골프를 민첩하게 배웠다. 160킬로그램의 거구였지만 골프를 받아들이는 것만큼은 빨랐다. 요즘 말로 하면 '얼리 어댑터'였다. 주변 사람들에게 골프 예찬론을 펴면서 스스로도 아주 열심이었다. 그런 모습을 국민들은 비웃었다. 거구의 태프트가 허리를 수그린 채 막대기같은 것을 들고 작은 공을 때리는 모습을 미국인들은 못마땅하게 생각했다. 신문들이 그의 사진을 웃음거리 삼아 싣고, 만평에서 그 모습을 풍자했다.

이런 것을 보면서 루스벨트의 골프에 대한 부정적인 인식이 커졌다. 대신 그는 국정을 챙기는 데 진력했다. 국내적으로 독과점 기업에 대한 규제를 강화했다. 존 록펠러John Rockefeller나 존 모건John Morgan 같은 재벌들이

골프에 얽힌 정치__1부

트러스트(기업합병)를 형성해 독점을 강화하는 것을 막았다. 기업들의 반발이 심했지만 이를 관철시켰다. 그래서 '트러스트 파괴자Trust Buster'라는 별명을 얻었다. 노동자를 보호하고, 노사 갈등을 해결하는 방안을 마련하는데도 애를 썼다. 국제적으로는 서구 열강들의 중남미 지배를 막는 데 노력하는 한편, 파나마 운하를 건설했다. 러일전쟁을 종식시키는 데 기여해 노벨평화상을 받았다. 루스벨트는 운동도 좋아했지만 일을 더 좋아했다. 공적이면서 가치 있는 일을 해야 한다는 사명감이 누구보다 높았다. 그래서 미국에 막 들어와 인기를 끌던 골프를 멀리했다.

골프 대신 포커를 즐긴 트루먼

트루먼은 골프채를 잡아본 적이 없다. 일반인들이 골프를 귀족들의 스포츠로 알고 있기 때문에 정치인이 골프를 하면 정치적으로 매우 불리하다고 보았다. 상원의원 시절보다 부통령, 대통령이 되면서 미국인들의 평가도 훨씬 좋아지고 정치적 감각도 발달한 트루먼은 대통령 재임 시에도 골프를 하지 않았다. 대신 포커를 좋아했다. 또 가끔은 워싱턴 포토맥강에서 요트를 탔다. 그걸로 업무 스트레스를 풀었다.

골프를 하지는 않았지만 골프하는 것 자체가 근본적으로 잘못되었다고 생각하지는 않았다. 골프를 안 하는 이유로 든 것이 '귀족들의 운동', '부르주아 스포츠' 등이 아니라 '정치적으로 불리하기 때문'이라고 한 것은 그 나름의 판단이었고, 다른 판단을 내릴 수도 있다는 게 그의 생각이었다. 아이젠하워가 대통령이 된 지 1년쯤 되었을 때 민주당은 그의 골프에 대해 비판을 연일 쏟아냈다. 이때 대통령 임기를 마치고 초야에 있던 트루먼이 나섰다. 아이젠하워 골프 비판은 어리석고 옹졸한 짓이라고 말한 것이다. 휴식을 위해 필요하다면 할 수 있다는 말도 했다.

트루먼이 실제로 걱정한 것은 민주당의 정치적인 손실이었다. 골프를 해도 아이젠하워의 인기는 여전히 좋았다. 정치적 계산이 빠른 트루먼은 '인기가 높은 대통령을 골프를 한다고 비판하는 것은 오히려 역효과가 난다'고 보았다. '잘하는 대통령의 발목을 잡으려 한다', '잘 나가니까 시기한다' 등의 비판을 시민들에게서 받을 수 있다는 생각이었다. 트루먼은 반공주의자 부통령 후보를 찾는 민주당 지도부에 발탁되어 상원의원에서 운 좋게 부통령이 되었고, 프랭클린 루스벨트가 사망하면서 대통령까지 되었다. 그러면서 정치적으로 크게 성장했다. 대통령 퇴임 후에도 날카로운 정치 감각으로 민주당에 훈수를 했다. '아이젠하워 골프를 비판하지 마라'는 훈수는 그런 트루먼의 모습을 잘 보여준다.

그림과 유머를 더 좋아한 처칠

윈스턴 처칠Winston Churchill은 골프를 안 쳤다. 그림 그리기, 나비 수집, 열대어 기르기, 승마, 사냥 등 취미가 여러 가지였는데, 그중 특히 그림 그리기를 좋아했다. "그림 그리기는 기분 전환에 완벽한 활동이다. 몸을 많이 움직이지 않고 이만큼 몰입할 수 있는 것을 난 아직도 찾지 못했다. 시대적 근심과 미래의 위협이 아무리 위중해도 한번 그림을 그리기 시작하면 그것들이 헤집고 들어올 공간은 없다"고 말할 정도였다.

이런 여가 활동으로 처칠은 국가의 운명을 좌우할 결정을 해야 하는 상황이 주는 스트레스를 해소할 수 있었다. 늘 주변에 보좌관, 각 부처 장관, 국회의원 등 사람들이 몰려 있었기 때문에 그림 그리는 순간만큼은 혼자가 되면서 혼란스러운 마음을 정리하고 치유할 수 있었던 것이다. 수준도 상당했다. 영국왕립학회 연례 전시회에 전시될 작품으로 선정될 정도였다. 주로 유화를 그렸다. 제2차 세계대전 중에는 워낙 시간과 정신적 여유가 없어서 딱 한 점만 그렸는데, 모로코의 주도 마라케시Marakech의 풍경을 묘사한 것이었다. 이 그림은 루스벨트에게 선물로 줬다. 그 정도로 처칠과 루스벨트의 사이는 긴밀했고, 그런 긴밀한 관계를 바탕으로 제2차 세계대전 승전 방안을 논의했기 때문에 전쟁에서 이길 수 있었다.

미술을 그렇게 좋아했지만 골프는 별로였다. 치기는 했다. 하지만 신통치는 않았다. 그래서 골프에 대해 반감 어린 유명한 말도 남겼다. "컨트롤 불가능한 공을, 그 목적에 맞지 않게 만들어진 도구를 써서, 접근 곤란한 구멍 속에 넣으려는 헛된 노력을 하는 게임이다." "골프는 넓은 목장에서 알약을 쫓아다니는 것 같다"라고 말하기도 했다. 미국의 유명 작가 마크 트웨인Mark Twain이 했다는 "골프는 좋은 산책을 망치는 일"이란 말과 비슷한 수준이다.

처칠은 미술을 좋아했고 시가를 즐겼다. 골프는 별로 좋아하지 않았다. 그의 그림은 영국왕립학회 연례 전시회에 전시될 정도로 수준급이었다. 처칠(왼쪽)과 미국의 트루먼 대통령(오른쪽).

골프는 신통치 않았지만 처칠은 위트가 넘쳤다. 하루는 자선 골프 대회에 참여했다. 첫 번째 드라이버샷을 마음먹고 했는데, 미스샷을 했다. 처칠은 연습을 자주 하지 않아서 미스샷을 빈번하게 했다. 그러자 처칠은 클럽헤드를 노려보면서 말했다.

"누구야! 호두까기 대신 내 드라이버 쓴 놈이!"

골프와 관련된 속담도 잘 알고 잘 활용했다. 총리 시절 처칠이 하원에서 야당의원의 질타를 받았다. 가만히 듣고 있던 처칠은 한참을 듣고 있다

골프에 얽힌 정치__1부

가 한 마디 던졌다.

"나는 결코 캐디의 미움받이는 아닙니다."

영국의 속담에 '캐디의 미움받이'라는 말이 있다. 자기의 잘못을 다른 사람 탓으로 돌리는 이를 말한다. 자기가 잘못 쳐놓고는 캐디를 탓하는 사람이 골프장에는 많다. 그런 사람이 캐디의 미움받이다. 우리나라에서도 캐디를 상대로 조사해보면 골프장에서 가장 꼴불견은 '캐디 탓하는 사람'이다. 처칠의 말은 이를 빗댄 것이다. 하원의원이 자신들의 잘못을 총리한테 돌리고 있다는 이야기를 한 것이다.

처칠은 골프 대신 여러 가지 취미와 함께 글쓰기를 좋아했고, 기호품으로는 시가를 즐겼다. 연설할 때도, 회의할 때도 쿠바산 시가를 들고 있었다. 평생 30만 개는 피웠을 것이라고 한다.

이와 함께 처칠이 즐겨 한 것이 유머다. 제2차 세계대전이라는 엄혹한 상황에서 총리를 하면서도, 야당과 건곤일척乾坤—擲의 대결을 하는 와중에서도 유머를 잃지 않았다. 어느 날 처칠이 화장실에 갔다. 마침 야당인 노동당의 당수 클레멘트 애틀리Clement Attlee가 소변을 보고 있었다. 처칠은 애틀리가 있는 쪽으로 가지 않고, 반대쪽으로 갔다. 그러자 애틀리가 말했다.

"비록 정치적으로는 서로 대립하고 있지만 화장실에서까지 반대쪽에 설 필요는 없는 것 아니오?"

그러자 처칠이 곧 말을 받았다.

"당신은 크고 좋은 것만 보면 무엇이든 국유화하려고 하지 않소."

유머로는 링컨과 처칠이 용호상박龍虎相搏이다. 링컨은 상원의원에 두 번 출마해 모두 떨어졌다. 1858년 선거에 두 번째로 출마했는데, 경쟁자는 민주당의 스티븐 더글러스Stephen Douglas였다. 당시 논쟁의 핵심 주제는 노예제도였다. 더글러스는 미국 각 주와 시민들이 노예제를 택할지 배척할지 결정해야 한다는 자치권을 강조했다. 노예제도는 주와 시민들이 선택하면 할 수 있다는 말이었다. 당시 미국의 일반적인 인식이었다. 그래서 노예제가 유지되고 있었다. 하지만 링컨은 그래서는 안 된다는 입장이었다. 노예제가 미국 독립선언서의 정신에 위배된다고 주장했다.

"자치주의는 옳습니다. 절대적이며 영원합니다. 하지만 노예제 문제에는 적용되지 않습니다. 제 오랜 신념은 저에게 모든 인간은 평등하게 태어났고, 인간이 다른 사람을 노예로 만들 도덕적 권리는 있을 수 없다고 가르쳤습니다."

단호한 모습으로 이런 주장을 계속한 것이다. 링컨은 이 선거에서도 패했다. 그러나 이 선거에서 그는 많은 사람들에게 자신을 각인시켰고, 2년 후 대통령이 될 수 있었다. 당시 상원의원 선거 도중 합동 유세를 하는 날이었다. 더글러스는 인신공격에 나섰다.

"링컨은 말만 그럴듯하게 하는, 두 얼굴을 가진 이중인격자입니다."

노예제 폐지를 주장하는 링컨을 진심은 그렇지 않으면서 노예해방을 주장하는 이중인격자로 몰아붙인 것이다. 이 말을 링컨이 여유 있게 받았다.

"여러분께서 잘 생각해보시기 바랍니다. 그의 말이 사실이라면, 만일 제가 두 얼굴을 가진 사나이라면, 오늘같이 중요한 날, 왜 제가 이렇게 못생긴 얼굴을 가지고 나왔겠습니까?"

자신의 정치 생명을 건 중요한 선거에서 인신공격을 해대는 상대를 두고 그렇게 응수한 것이다.

또 있다. 링컨의 아내는 성질이 급한 편이었다. 신경질적인 측면도 있었다. 차분하고 조용한 성격의 링컨과는 대조적이었다. 마을에 생선가게가 있었는데, 주인이 어느 날 링컨을 보고 타박을 했다. 링컨의 아내에게서 짜증스런 말을 들은 것이다. 그러고는 남편 링컨에게 항의를 한 것이었다. 링컨은 슬며시 웃음 지으면서 말했다.

"저는 15년 동안 참고 살았습니다. 선생께서는 15분 동안이니 그냥 좀 참아주시지요."

이렇게 말하는데 거기에 대고 다시 버럭 화를 낼 수는 없었을 것이다. 온갖 이해와 권력을 놓고 투쟁이 벌어지는 각박한 정치판에서 활동하면서도 이런 유머를 가졌기 때문에 그나마 때때로 마음의 여유를 찾으면서 긴 호흡으로 큰 정치를 할 수 있었을 것이다.

체 게바라에 지고 골프에서 손 뗀 카스트로

1959년 쿠바혁명에 성공해 2008년까지 무려 49년 동안 국가평의회 의장을 지낸 피델 카스트로Fidel Castro도 한때는 골프를 했다. 혁명 직후에는 골프를 착취자들의 운동이라고 비난했다. 골프에 빠진 아이젠하워를 비웃기도 했다. 혁명 초기에는 국가적 기틀을 세우기 위해 분주하기도 했기 때문에 골프에 관심을 둘 수도 없었다. 하지만 1960년대부터는 이따금 골프장을 찾았다.

그는 1961년 3월 혁명 동지 체 게바라Che Guevara와 또 다른 정부 관료와 함께 라운딩을 했다. 이 골프는 언론에 보도되면서 세계적 관심을 끌었다. 아바나 근교의 콜리나스 데 빌라레알Colinas de Villareal이라는 골프장이었다. 그들 특유의 카키색 군복에 검은 군화를 신고 베레모까지 쓴 모습이었다. 골프 복장 치고는 아주 우스운 모양새였다. 첫 홀에서는 카스트로가, 두 번째 홀에서는 체 게바라가 이겼다. 전체적으로는 체 게바라가 127타를 쳤고, 카스트로는 150타를 넘었다. 체 게바라는 어릴 적 아르헨티나에서 캐디로 일한 적이 있다. 그래서 골프와 익숙했다. 게임에 졌지만 이 무렵 카스트로의 자신감은 하늘을 찔렀다. 골프로 케네디도 아이젠하워도 다 이길 수 있다고 장담했다. 절반은 허풍, 절반은 미국의 지원을 받던 바티스타 정권을 전복시키고 혁명에 성공한 이후 갖게 된 자만이었다.

그렇게 1962년까지 카스트로는 골프를 가끔 했다. 그러다 1962년 어느 날 카스트로와 체 게바라가 다시 라운딩을 했다. 이날도 역시 카스트로는 체 게바라의 상대가 못 되었다. 카스트로는 화가 났다. 아마도 그 사이에 여러 번 라운딩을 했는데, 그때마다 카스트로가 졌을 것이다. 둘 다 지기 싫어하는 성격인데 골프에서도 양보가 없었다. 실력대로 하다 보니 어릴 적부터 골프를 경험한 체 게바라가 이길 수밖에 없었다. 그동안 쌓인 분이 폭발했는지 이날 게임이 끝나고 얼마 안 되어, 카스트로는 골프장 2개를 없애버리라고 지시했다. 하나는 군사학교, 하나는 예술학교로 바꿔버렸다. 이후

골프에 얽힌 정치 _1부

카스트로와 체 게바라는 군복에 군화를 신고 골프를 쳤다.
카스트로는 체 게바라에게 매번 졌고, 홧김에 골프장 2개를 없앴다.

카스트로는 골프를 멀리했다.

카스트로가 골프를 싫어하게 되는 바람에 이후 쿠바에 골프장이라고
는 2개밖에 남지 않았다. 하지만 2008년 권력을 동생 라울 카스트로가 승
계하면서 달라졌다. 라울은 관광산업 활성화를 위해 외자를 끌어들여 골프
장을 짓고 있다. 10여 곳을 허가해 하나씩 개장 중이다.

●

3장

잔혹한
골프정치사

10 · 2 항명과 김성곤의 골프정치

1960년대 후반 공화당의 실력자였던 김성곤은 골프를 잘 치고 좋아했다. 싱글 골퍼였다. 모임도 주로 서울CC에서 했다. 정치인과 경제인뿐만 아니라 문화예술인, 의료인 등 다양한 분야의 사람들과 골프로 교류했다. 그를 정계에서 떠나게 한 이른바 '10 · 2 항명'도 골프장에서 이루어졌다.

1971년 9월 30일. 당시 제1야당 신민당은 오치성 내무장관과 김학렬 경제기획원장관, 신직수 법무장관에 대해 해임건의안을 발의했다. 오치성 해임건의는 광주대단지 사건과 실미도 사건을 문제 삼은 것이었다. 1971년 8월 경기도 광주의 5만 여 주민들이 정부의 무계획적인 도시 정책과 졸속 행정에 항의하며 대규모 시위를 벌였다. 파출소와 행정기관 등을 공격하며

6시간 동안 경기도 광주군 지역(오늘날 경기도 성남시)을 장악한 한국전쟁 이후 최대 규모의 빈민 투쟁이었다. 같은 달 인천 앞바다에 있는 실미도에 수용되어 훈련을 받던 북한 파견 특수부대 병사들이 경비병을 사살하고 섬을 탈출했다. 인천에서 버스를 탈취한 이들은 서울 영등포까지 진출해 총기를 난사했으며 결국 경찰과 대치하다 자폭했다. 이 두 사건에 대한 책임을 물어 오치성을 해임하라고 신민당이 요구했다.

김학렬에게는 1971년 들어서 공공요금을 인상해 물가를 지나치게 올려놓은 데 대한 책임을 물었다. 신직수는 1971년 사법파동이 문제였다. 같은 해 7월에 서울지검이 서울형사지법의 이범렬 부장판사와 최공웅 판사에 대해 구속영장을 청구했다. 이들 판사가 국가보안법 사건의 심리를 위해 제주도 출장을 다녀왔는데, 담당 변호사에게 왕복 항공료와 향응을 받았다는 혐의였다. 하지만 실질적인 이유는 서울형사지법의 연이은 무죄판결과 대법원의 국가배상법에 대한 위헌 판결에 대한 검찰의 앙갚음이었다. 두 판사에 대한 구속영장 청구에 반발해 판사들이 집단으로 사표를 제출했다. 서울뿐만 아니라 전주와 청주, 대구, 부산 지역의 판사들도 단체로 사표를 냈다. 사법권 수호 투쟁이 되었다. 일이 이렇게 커지자 검찰이 꼬리를 내리고 사건을 없었던 것으로 해서 사태가 진정되었다.

이들 3명의 장관에 대해 해임건의안이 국회에 제출되자 1971년 10월 1일 박정희는 공화당 간부들을 청와대로 불러 '표 단속을 제대로 해서 해임안을 부결시킬 것'을 지시했다. 10월 2일 건의안에 대한 투표가 진행되었다. 김학렬, 신직수에 대한 해임건의안은 부결되었다. 하지만 오치성에 대한 건의안은 찬성 103표, 반대 90표, 무효 6표로 가결되었다. 주류 김종필 계에 대한 비주류의 반란이었다. 반란의 주역은 김성곤, 길재호, 김창근 등 이었다.

김성곤은 골프를 하면서 길재호, 김창근 등과 결속을 다졌고, 서슬 퍼런 시절 박정희에게 항명까지 했다. 거사 후인 10월 3일 이들은 다시 서울 CC를 찾았다. 골프를 하면서 결속했기 때문에 사후 서로의 심경을 확인하고 정보를 교환하는 장소로도 골프장을 활용했다. 몇 홀을 돌았는데, 박정희가 골프장에 온다는 소식이 전해졌다. 이들은 황급히 골프장을 떠날 수밖에 없었다. 골프장에 들어온 박정희는 잔뜩 화가 난 채로 1번 홀로 바로 갔다. 거기서 "김성곤 이 새끼", "길재호 이놈" 하면서 공을 수십 개 연속해서 후려쳤다. 그러고는 "그 놈들 다 잡아들여" 하고 불호령을 내린 뒤 청와대로 되돌아갔다.

김성곤 등은 곧 중앙정보부에 연행되었다. 김성곤은 수사관에 의해 트레이드마크인 콧수염을 뽑히는 수모를 당했다. 길재호는 연행되기 전 수사관들에게 호통을 쳤다가 입이 비틀리는 모욕을 당했다. 이병옥은 안양CC에서 연행에 제대로 응하지 않다가 뺨을 얻어맞았다. 이 사건으로 김성곤과 길재호는 출당되어 의원직을 상실했다. 김창근, 강성원, 문창택 등은 당명 불복종을 이유로 6개월 당권 정지 처분을 받았다. 오치성에 대해서도 당론을 분열시켰다는 이유로 역시 6개월 당권 정지 처분을 내렸다.

10·2 항명 사건은 기본적으로 박정희의 분리통치 전략의 산물이었다. 1969년 박정희는 대통령을 세 번 할 수 있게 하는 삼선개헌을 추진했

10 · 2 항명 사건의 후폭풍은 서울CC를 중심으로 일었다.
제4회 아시아 아마추어 팀 선수권 대회 대회장을 맡은 김성곤의 모습.

다. 김종필은 미온적이었다. 그래서 박정희는 김성곤, 길재호, 김진만, 백남억의 4인방을 친위 세력으로 십분 활용해 삼선개헌을 이루었다. 박정희가 이들에게 힘을 실어준 것은 이미 세력이 커진 김종필을 견제하려는 의도였다. 이후 4인방의 권력이 강해졌다. 그래서 다시 김종필을 키웠다. 1971년 김종필을 총리로, 그의 육사 8기 동기생 오치성을 내무장관으로 기용한 것은 김종필에게 다시 힘을 실어주려는 것이었다. 오치성은 김종필과 호흡을 맞춰 4인방 계열의 시장, 군수, 경찰고위간부 등을 좌천시켰다. 이에 4인방이 기회를 엿보고 있던 차, 야당이 오치성에 대한 해임건의안을 내자 찬성한 것이다. 그래서 '항명 사건'에 대한 박정희, 김종필의 대응은 강력할 수밖에 없었다. 특히 김성곤은 화통하고 인간적인 매력이 있는 인물인 데다 재력과 골프정치를 통해 광범위한 네크워크를 형성하고 있었다. 그에 대한 경계심도 항명 사건에 대한 강력 대처에 큰 영향을 미쳤다.

김성곤은 재미있는 인물이다. 그에 대한 이야기를 조금 더 해보자. 김성곤은 당시 유명한 골프광이었다. 골프를 하면서 내기를 많이 했는데, 김형욱과는 지는 내기를 할 수밖에 없었지만, 그 외에는 다 이기려 했다. 『한국일보』 사장 장기영은 그의 '봉'이었다. 실력보다 말이 앞섰던 장기영은 김성곤에게 적수가 못 되었다. 내기를 하는 족족 장기영은 져서 술도 밥도 많이 사야 했다. 장기영은 집무실에 야전침대를 갖다놓고 있었고, 펜을 들고 뭘 쓰면서 전화 받고, 먹으면서 대화하는 등 분주하게 일했지만 골프 연습은 많이 하지 못했다. 하지만 신용남은 김성곤도 쉽게 넘지 못했다. 이들은 당시 정가의 최고의 골프 라이벌 관계였다. 신용남은 1967년 제7대 총선 당시 전북 고창에서 민주공화당 후보로 출마해 당선된 정치인이다. 두 사람은 자주 어울려 골프를 했는데, 골프에 관한 한 라이벌 의식이 대단했다. 정치권 주변에서 골프로는 둘째가라면 서러운 사람들이었다. 1957년 서울CC선수권대회에서 두 사람이 정면으로 맞섰다. 전반 9홀은 김성곤이 2오버파로 앞섰다. 하지만 후반에서 신용남이 역전시켜 결국 신용남이 승리했다.

오기가 난 김성곤은 술 시합을 하자 했다. 신용남도 술고래였던지라 피하지 않았다. 한자리에 앉아 소주를 큰 컵으로 주거니 받거니 했다. 산업은행의 이사 2명도 합석했는데, 겁을 먹고 이내 달아나버렸다. 5시간을 마셨지만 승부가 나지 않았다. 새벽 1시가 되자 서로 무승부를 선언하고 자리를 파했다. 헤어지면서 김성곤은 "내일 다시 골프로 한판 붙자" 했다. 그들은 다음 날 오후 1시에 만났다. 하지만 김성곤은 "오늘은 도저히 안 되겠다. 술, 골프 당신이 다 이겼다"면서 패배를 인정했다. 그런데 실은 그날 골프를 못한 것은 김성곤이 컨디션이 안 좋아서가 아니었다. 중요한 약속이 있었는데, 이를 잊고 골프 약속을 해버린 김성곤은 약속 시간에 골프장까지 나와 패배를 인정하고 약속 장소로 갔다. 작은 약속도 가볍게 여기지 않았던 김성곤의 일면을 볼 수 있는 일화이기도 하다. 어쨌든 이런 요인까지 합쳐져서 그는 공화당 주류의 경계의 대상이 되었고, 항명 사건을 계기로 의원직을 잃고 정계를 은퇴했다. 이후 김성곤은 쌍용그룹을 키우는 데만 주력했다. 1960년대 정계의 풍운아 김성곤의 기세는 골프와 함께 흥했다가 골프와 함께 꺼졌다.

3 · 1절 골프로 낙마한 이해찬

이해찬은 꼬장꼬장한 정치인이다. 의식도 진보적이고 생각도 깊다. 그래서 당에서 상당한 영향력을 확보하고 있다. 노무현 정부 때는 총리까지 되었다. 문제는 그가 골프를 너무 좋아한다는 것이다. 총리가 되어서도 골프 사랑은 멈출 줄 몰랐다. 큰 불이 났을 때도, 대규모 수해가 발생했을 때도 골프를 했다. 결국은 2006년 3월 1일 3 · 1절에 골프를 해서 언론과 야당의 집중 포화를 맞고 총리에서 물러났다.

이제 우리나라도 골프 인구가 500만이나 된다. 총리가 골프를 치는 것이 문제일 것은 없다. 그런 것을 문제 삼는 것이 이제는 촌스러운 일이 되었다. 조건이 있다. 분별 있게 해야 한다는 것이다. 때와 장소를 가려서 해야 하는 것이다. 이해찬은 그게 안 되었다. 1974년 민청학련사건으로 투옥되고, 1980년에는 김대중 내란음모사건으로 옥고를 치르는 등 오랫동안 재야 운동을 했고, 이후에는 또 야당 생활을 오래 했기 때문에 조심하고 경계하는 것이 생활화되어 있었을 텐데 의외로 총리가 되어서는 그런 데 소홀했다. 1988년 이후 5선 국회의원이 되고 집권 후엔 총리까지 되다 보니 스스로 자만에 빠져 분별력을 잃었던 것으로 보인다.

이해찬의 낙마는 몇 가지 문제가 겹치면서 발생했다. 첫째는 3·1절이라는 날이 문제였다. 물론 3·1절에 모든 국민이 하루 종일 경건한 자세로 독립운동가들의 정신을 새겨보는 것을 기대할 수는 없다. 하지만 국가의 지도적 위치에 있는 인물들은 최소한의 예의와 규범을 지켜야 한다. 고위 공직자라면 그 정도의 책임의식과 윤리의식은 가져야 할 것이다. 골프를 한다고 그런 자세를 안 가지는 것은 아니라고 말한다면 억지고, 너무 나간 자만이다. 둘째는 그날이 철도 노조 파업 첫날이었다. 국민의 불편과 물류의 이상이 예상되는 상황이었다. 그런 상황에서 총리가 골프장행을 택한다는 것은 누가 봐도 분별없는 행동이었다.

셋째는 동반자들이 기업인이었다. 영남제분 류원기 사장, 세운철강 신정택 대표 등 부산 지역의 상공인들이었다. 총리가 기업인과 총리실에서 민원을 듣는 게 아니라 골프장에서 만나는 것은 오해를 사기에 충분했다. 넷째는 비슷한 일이 여러 차례 반복적으로 일어났다는 것이다. 이해찬은

골프에 얽힌 정치__1부

2005년 4월 5일 식목일에 강원도에서 큰 산불이 났는데도 골프를 했다. 문제가 되자 '근신하겠다'고까지 말했다. 그러고는 7월 2일 제주도에서 진대제 정보통신부 장관, 여자 프로골퍼 송보배 등과 골프를 했는데, 이때는 남부 지방에 집중호우가 내려 피해가 많은 상황이었다. 이렇게 여러 가지 문제가 겹치면서 그의 3·1절 골프는 구제가 불가능한 상태가 되었다.

미국에서도 비슷한 상황이 발생한다. 오바마가 가뭄이 계속되는 지역에 있는 '물을 펑펑 쓰는 골프장'에서 공을 쳤다고 해서 문제가 된 것이다. 중동에서 기승을 부리고 있는 테러 단체 IS에 대한 전면 공격이 벌어지고 있는 상황에서 골프를 하기도 했다. 일부 비난이 있긴 했지만 길지는 않았다. 이해찬 같은 이는 불만일 수도 있다. "미국은 저런 것도 용납되는데 왜 한국은 안 되는가?" 할 수도 있을 것이다. 하지만 미국의 골프 역사는 길다. 1900년대 초 태프트 대통령을 시작으로 골프를 하지 않은 대통령이 거의 없을 정도다. 물론 초기에는 논란도 많았다. 특히 평일 집무 시간에 골프장에 가는 것에 대해 말들이 많았다. 하지만 윌슨, 하딩, 쿨리지, 아이젠하워 등을 거치면서 미국 정치에서 대통령과 골프 사이의 관계는 어느 정도 정리가 되었다. '골프를 하는 것이 크게 문제될 것은 없다. 다만 일은 확실하게 하고 하라'는 것이다. 이런 무언의 룰이 정리되기까지 오랜 시간이 걸렸다. 거기까지 가려면 우리에겐 시간이 더 필요하다. 우리 사회는 대통령뿐 아니라 공직자들에게도 '시간과 장소를 잘 가려서 골프를 해야 한다'고 말한다. 하지만 이런 요구 이면에는 대통령 골프, 공직자 골프에 대한 정서적 거부감 또한 깊이 자리 잡고 있다. 시간, 장소를 가려서 하는 것에 뭐라 말하기는 어렵지만 대통령이나 고위 공직자가 누구누구와 어울려 골프를 했다는 말을 들으면 왠지 모르게 언짢은 느낌이 있는 것이다. 그것이 국민 정서다.

골프에 빠져 재선 실패한 태프트

윌리엄 태프트는 1905년 가쓰라·태프트 밀약의 미국 측 서명인으로 당시 육군장관을 맡고 있었다. 1905년 7월 8일 샌프란시스코에서 증기선 만추리아Manchuria호를 타고 미국의 아시아 순방 외교사절단이 출발했는데, 단장이 태프트였다. 태프트는 하와이를 거쳐 일본에 내렸다. 여기서 일본 외무대신 가쓰라 다로桂太郎와 비밀조약을 맺었다. '미국은 필리핀을 점령하고, 일본은 조선을 지배한다'는 내용이다. 태프트는 필리핀, 중국을 들러 같은 해 9월 19일 인천에 도착했다. 뚱뚱한 몸에 카이저수염을 기르고 중절모를 쓴 채 지팡이를 짚고 인천항에 내리는 태프트의 모습이 지금도 사진으로 남아 있다. 그의 옆에는 당시 미국 대통령 시어도어 루스벨트의 딸 앨리스 루스벨트Alice Roosevelt도 있었다. 밀약의 내용을 몰랐던 고종은 이들을 칙사 대접 했다. 미국이 일본의 침략을 막아줄 것으로 기대했다. 황실의 악단을 동원해 미국 국가를 연주해줬고, 황실의 가마도 태워줬다. 이들이 지나가는 길을 고치기도 했고, 일정을 마치고 가는 날에는 대신들이 남대문 정거장까지 전송을 나가기도 했다. 선물로는 고종과 황태자의 사진을 주었다. 앨리스는 나중에 이런 고종의 태도를 "황제다운 존재감은 거의 없었고, 애처롭고

태프트(왼쪽)는 1905년 가쓰라·태프트 밀약 당시 육군장관이었다. 그는 미국의 아시아 순방 외교사절단의일원으로 일본에 가서, 일본의 외무대신 가쓰라 다로(오른쪽)와 비밀조약을 맺었다.

둔감한 모습이었다"고 회고했다.

루스벨트 후임으로 1909년 태프트가 대통령이 되었다. 그는 본래 대통령이 되고 싶은 마음이 별로 없었다. 대법원장을 하고 싶었다. 루스벨트 대통령에게도 그렇게 말했다. 그럼에도 루스벨트가 그를 후임 대통령 후보로 지명했다. 현직 대통령이 밀어주니 어렵지 않게 공화당 후보로 선출되었다. 루스벨트와 더불어 그가 대통령이 되기를 강력하게 원한 사람은 그의 부인 헬렌이었다. 헬렌은 부지런하면서 그만큼 욕심도 많은 사람이었다. 태프트와 루스벨트가 부부 동반으로 식사를 하는 자리에서 태프트는 대법원장을 원한다고 말했는데, 옆에 있던 헬렌이 "남편은 대통령이 되어야 한다"고 말했다고 한다. 태프트는 그렇게 루스벨트와 헬렌에게 떠밀리다시피 공화당의 대통령 후보가 되었다.

그러다보니 선거운동에 전력투구하지 않았다. 태프트는 절제력도 없었다. 먹고 싶은 대로 먹고 놀고 싶은 대로 노는 스타일이었다. 그래서 엄청 뚱뚱했다. 그런 그에게 재미없는 유세 일정을 소화하는 건 보통 일이 아니었다. 참지 못하고 가끔 사라져 한적한 데서 골프를 쳤다. 골프를 한다고 비난하는 사람들을 향해 이렇게 연설도 했다.

"골프는 야구나 테니스를 할 만큼 활동적이지 않은 사람들, 또는 그런 운동을 하기에는 너무 뚱뚱한 사람들을 위한 운동입니다."

자신처럼 뚱뚱한 사람은 골프를 해야 한다는 말이다. 그의 정치적 대부 시어도어 루스벨트는 "골프를 하는 것은 모양새가 안 좋으니 끊든지 절제를 하라"고 충고했다. 실제로 루스벨트 자신은 테니스를 좋아했지만 그것도 절제했고, 신문에 사진이 나지 않도록 조심했다. 당시 테니스는 아무나 하는 운동이 아니었다. 대신 말을 타고 사냥하는 사진을 싣도록 했다. 강한 이미지를 주기 위해서였다.

태프트는 대부의 말을 듣지 않았다. '떨어지면 어때' 하는 생각이었는지도 모른다. 하지만 대부의 영향력은 컸다. '태프트는 어떤지 몰라도 루스벨트가 밀어주는 사람이라면 괜찮겠지' 하는 게 당시 미국인들의 인식이었다. 태프트는 무난히 대통령이 되었다. 대통령이 되어서도 그의 태도는 별로 달라진 게 없었다. 평일에도 오후에는 골프를 치는 날이 많았다. 일에는 많이 신경 쓰지 않았다. 하지만 한 나라의 국정이란 것이 그렇게 간단한 것이 아니다. 신경을 안 쓰면서도 잘 하기는 매우 어렵다. 신경을 많이 안 쓰면 중심을 잡고 정책을 펼 수 없다. 태프트가 신경을 크게 안 쓰니 상원의원들이 많이 나섰다. 대기업을 지원하는 법안들을 만들어야 한다는 의견을 가진 공화당 보수파들이었다. 태프트는 여기에 휘둘렸다.

대기업을 일정 정도 규제해서 경쟁을 보장해야 한다는 것이 루스벨트의 입장이었다. 그는 그런 정책을 폈다. 그런데 후임 태프트는 반대로 갔다. 공화당 보수파의 의견을 들어 대기업 편에 섰다. 갈등이 생겼다. 루스벨트는 골프나 치면서 정책 고민을 안 하는 태프트가 못마땅했다. 태프트는 대통령이 끝나고도 계속 간섭하려는 루스벨트가 마음에 안 들었다. 여전히 자신보다 각광을 받던 루스벨트를 시기하기도 했다. 둘 다 참석하는 자리가 있을 때 사람들은 루스벨트의 말을 듣고 싶어 했다. 태프트의 동정보다도 루스벨트가 아프리카 콩고에서 코뿔소를 몇 마리 잡았다는 소식이 신문에 더 크게 보도되었다. 태프트는 임기 내내 마음이 편치 않았다. 그러면 그럴수록 루스벨트는 태프트를 미덥지 못하게 생각했다.

1912년 대선이 다가오면서 두 사람의 갈등은 커졌고, 루스벨트는 진보당을 만들어 따로 대선에 출마했다. 결과는 둘 다 낙선. 승자는 또 다른 골퍼 대통령 윌슨이었다. 골프에 빠져 있던 태프트는 정치적 스승도 잃고, 대통령 자리도 잃은 채 4년 만에 백악관을 나와야 했다.

골프 배우다 쫓겨난 브리앙

아리스티드 브리앙Aristide Briand은 20세기 초 프랑스의 총리를 11번이나 하면서 제1차 세계대전 이후 세계 질서를 정리하는 데 아주 중요한 역할을 했다. 나폴레옹 3세의 몰락 이후 성립된 제3공화국1871~1940은 내각제의 권력 구조를 가지고 있었다. 대통령이 있긴 했지만 의회에서 선출되는 실권 없는 자리였고, 의회 중심으로 정치가 이루어졌다. 총리가 실권자였다. 그런 총리를 브리앙은 11번이나 했다. 정정政情이 불안해 정권이 자주 바뀌었기 때문이다. 브리앙의 가장 중요한 업적은 로카르노 조약과 켈로그-브리앙 조약이다. 로카르노 조약은 1925년 10월 스위스 남쪽 로카르노에서 주요 의제가 합의되었다. 정식 체결은 12월 런던에서 이루어졌다. 조약의 핵심 내용은 제1차 세계대전 패전의 대가로 독일이 내놓은 라인란트(라인강 연안 지대)를 영구 비무장지대로 한다는 것과 영국과 독일, 프랑스, 이탈리아, 벨기에가 서로 침략하지 않고 침략을 받으면 공공 대응한다는 것이다. 조약 체결 이듬해 독일은 국제연맹에 가입했다. 1936년 3월 히틀러가 라인란트를 군사적으로 점령할 때까지 유럽의 평화를 유지하는 데 기여한 조약으로 평가된다. 브리앙은 프랑스 외교 장관을 하면서 조약 체결을 주도했고, 독일의 외교장관 구스타프 슈트레제만Gustav Stresemann과 함께 1926년 노벨 평화상을 받았다.

켈로그-브리앙 조약은 국가의 대외 정책 수단으로 전쟁을 영구히 포기한다는 내용의 다자간 조약이다. 당시에도 프랑스 외교장관을 하고 있던 브리앙이 세계 최강대국으로 떠오른 미국의 국무장관 프랭크 켈로그Frank Kellogg에게 제안해 1928년 8월 체결되었다. 부전조약不戰條約, Treaty of the Renunciation of War이라고도 한다. 분쟁 해결 수단으로 전쟁을 사용하는 것은 불법이며, 평화적 수단으로만 해결하도록 규정했다. 미국과 프랑스, 영국 등 15개국이 가입했다. 위반에 대한 제재를 명문화하지는 못했다. 인류 역사가 시작된 이후 끊임없이 계속되어온 전쟁을 없애겠다는 극히 이상적인 내용으로 실현 가능성은 거의 없었지만, 이 조약의 정신은 이후 국제연합헌장을 만드는 데 크게 기여했다.

브리앙은 11번 총리를 하는 동안 부침을 거듭했는데, 1922년에는 의회의 불신임을 받고 물러났다. 그 당시 이유는 영국 총리 데이비드 로이드 조지David Lloyd-George한테서 골프를 배웠다는 것이었다. 이런 어이없는 일이 어떻게 발생했을까?

1920년대 초 영국과 프랑스는 독일을 어떻게 다룰지를 두고 대립했다. 프랑스는 독일은 언제든 다시 일어나 유럽 정복에 나설 수 있기 때문에 강경하게 다뤄야 한다는 입장이었다. 그래서 독일이 제1차 세계대전에서 지면서 부담하게 된 배상금도 철저하게 받아야 한다고 주장했다. 1921년 확정된 독일의 배상금은 1,320억 금마르크였다. 달러로는 330억 달러 정도 되었다. 하지만 독일은 첫해 35억 금마르크를 내고는 지불 불능을 선언해 버렸다. 이를 보고 영국은 배상금을 감축해야 한다고 주장했다. 프랑스가 동의해주면 영국이 서부 유럽에서 전쟁이 일어나는 것을 막겠다고 제안했다. 독일이 프랑스를 침공하면 적극 돕겠다는 말이었다. 1922년 1월 프랑

브리앙을 몰아내고 싶었던 푸앵카레 세력은 브리앙이 영국의 총리 로이드조지에게
골프를 배운 것을 트집 잡아, 그를 총리 자리에서 낙마시켰다.
로이드조지(왼쪽)와 브리앙(오른쪽).

스 총리를 하고 있던 브리앙은 영국의 제안에 긍정적이었다. 독일을 지나치
게 압박하면 오히려 강경하게 나올 수 있다는 우려 때문이었다. 실제로 독
일은 고립을 벗어나기 위해 러시아와 관계 개선에 나서고 있었다.

　이러한 브리앙의 입장에 의회는 반대했다. 프랑스 국민의 여론을 잘
알고 있는 의회는 독일에 대해 강경하게 나갈 수밖에 없었다. 그래서 브리
앙을 불신임하고 독일에 대해 강경한 레몽 푸앵카레Raymond Poincaré를 총리
로 선출했다. 브리앙의 반대파는 그를 총리에서 몰아내고 싶었다. 물론 반
대파의 우두머리는 푸앵카레였다. 하지만 명분이 필요했다. 지금도 그렇지
만 그때도 정책적인 것보다는 감성적인 것이 축출의 명분으로는 더 효과적

이었다. 그들은 브리앙의 행적을 예의 관찰했다. 그러던 차에 브리앙이 로이드조지를 만났다. 로이드조지와 골프하는 일정이 있었기 때문이다. 곧 신문에 사진과 함께 기사가 실렸다. 반대파는 '이때다' 하면서 브리앙을 몰아붙였다.

"로이드조지에게 골프를 배웠다. 배운 것이 골프뿐이겠는가? 정책도 배웠을 것이다. 독일에 유화적인 것도 로이드조지에게 배운 것이다."

이런 주장을 한 것이다. 결국 브리앙은 견디지 못하고 사임했다. 당시의 동영상을 유튜브에서 찾을 수 있다. 1921년 11월 14일, 두 총리는 양복에 중절모 차림으로 골프에 나선다. 장소는 칸 영화제로 유명한 프랑스의 지중해 도시 칸에 있는 한 골프 코스. 링스 코스(해안지대에 조성된 골프 코스)다. 로이드조지는 담배까지 물고 있다. 로이드조지는 열심히 설명하고 자세도 봐주는데 브리앙은 계속 뒤 땅을 친다. 티샷을 한 공이, 흙이 뛰길 만큼 심한 뒤 땅 바로 앞에 떨어진다. 로이드조지가 직접 주워서 다시 해보라고 한다. 그저 양국 총리가 만나서 잠시 한때를 보내는 그림이라고 볼 수도 있다. 그런데 이 장면 하나로 브리앙은 총리 자리에서 물러나야 했다. 브리앙은 이후 다시 재기해 외무 장관, 총리를 하면서 국제 평화를 위해 많은 일을 했다.

대통령궁에 골프 코스 만든 감비아 대통령

아프리카 서쪽 끝에 세네갈이 있다. 세네갈의 남쪽 지역에, 동에서 서로 길게 가로지르는 강이 있다. 감비아강이다. 이 강 양쪽 기슭을 따라 기다랗게 뻗어 있는 나라가 감비아Gambia다. 세네갈의 한가운데에 있는 강과 약간의 땅을 차지한 나라다. 미국의 흑인 작가 알렉스 헤일리의 소설 『뿌리』의 무대가 된 곳이다. 영토는 1만 1,000제곱킬로미터, 우리나라의 경기도 크기 정도 된다. 인구는 180만 명, 수도 반줄Banjul의 인구는 35만 명이다. 세네갈은 15세기에는 포르투갈이 점령했고, 17세기 들어서는 프랑스가 차지하고 있었다. 그런데 영국인들이 강을 따라 세네갈 깊숙이 들어가 노예를 잡아가고, 금을 채취하고 상아를 가져갔다. 그러면서 영국의 영역이 강의 양쪽 기슭에 형성되기 시작했다. 영국과 프랑스 사이에 간간히 쟁탈전이 벌어지다가 1783년에는 영국이 이 지역을 독점하게 되었다. 1889년에는 영국과 프랑스 사이에 국경 협정도 맺어졌다. 이후 1965년 독립할 때까지는 영국의 식민지였다. 그래서 세네갈은 프랑스어를 쓰는데, 그 속에 있는 나라 감비아는 영어를 쓴다.

감비아가 독립하면서 대통령이 된 사람이 다우다 자와라Dawda Jawara다. 영국 글래스고대학을 나온 수의사 출신 정치인이다. 영국 식민지 시절 감비아에서 유명한 수의사가 되었고, 이후 정치인이 되어 식민 정부에서 장관을 하다가 해방 이후 대통령이 되었다. 1994년 쿠데타를 당해 축출될 때까지 29년 동안 대통령을 했다. 박정희가 18년 독재를 했는데, 이보다 11년이나 더 했다. 장기 독재를 하다 보니 정부가 부패했다. 액턴 경Lord Acton이 말하지 않았던가, "절대 권력은 절대 부패한다"고. 1977년 황제로 등극하며 대관식에만 국가 예산의 절반을 쓴 중앙아프리카공화국의 장 베델 보카사Jean Bédel Bokassa 정도는 아니지만 자와라 정권도 오랫동안 집권하면서 여기저기서 부패상이 나타났고, 국민들은 그런 정부를 신뢰하지 않았다. 이런 틈을 타 육군 중위 야야 자메Yahya Jammeh가 쿠데타를 일으켜 정부를 전복시켰다.

자와라는 대단한 골프광이었다. 대통령궁 안에 6홀짜리 골프 코스를 만들 정도였다. 여기서 부인과 골프를 즐겼다. 문제는 골프하는 사람이 별로 없다 보니 같이 운동을 할 상대가 없다는 것이었다. 그나마 외국에서 온 외교관들이 자와라의 주요 골프 파트너가 되어주었다. 그런데 감비아는 워낙 작은 나라다 보니 상주 대사관이 많지 않았다. 미국과 영국, 프랑스, 세네갈 등 몇 개뿐이었다. 대부분 세네갈 주재 대사가 기니비사우, 카보베르데와 감비아 대사를 겸임했다. 자와라 대통령 당시인 1987년 우리나라의 세네갈 주재 대사는 유종현이었다. 그는 물론 감비아 대사를 겸임하고 있었다. 부임 얼마 후 감비아 외교부의 의전장이 전화를 했다.

"대통령께서 빨리 한국 대사의 신임장 제정을 주선하라고 하십니다."

대사가 어떤 나라에 가게 되면 대통령의 신임장을 가지고 가서 주재국의 대통령에게 준다. 이를 '신임장 제정'이라고 한다. 말하자면, '이 사람이 나의 특명전권대사이니 양국의 문제는 이 사람과 상의해주시오' 하는 내용의 대통령 신임장을 주재국 대통령에게 전달하는 것이다. 그때는 1987년

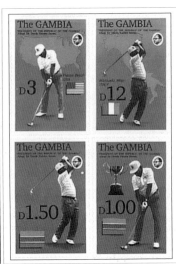

감비아의 대통령 다우다 자와라는 골프광이었다. 민생은 내팽개치고 궁 안에 골프 코스를 만들어 혼자 즐겼다. 심지어 그는 자신이 골프 치는 모습이 담긴 우표를 발행하기도 했다.

말, 전두환에서 노태우로 정권이 바뀌는 시기였다. 그래서 대통령이 바뀌면 새 대통령 이름으로 된 신임장을 가져가겠다고 대답했다. 그런데 의전장이 이렇게 말했다. "우선 백지 봉투 제출하시고 나중에 신임장이 오면 그때 전달하시죠." 의전을 중시하는 외교관의 세계에서 있을 수 없는 일이었다. 왜 그렇게 서두르는지 물었다.

"대통령께서 한국 대사가 골프를 잘 친다는 소문을 들으셨습니다. 그래서 신임장 제정하러 오기를 기다리고 계십니다. 그러니까 웬만하면 진짜 신임장은 나중에 전달하기로 하고 우선 골프채나 싣고 와주시죠."

유종현 대사는 그럴 수 없다며 정중하게 거절했다. 1988년 4월이 되어서 신임장을 가지고 감비아로 갔다. 세네갈의 수도 다카르Dakar에서 감비아의 수도 반줄까지는 아프리카 서부 해안 도로를 따라 6시간 정도 가야 했다. 당시만 해도 비포장도로가 많아 시간이 꽤 걸렸다. 게다가 감비아강을 배로 건너야 했다. 유종현은 산 넘고 물을 건너 반줄까지 갔다. 먼 길을 가서 골프를 했다. 반줄 골프클럽에서 18홀을 한 것이다. 잔디가 없는 특이한 사막 코스였다. 그린이라는 것도 모래 위에 석유를 뿌려놓은 것이었다. 그래서 '그린'이라고 하지 못하고 '브라운'이라고 했다. 핀도 제대로 된 것이 아니라 그냥 나무 막대기를 꽂아놓은 것이었다. 그런 골프장에서 자와라는 핸디캡이 12, 부인은 17이라고 했다. 그렇게 골프를 하면서 88 서울올림픽 참가 문제, 감비아에 한국 명예영사관을 개설하는 문제를 성공적으로 논의했다고 한다.

유종현은 같은 골프장에서 1990년 11월에 자와라와 한 번 더 골프를 했다. 그 자리에서는 과거 유엔총회에서 결의안을 두고 북한과 표 대결을 벌일 때 한국을 지지하기로 했던 감비아 대표가 북한에 매수되어 기권했던 일을 이야기하며, 추후 한국을 지원해달라는 이야기를 했다. 골프로 기분이 좋아졌는지 자와라는 우호적으로 대답했고, 다음 날 대통령궁에 있는 골프장에서 또 한 번 라운딩을 하자고 제의했다. 시간에 쫓겨 하지는 못했지만 독재자는 오랜만에 괜찮은 골프 상대를 만나서 아주 기분이 좋았던 모양이다.

그리고 몇 년 뒤 자와라는 쿠데타를 당해 권좌에서 축출되었다. 자신은 앞마당에 골프 코스까지 만들어놓고 즐기면서 민생을 돌보지 않고 국민의 여론을 무시하다가 망명객의 신세가 되었다. 사이가 좋았던 세네갈로도 망쳤다가 영국으로 건너가 2002년까지 망명 생활을 했다. 이후 감비아로 돌아가 살고 있다. 그나마 황제가 된 보카사나 수십 개의 별장과 대통령궁을 가진 콩고의 모부투 같은 지독한 독재자는 아니어서 8년 만에 본국 귀환이 허용되었다. 1994년 그를 무너뜨린 야햐 자메는 22년째 대통령을 하고 있다.

4장
●
한국
정치와
골프

이승만의 골프 외교

이승만은 골프를 치지는 않았다. 하지만 골프를 이용할 줄 알았다. 정부 수립 이후에도 미국의 입김은 강했다. 우리가 많은 경제 원조를 받고 있으니 그럴 수밖에 없었다. 미군정이 끝나 미군은 철수하고 있었다. 해방 직후인 1945년 9월 8일 인천을 통해 들어온 주한미군은 3년 동안 남한 지역에서 군정을 실시했다. 당시 미군은 7만 명 정도였다. 1948년 8월 15일 이승만 정부가 수립되자 철수를 시작했다. 철수는 순차적으로 이루어져 1949년 6월 말에 완료되었다. 이후 500명의 군사고문단만 남았다. 이 과정에서 이승만은 철수를 저지하려 했다. 우리의 군사력은 미약했고, 북한은 이미 정규군 체계를 갖추고 있었다. 북한은 일찍이 1946년 초에 '보안대대부'라는 이름으로 정규군 창설 작업을 본격화했고, 1946년 8월 15일에는 '보안간부훈련소'라는 명칭으로 사실상의 정규군을 갖추었다. 정규군이 아닌 것처럼 보이기 위해 이런 명칭들을 사용했는데, 실제로는 정규군이었고, 이러한 체계를 갖추는 데는 무정과 최용건, 김일, 강건 등의 활약이 있었다. 그러다가 정부 수립 7개월 전인 1948년 2월 8일 조선인민군을 공식적으로 창설했다. 이런 상황을 감안해 철수를 미뤄달라는 것이 이승만의 요청이었다.

이승만은 주한미군의 비위를 맞춰야 할 형편이었다. 정부가 수립되고 1년쯤 된 1949년 어느 날 이승만이 미군 장성들과 만나는 자리가 있었다.

"주말에는 주로 무얼 하세요?"

이승만이 물었다.

"골프를 합니다."

"골프를 할 만한 곳은 있습니까?"

"없어서 비행기를 타고 일본까지 갔다옵니다."

미군들은 골프장을 찾아 주말이면 일본 오키나와로 갔던 것이다. 이 이야기를 듣고 이승만은 미군 장교들이 주말에 한국을 떠나는 것은 문제라고 생각했다. 우선 북한의 남침 가능성이 상존하는 상황에서 미군 장교들이 자리를 비우면 유사시 대응 태세에 심각한 차질이 있을 것으로 보았다. 또한 주한미군의 주둔을 계속 요청하고 있는 상황에서 미군 장교들을 불편하게 하는 것은 곤란하다고 생각했다. 자기 땅도 아니고 멀리까지 와서 남의 땅을 지켜주고 있는데 하고 싶은 것도 못하는 부처님 같은 생활을 강요할 수는 없었다. 미군뿐만 아니라 서울에 와 있던 선진국의 외교관들도 주말이면 일본으로 골프를 하러 갔다. 이승만은 이들이 달러를 일본에서 쓰는 것도 못마땅했다. 그래서 골프장 건설을 지시했다. 경기도 고양시 독도면 군자리에 있던 골프장이 복원되었다. 지금의 어린이대공원 자리다. 그게 1950년 5월, 한국전쟁 발발 한 달 전이다.

이승만은 그렇게 골프를 외교적 목적과 연관 지어 생각했다. 골프장을 지었다고 해서 미군이 철수하지 않은 것은 아니다. 하지만 이승만은 미군의 필요를 충족시켜줘야 한다고 생각했다. 당시 힘없고, 자원 없고, 인재도 없는 신생 국가의 대통령으로서 거대 국가 미국의 눈치를 살필 수밖에 없었던 이승만의 비애를 이런 대목에서 여실히 확인할 수 있다.

한국에 골프가 처음 들어온 것은 1900년이다. 원산만의 세관원이면서 황실의 고문이었던 영국인들이 원산의 세관 구역 내 유목산 중턱에 6홀 규모의 골프장을 만든 것이 처음이다. 이후 1911년에 한 일본인이 서울의 효창공원에 7홀짜리 골프장을 만들었다. 1924년에는 서울 근교 청량리에 18홀 규모의 경성골프장이 문을 열었다. 길이 4,000야드(3,657미터), 파 70이었다. 군자리골프장은 1930년에 건설되었다. 고종의 아들 영친왕이 왕가의 땅 약 100만 제곱미터(30만 평)를 내놓아 만들어졌다. 길이 6,200야드(5,669미터), 파 72의 제대로 된 골프장이었다. 영친왕은 한국인 최초의 골퍼였다. 1907년 11세 때 일본으로 끌려간 그는 일본에서 골프를 배웠다. 적적함을 달래기 위해 부인 이방자와 함께 골프를 했다. 그렇게 골프를 알았기 때문에 왕가의 땅을 골프장 부지로 내놓을 수 있었다. 1927년 스코틀랜드 여행 중, 한 골프장에서 안경을 낀 중절모 차림으로 무릎까지 올라오는 긴 양말을 신은 채 드라이버를 들고 있는 영친왕의 사진이 지금도 남아 있다. 영친왕의 회사로 건설된 군자리골프장이 제2차 세계대전 동안 폐허가 되었다가 이승만에 의해 1950년 5월 복원된 것이다.

군자리골프장이 복원된 지 한 달 만에 한국전쟁이 일어났다. 골프장은 다시 폐허가 되었다. 또 다시 복원된 것은 1954년. 역시 이승만의 지시에 따른 것이었다. 이때도 이승만은 미군들에게 놀이터를 제공해야 한다는 생각에서 골프장 복원을 명했다. 백두진, 손원일, 장기영, 이순용 등 17명이 중심이 되어 복원 사업을 진행했다. 그 중심은 이순용이었다. 이순용은 자기 집의 정원수까지 내놓고 금성방직 사장 김성곤, 동아상사 대표 이한원 등을 설득해 기부를 하도록 했다. 이순용은 원래 이승만이 미국에서 독립운동을 할 때 함께 활동하던 인물이다. 해방 후 이승만과 함께 귀국해 내무장관, 체신부 장관 등을 역임했고, 골프장 복원 사업에 나섰을 당시에는 외자청장을 하고 있었다. 미국에서 활동할 당시 이순용은 골프를 접했다. 그래서 골프장 복원에도 적극 나서게 되었다. 그의 노력으로 골프장은 그럴듯한 모습으로 개장을 했다. 이름은 서울CC. 서울CC는 미군 장교, 서울 주재 외교관, 한국군의 장성, 정부 관료 등의 사교장이 되었다.

서울CC는 5·16 쿠데타 직후 없어질 뻔했다. 국가재건최고회의가 사치 시설로 분류해 갈아엎어 콩밭으로 만들기로 한 것이다. 5·16 쿠데타의 주역인 육사 8기생들이 이런 의견을 냈다. 밭으로 만들어 소작농들에게 나누어 주자고 했다. 빈농 출신 박정희의 생각도 많이 담긴 조치였다. 같은 8기생이지만 김종필은 좀 다르게 생각했다. 이 결정을 할 때 김종필은 지방에

이승만은 남북한 대립이 격화되어 있는 시점에, 미군에게 놀이터를
제공해야 한다고 생각해서 군자리골프장을 복원했다. 1938년 무렵 군자리골프장의 모습.

있었다. 서울에 올라와 이 소식을 듣고 김종필은 박정희를 찾아갔다. "자유
진영에 골프장 없는 국가는 없습니다. 서울CC는 한미 간의 친선을 다지는
데도 꼭 필요한 곳입니다" 하면서 존치를 주장했다. 상공인들이 사업을 하
는 데 필요하다는 이유도 댔다. 그 결과 결국 골프장을 살릴 수 있었다. 하

지만 그 비상시국에 골프를 치러 나가는 이들은 없었다. 김종필이 직접 나가 골프를 쳤다. 그때서야 상공인들도 하나둘 골프장을 출입했다.

1972년 서울CC가 이전했고 그 자리는 어린이대공원이 되었다. "어린이들이 마음껏 뛰어놀 곳이 필요하다"는 박정희의 지시에 의한 것이었다. 일설에 의하면 부인 육영수가 "어린이들이 마음껏 뛰어놀 곳이 필요해요"라는 말로 박정희를 계속 설득해 골프장을 어린이공원으로 만들었다고 한다. 군자리 인근이 개발되면서 대통령이 골프를 하기에는 경호상 불편한 점이 많아진 것도 서울CC가 없어진 하나의 원인이었다. 골프장 인근의 농민들이 낫, 곡괭이 같은 흉기를 가끔 골프장으로 던지는 일이 있었다. 쉼 없이 일을 해도 자식들 교육은커녕 먹고살기도 힘든 농민들은 넓은 땅을 한가롭게 걸으면서 골프채를 휘두르는 모습을 보면서 울화통을 터뜨리기도 했을 것이다. 고된 일 끝에 막걸리라도 한잔한 날은 무엇이든 던지고 싶기도 했을 법하다. 이에 박정희는 신변의 위협을 느꼈던 것 같다. 그런 여러 가지 이유로 서울CC는 결국 1964년부터 운영되던 경기도 고양의 한양CC와 합쳐져 서울·한양CC가 되었다.

이승만은 1958년 서울 용산의 미군 주둔지에 골프장을 짓는 것도 허용해줬다. 당시 주한미군사령관이 조지 데커George Decker였다. 핸디캡 3의 아마골프 고수였다. 수요일과 토요일은 꼭 골프를 하는 골프광이었다. 1957년 7월에 부임했는데, 이승만을 예방하기도 전에 서울CC 상공을 헬기를 타고 돌아볼 정도였다. 당시 국방장관이던 김정렬도 핸디캡 7의 역시 대단한 골퍼였다. 두 사람은 친근한 골프파트너로서 말이 잘 통했고, 한미 간의 주요 정책도 골프장에서 논의했다. 미군 부대에 골프장을 짓는 일이니 오죽 뜻이 잘 통했겠는가. 둘이서 합세해 이승만에게 강력 요청했다. 그래서 이승만은 남산에 있는 미군 사격장을 이전하고 그 자리에 한국군 아파트를 짓는 조건으로 골프장을 허가했다. 미8군 연병장 인근에 피난민 200여 가구가 사는 국유지가 있었는데, 여기에 골프장을 만들었다.

미군의 요구를 수용하는 형식이었지만, 이승만으로서도 싫지 않은 것이었다. 미군이 원하는 것은 웬만하면 들어주고, 대신 미군의 분명한 안보 공약을 얻고 싶은 것이 이승만의 본심이었다. 골프장을 허용해주고 미군의 서울 주둔을 분명하게 할 수 있다면 이승만으로서는 오히려 좋은 것이었다. 이승만의 이런 내심은 한국전쟁의 정전 상황을 되새겨보면 익히 짐작하고도 남음이 있다. 한국전쟁은 1년 정도 공방을 하다가 곧 휴전 협상에 들어갔다. 북한, 중국, 미국 모두 휴전을 원했다. 휴전선을 어디로 할지에 대해서는 의견이 달랐지만 전쟁을 그만해야겠다는 생각은 모두 하고 있었다. 그래서 휴전 협상이 시작되었다. 하지만 이승만은 아니었다. '휴전은 안 된다'는 입장이었다. 이번 기회에 북진통일을 해야 한다는 것이었다. 다시 휴전되면 북한의 위협에 끝없이 시달릴 것이 걱정되었다. 통일의 기회가 다시 오기 힘들다는 생각도 했을 것이다. 그래서 휴전에 반대했다. 미국이 설득했다. 이승만의 고집은 대단했다. 휴전을 하려면 한미상호방위조약을 체결해달라고 요구했다. 미국이 요구를 들어주지 않자 이승만은 1953년 6월 18일 인민군 포로 가운데 북한 귀환을 원치 않는 반공 포로 2만 7,000여 명을 전격 석방했다. 미국과 세계가 깜짝 놀랐다. '전쟁 포로의 대우에 관한 제네바협

약에 따르면 포로는 범죄를 저지른 경우가 아니면 휴전이나 종전 시 본국으로 돌려보내게 되어 있다. 그런데 이승만이 북한으로 돌려보내야 할 포로를 일방적으로 남한에 풀어줬으니 놀랄 만도 했다. 하는 수 없이 미국은 한미상호방위조약을 체결하기로 하고 1953년 7월 27일 휴전협정을 완료했다. 상호방위조약은 10월 1일 체결되었다. 약소국이 죽자하고 덤벼 강대국을 조종하는 '약자의 독재tyranny of the weak'였다.

물론 미국과 소련 간의 체제경쟁이 계속되면서 한국의 전략적 가치가 높아져 주한미군의 전략적 필요성은 높아졌다. 특히 지금의 상황에서는 미국과 중국의 경쟁과 갈등이 고조되고 있기 때문에 미국은 주한미군을 계속 주둔시키고 싶어 한다. 하지만 한국전쟁을 마무리하는 상황에서 미국은 다시 한반도에 군대를 파견하는 것을 원치 않았고, 추후 전쟁에 다시 개입하는 것도 원하지 않았다. 그래서 한미상호방위조약을 체결하지 않으려 했다.

어쨌든 그렇게 억지춘향식으로 체결된 한미상호방위조약에 따라 미군은 한국전쟁 이후에도 서울에 주둔하게 되었다. 이승만은 이들을 적절히 위무해야 했다. 용산에 골프장을 허가해주는 것은 이승만에게는 오히려 작은 것을 주고 큰 것을 얻는 격이었다. 이 골프장은 오랫동안 그 자리에 있다가 1992년 서울 송파구의 성남코스로 자리를 옮겼다. 골프장이 떠난 자리는 가족공원이 되었다.

1973년 3월 초. 경기도 고양시의 뉴코리아CC. 서울 구파발에서 원당으로 넘어가는 길 오른쪽에 있는 골프장이다. 서울에서 가까워 박정희가 자주 이용했다. 아직은 날이 쌀쌀했지만 박정희와 경호실장 박종규, 『서울신문』 사장 신범식이 날을 잡아 골프를 하고 있었다. 도중에 잠깐 클럽하우스에서 쉬는 시간. 신범식이 말했다.

"각하께서 연만年晩하시니 더 노쇠하시기 전에 후계자를 키우셔야 한다는 이야기가 많습니다. 이후락 부장이 후계자로 좋다는 이야기도 있습니다."

박정희는 태연한 척 "미친놈들. 내가 아직 노망하려면 멀었는데" 하고 말하고는 골프장으로 걸어나갔다. 그걸로 끝나는가 했다. 그런데 라운딩을 마쳤을 때 박정희의 표정은 굳어 있었다. 내내 그 생각을 하고 있었던 것이다.

"아까 그 말 말이야, 누가 그런 소릴 해? 이후락이야?"

박정희가 다그쳤다. 신범식은 직감했다. 박정희의 표정이 그냥 넘어갈 태세가 아님을. 그는 그 자리에서 무릎을 꿇었다.

"이름은 못 대겠습니다."

그는 빌면서 버텼다. 경호실장 박종규는 권총을 뽑아들고 위협했다. 하는 수 없었다.

"윤필용 장군입니다."

윤필용 사건의 발생 경위에 대해 여러 설이 있지만, 윤필용 자신이 말하는 사건 경위는 이렇다. 군에 피바람을 불러오면서 1970년대 후반 격변의 발화점이 된 윤필용 사건은 서울 근교 골프장의 클럽하우스에서 시작되었다. 당시 수도경비사령관 윤필용 소장은 보안사령부에 끌려가 철저히 조사받았지만 쿠데타 혐의는 나오지 않았다. 그러자 업무상 횡령, 수뢰, 군무이탈죄 등이 적용해 징역 15년을 선고했다. 수경사 참모장이던 손영길 준장도 징역 12년을 선고받았다. 손영길은 당시 모진 고문까지 당한 이야기를 나중에 털어놓았다.

"발가벗겨서 비행기 태우고 수건 씌워 코에 물 붓고 전기 고문하고……. 특히 내 전속부관을 잡아와 바로 내 앞에서 고문할 때 정말 미칠 것 같더군요. 자살도 생각했지만 누명만 쓸 것 같아 반드시 살아서 진실을 밝히겠다고 결심했습니다. 쿠데타가 안 되자 업무상 횡령, 총기불법소지 등 다섯 가지를 뒤집어씌우더군요. 박 대통령이 주월駐越 미군사령관 웨스트모얼랜드 대장에게 선물 받은 상아 손잡이 권총을 제가 베트남 파병 갈 때 주셨는데, 그 총까지 불법소지죄로 엮었어요."

박정희는 그렇게 아끼던 부하 윤필용과 손영길을 쿠데타 소문 하나로 매장했다. 윤필용은 박정희가 5사단장 할 때 만나 7사단장, 1군 참모장, 군수기지 사령관, 1관구 사령관 등으로 옮길 때마다 데리고 다니던 인물이다. 윤필용을 1970년 수경사령관에 앉힌 이후에는 국방부장관, 참모총장인사도 그와 상의했다고 한다. 군 주변에서는 수경사를 '필동 육군본부' 라고 부를 정도였다. 손영길은 육사 11기 가운데 가장 먼저 장군으로 진급시키고,

개인적인 선물을 줄 만큼 아꼈다. 그런 부하들을 소문만으로 가차 없이 쳐 냈다. 하긴 독재자가 가장 싫어하고 무서워하고 경계하는 것이 '역모' 아니 겠는가. 손영길은 감옥에서 육사 동기 전두환과 노태우에게 구원을 요청했 다. 조서 용지 뒷면에 연필로 잘 보이지 않게 써서 전두환에게 보냈다. 하지 만 그들은 쿠데타 혐의자를 돕지 않았다. 손영길은 전두환과 노태우가 위관 장교 시절 반혁명사건에 연루되어 어려운 처지였을 때 구명을 위해 적극 나 선 적이 있었다. 그래서 기대했다. 하지만 허사였다.

윤필용과 손영길 등은 30년이 훨씬 넘은 뒤 재심을 청구해 무죄판결 을 받았다. 당시 혐의는 보안사의 고문으로 조작된 것이라는 게 법원의 무 죄판결 이유였다. 박정희는 정권을 유지하기 위해 필요에 따라 사람을 고문 하고 사건을 조작했는데, 반대 세력뿐 아니라 아군에게도 서슴지 않았다. 그런 모습을 윤필용 사건은 적나라하게 보여준다.

1973년에 일어난 이 사건은 1979년 정권 붕괴로 이어지는 도미노의 첫 출발점이었다. 이 사건 이후 연쇄적인 악재가 박정희의 피격으로 이어진 다. 먼저 이후락 중앙정보부장이 이 사건으로 박정희의 눈 밖에 난다. 이후 그는 주군의 신임을 회복하기 위해 1973년 8월 김대중 납치라는 큰 무리수 를 두면서 권력에서 밀려난다. 윤필용이 잡혀가는 것을 보고 공포를 느낀 김형욱은 대만을 거쳐 미국으로 망명해 박정희 정권을 정면으로 비판하기 시작한다. 김대중 납치사건으로 형성된 재일동포 사회의 박정희 정권에 대 한 반감은 1974년 문세광의 박정희 암살 시도로 연결된다. 경호실장 박종 규는 이 사건으로 물러나고, 그 자리에 차지철이 앉는다. 이후락이 물러난 중앙정보부장 자리는 신직수를 거쳐 1976년 김재규에게 간다. 그 김재규가 1979년 10월 26일 저녁 궁정동 중앙정보부 안가에서 박정희를 쏜다.

김재규도 골프를 좋아했다. 20년 이상 했고, 87타 정도의 능력을 갖고 있었다. 그가 건설부장관으로 있던 1976년 언론사의 논설위원과 한양CC 에서 골프를 했다.

"곧 중정부장으로 간다는 소문이 있던데요?"

논설위원이 물었다.

김재규는 뜻밖의 이야기를 했다.

"가라면 가야겠지만 실은 가고 싶지는 않아요."

박정희 정권에서 중정부장은 그 어떤 자리보다도 권력이 강했다. 정권 주변의 인물이라면 누구나 탐내는 자리였다. 하지만 김재규는 매달리는 모습이 아니었다. 논설위원이 왜냐고 물었다.

"차장 한 번 해봤잖아요. 두 번 갈 곳은 못 돼요. 그 자리는 좋든 싫든 사람을 다치게 하는 자리니까."

김재규는 이렇게 답했다. 박정희 정권에 깊숙이 몸을 담그면서도, 정권의 권력 유지 행태나 국가 운영 방향 등에 대한 여러 가지 생각을 이때부터 한 것으로 보인다. 그런 점에서 10 · 26은 차지철과의 말다툼이 낳은 우발적 사건이 아니라 김재규가 나름 오랫동안 고민한 끝에 저지른 것이라고 보는 게 맞을 것 같다.

'수금 골프'의 달인, 김형욱

김형욱은 잘 알려진 대로 성질이 불같았다. 화를 잘 내고 시도 때도 없이 소리를 질렀다. 그가 중앙정보부장이 된 것이 1963년 7월. 김종필, 김용순, 김재춘에 이어 네 번째 중정부장이 되었다. 당시 중정부장의 권력은 나는 새도 떨어뜨릴 정도였다. 철저한 독재체제에서는 정보기관이 강할 수밖에 없다. 독재자는 늘 불안하다. 정권의 정당성과 권위는 부족한 가운데 국민을 억압하고 있으니, 언제 어디서 누가 반기를 들지 촉각을 곤두세우고 있을 수밖에 없다. 그 촉각의 핵심이 정보기관이다. 그러니 정보기관의 수장은 독재자와 직거래를 하게 되어 있고, 독재자 다음의 권력을 갖는다. 김형욱도 그랬다. 장관, 재벌이 그의 시퍼런 서슬 앞에 벌벌 떨었다. 게다가 성질까지 괴팍스러웠다. 그의 권력 행사가 얼마나 대단했을지 가히 짐작이 되고도 남는다.

그가 골프를 시작한 것도 중정부장이 되고부터다. 당시 중정차장은 이병두였는데, 변호사 출신이었다. 골프를 좋아한 이병두는, 김형욱에게도 권했다. 김형욱은 잘하고 싶은 욕심에 레슨을 시작했다. 하루는 레슨프로가 김형욱의 공치는 모습을 보면서 "어깨에 힘을 빼십시오"라고 했다. 하지만 그는 있는 힘을 다해 공을 쳤다. 그러니 공이 똑바로 나갈 리가 있겠는가? 엉뚱한 데로 날아갔다. 다시 프로가 "어깨에 힘이 들어가서 안 되는 겁니다" 했다. 그러자 김형욱은 그 특유의 불같은 성질을 폭발시켰다. "야! 이 새끼야! 네가 뭔데 나한테 힘을 빼라 마라야!" 소리를 지르며 골프채로 머리를 쳤다. 자기 일에 충실하던 레슨프로는 머리가 찢어져 병원 신세를 져야 했다. 그 후에도 김형욱은 안 되면 클럽을 집어던지기도 하고, 짧은 퍼팅이 안 들어가면 퍼터로 공을 세게 쳐버려 주변 사람을 당황하게 하는 등 그 성질을 어쩌지 못하는 것은 여전했다.

성질은 그랬지만 골프는 잘했다. 남산에 있는 중정 건물에 인도어 연습장을 설치해놓고 남들 몰래 6개월 동안 레슨을 받았다. 직원들에게도 말하지 못하게 했다. 그러고는 레슨이 끝나자 육사 동기생 김종필에게 전화했다.

"골프 한번 하실까요."

"자네 골프 못하잖소."

"아니요. 할 줄 알아요. 어쩌면 내가 더 잘할지도 몰라요."

"그래 한번 해봅시다."

그렇게 두 사람이 첫 골프 약속을 하고 만났다. 라운딩이 시작되자 김종필은 깜짝 놀라지 않을 수 없었다. 김형욱은 자세도 좋았고, 거리도 엄청났다. 첫 라운딩에서 81타를 쳤다. 운동에 남다른 소질이 있는 데다 집중 레슨을 받았으니 그럴 만도 했다.

이후 김형욱은 거의 매일 새벽 해가 뜰 때 골프장으로 나가 9홀을 돌고 출근했다. 당시 그는 "내가 골프 연습하는 만큼 영어 공부를 했으면 통역이 필요 없을 텐데"라고 했다고 한다. 그렇게 열의를 보였기 때문에 그의 핸디캡은 점점 내려갔다. 드라이버샷도 240야드(219미터)는 족히 나갔다. 김종필이 전하는 바에 따르면 김형욱의 핸디캡은 6정도였다고 한다.

그가 그토록 골프를 열심히 한 이유는 골프를 즐기기 위해서가 아니었다. 스트레스를 해소하기 위해서도 아니었다. 골프로 수금을 하기 위해서였다. 돈 많은 기업체 사장들과 내기 골프를 해서 거액을 챙기기 위해 그렇게 실력을 연마한 것이다. 한 타에 10만 원, 어떤 때는 100만 원까지 걸고 골프를 했다. 김형욱은 이런 거액 노름 골프에서 돈을 따기 위해 별짓을 다했다. 캐디와 짜고 공을 좋은 곳으로 옮기고, 동반자가 친 공을 감추고, 심지어는 홀인원을 한 것처럼 꾸미기도 했다고 한다. 서울CC에 김형욱 전속 캐디가 있었는데, 감이 뛰어난 청년이었다. 당시에는 캐디가 대부분 남자였다. 1937년 베이징 근교에서 노구교사건을 일으키고, 이를 계기로 중일전쟁을 시작하면서 남자를 모두 징병하는 바람에 일본은 1938년부터 여자 캐디가 등장했지만, 1960년대까지만 해도 한국에서는 캐디가 남자였다. 아무튼 김형욱의 캐디가 공범이었다. 혹시 들통이 나면 김형욱은 "그 정도는 양해해야지" 하면서 뻔뻔하게 나왔다고 한다. 한 홀을 지면 다음 홀은 2배, 또 지면 그다음은 4배 이런 식으로 판을 키워 이기면 많이 딸 수 있도록 했다. 판이 그에게 완전히 불리하게 돌아가면 갑자기 김형욱의 비서가 뛰어왔다. 손에는 메모를 들고 있었다. 메모를 받아든 김형욱은 "어! 그래! 지금 바로 오라 그러서?" 하면서 비서를 다그치듯 물었다. 비서는 당연히 "예"라고 했다. 그러면 김형욱은 "각하가 급하게 찾고 있습니다" 하며 서둘러 골프장을 빠져나갔다.

그렇게 이기면 반드시 받아 내고, 질 것 같으면 도망가니 돈을 잃는 일이 없었다. "골프로 김형욱을 이길 만한 사람은 각하밖에 없다"는 이야기가 나올 정도였다. 이때 김형욱의 주요 파트너가 쌍용의 창업자 김성곤, 신진자동차 사장 김창원 등이었다. 보통 이들 셋이 고정 멤버고 또 한 사람의 동반자를 매번 끼워 넣는 식이었다. 김성곤은 김형욱과 라운딩을 하고 나면 늘 "그자하고는 다시는 골프 안 한다" 했지만, 실제로 거절할 수는 없는 처지였다. 기업하는 사람들은 그렇게 돈을 잃었지만 실은 잃은 것이 아니었다. 김형욱을 통해 사업상 편의를 얻었다. 저개발국일수록 정부의 인허가 없이는 되는 것이 없다. 우리도 당시는 그럴 때였다. 무소불위無所不爲, 안 되는 것이 없는 김형욱의 도움을 받으면 사업은 '땅 짚고 헤엄치기'였다. 그들도 그런 이권을 바라고 김형욱과 골프를 했고, 또 그렇게 돈을 잃어줬다. 그 시절 골프는 그렇게 정경유착의 직접적인 장이 되었다. 지금도 그런 식으로 골프장에서 이뤄지는 거래와 비리가 문제긴 하지만 말이다. 당시 김형욱은 공으로 항상 타이틀리스트 3번만 썼다. 동반자가 같은 공을 쓰면 바꾸라고 했다. 3을 워낙 좋아했다. 그는 양보하고는 거리가 먼 사람이었다.

그의 막무가내식 행태가 한국 골프의 발전에 일면 도움을 주긴 했다. 프로골퍼들의 변변한 모임이 하나 없던 시절 골프인들의 요청을 받고 김형욱은 기업인들에게 전화했다. 21명에게 각각 100만 원씩 내도록 했다. 그렇게 2,200만 원을 모아 1968년 한국프로골프협회KPGA를 만들었다. 그 액수면 당시 서울 근교에 9홀 골프장 하나는 거뜬히 만들 수 있는 돈이었다. 김형욱은 1972년에는 한국골프협회KGA 회장을 맡기도 했다. 당시는 기업인이 권력에 꼼짝을 못했다. 모든 것이 강권통치세력에 의해 처리되던 시절이었다. 기업인은 권력에 밉보이면 하루아침에 쪽박을 차는 처지였다. 그러니 김형욱의 요구에 돈을 안 낼 재간이 없었다. 이런 행태는 박종규도 비슷했다. 1970년 박종규는 청와대경호실장을 하면서 대한사격연맹 회장이 되었다. 사격의 명수로 '피스톨박'이란 별명을 가진 만큼 사격연맹 회장을 하고 싶었던 모양이다. 그도 이병철 등 당시 돈 많은 기업인 20명에게 돈을 받아냈다. 그 돈으로 태릉에 사격장을 지었다.

말하자면 누구도 마음대로 할 수 없다는 골프를 김형욱만은 그야말로 '마음대로' 했다. 마음만 먹으면 원하는 대로 거액을 따는 골프를 할 수 있었던 것이다. 한국에서 가장 돈이 많던 삼성의 창업주 이병철도 생전에 마음대로 못하던 것이 골프였는데, 김형욱은 마음대로 했다는 이야기다.

이병철에게 안 되는 게 세 가지 있었다. 첫째는 자식이다. 이병철은 자식 중 하나라도 서울대학교에 넣기를 그렇게 원했는데 결국은 실패했다. 둘째가 골프. 이병철은 골프를 좋아했다. 잘하기도 했다. 더 잘 치고 싶어 했지만 마음대로 안 되었다. 미국에서 유명한 프로골퍼 톰 왓슨Tom Watson의 지도를 직접 받기도 했다. 당시 왓슨이 이병철에게 해준 레슨의 핵심은 'Don't head up(머리를 들지 마세요)'였다고 한다. 이병철이 만든 안양CC 9번 홀에는 無限追球(무한추구)라는 그의 휘호가 새겨진 바위가 있다. 구할 구求를 공구球로 바꿔놓은 것이다. 공을 끝없이 쫓아다니라는 이야기다. 그래야 뭔가가 이뤄진다는 의미일 것이다. 셋째는 '미원'이다. 삼성그룹의 제일제당이 미풍을 만들었지만 당시 '주식회사 미원'의 조미료 미원을 이기지 못했다. 1960년대와 1970년대 오랫동안 경쟁을 했지만 미원을 넘어서지 못했다. 이병철은 사망하기 8개월 전에 자신의 손자 이재용이 서울대학교 동양사학과에 들어가 어느 정도 원풀이를 했다. 이재용은 1998년 대상 그룹(주식회사 미원의 후신) 임창욱 회장의 장녀(임세령)와 결혼까지 했다. 골프 빼고 두 가지 소원은 이룬 것 같았지만 이재용은 2009년 임세령과 이혼했다. 한국에서 돈이 가장 많은 그였지만 이처럼 뜻대로 안 되는 게 있었고, 골프도 그중 하나였다.

권불십년權不十年. 5년 3개월간 중정부장으로 권세를 떨치던 김형욱도 1969년 10월 중정부장에서 밀려났다. 이만섭을 비롯한 공화당 의원들이 삼선개헌에 찬성하는 대신 김형욱과 이후락을 해임할 것을 요구했기 때문에 박정희도 더 이상 부담이 되는 이들을 끌어안고 있을 수 없었다. 특히 김형욱은 1964년 인혁당 사건, 1967년 동백림 사건, 1968년 통일혁명당 사건 등 수많은 정치 공작을 벌여 원성의 대상이 되어 있었다. 그렇게 김형욱이 자리를 잃고 야인이 되어 있을 때 김종필이 골프를 제안했다. 김종필이 누구와 또 붙으면 좋겠냐고 물으니 김형욱은 여전히 신진자동차 김창원 사장을 원했다. 필드에 나서면서 김종필이 장난기를 발동했다.

"김 사장! 그동안 당한 것 오늘 좀 갚아주세요."

김창원이 옳거니 하고 받았다.

"옳습니다. 이빨 빠진 호랑이 어느 놈이 무서워합니까?"

그러니 김형욱이 발끈했다.

"야. 이놈아! 호랑이가 뭐가 무서운지 모르는구나. 이빨이 아니야. 이놈아! 발톱 남았어."

그러면서 손을 오그린 채 김창원을 위협하자 김창원은 저만치 달아날 수밖에 없었다. 발톱이 남았다는 김형욱의 오기는 진심이었다. 억울했다. 박정희를 위해 몸과 마음을 다 바쳤는데, 돌아온 것은 해임이었다. 1971년 5월에 공화당 전국구 국회의원이 되었지만 이듬해 유신이 선포되면서 자리를 잃고, 유신정우회 의원 명단에도 들지 못했다. 박정희를 원망하고 미워했다. 그래서 1973년 4월 대만으로 명예박사학위를 받으러 간다고 평계를 대고는 출국해 미국으로 망명해버렸다. 이후 박정희 정권의 비리를 폭로하고 박정희를 비판하던 김형욱은 박정희가 죽기 얼마 전인 1979년 10월 1일 파리에서 중앙정보부 요원들에게 납치된 후 실종되었다.

골프 회동으로 싹튼 3당 합당

김영삼이 대통령이 된 것은 1990년 1월 22일 3당 합당 덕이었다. 당시 여당인 민주정의당과 야당인 통일민주당, 신민주공화당이 하나의 당이 되어 민주자유당을 만들어 김영삼이 대표가 되었다. 그 바람에 1992년 여당의 대선후보가 되었고, 대선에서 이겼다.

당시 합당은 민정당 총재였던 대통령 노태우와 민주당 총재 김영삼, 공화당 총재 김종필의 이해가 맞아떨어져 이루어질 수 있었다. 민정당은 1988년 13대 총선에서 크게 졌다. 원내 의석 299석 중 125석을 차지하는 데 그쳤다. 5공 청산에 대한 국민의 열망이 높아 특히 호남에서 전멸한 탓이었다. 대통령이 된 지 얼마 안 된 노태우로서는 살 길을 마련해야 했다. 평민당에 합당을 제안했다. 5·18 문제 해결에 대한 전권을 주겠다고 했다. 호남 민심을 얻고, 국회 과반수도 채울 수 있다는 생각에서였다. 김대중은 답을 하지 않았다. 그래서 합당의 파트너를 민주당과 공화당으로 옮겼다.

민주당은 13대 총선에서 득표율 2위를 기록했지만 원내 의석은 59석에 그쳐 원내 70석의 평화민주당에도 밀리고 있었다. 김영삼은 이런 구도로 가다가는 대선에서 평화민주당 총재 김대중에게 패할 것을 염려했다. 그래서 여당의 합당 제의에 응해 합당 논의를 하게 되었다. 공화당도 총선에서 35석에 그쳤다. 충청 27석 가운데 15석밖에 얻지 못했다. 김종필은 그 상태로는 대권의 꿈을 꾸기는 어렵다고 보고 내각제를 기대하고 합당 논의에 참여했다.

그래서 1989년 합당 논의가 본격화되었다. 이 과정에서 김영삼과 김종필은 골프 회동을 네 번 했다. 당시만 해도 김영삼은 골프를 쳤다. 당시 자료 화면을 보니 김영삼과 김종필이 골프 시작 전에 기자들을 만났는데, 김영삼이 이런 이야기를 한다.

"나는 좋으면 앉는 습관이 있는데 오늘은 절대 안 앉을 겁니다. 퍼터도 너무 좋은 퍼터 들어가면 앉습니다. 얼마나 기분이 좋은지요."

여기에 김종필이 맞장구를 친다.

"프로들도 그런 사람 있습니다. 치고 그 자리에 주저앉아. 좋아서."

이러고는 골프를 했다. 그렇게 네 차례나 만난 것이다. 그 과정에서 '우정과 소신'으로 합당을 추진해나간다는 합의가 이루어져 결국 합당까지 하게 되었다. 두 사람은 이력이나 생각 어느 것 하나 비슷한 것이 없는 이질적인 존재였다. 하지만 만나고, 골프하고, 이야기하는 과정에서 합당까지 하게 된 것이다. 당시의 핵심 쟁점이 내각제였다. 김종필은 내각제를 하자고 했다. 김영삼은 물론 하기 싫어했다. 이런 문제에 대한 해결 방법도 골프를 하는 과정에서 일부 찾은 것으로 보인다.

젊은 시절 김영삼에게 골프를 처음 권한 사람이 김종필이다. 외무위원회에서 함께 활동한 적이 있었는데, 그때 김종필이 권해서 시작했다. 그래서 김영삼은 김종필처럼 양손에 장갑을 끼고 골프를 했다. 당시 우리나라에는 오른손에 끼는 골프장갑을 구하기 힘들었다. 김종필이 일본에 가면 양손 골프장갑을 몇 켤레 사서 김영삼에게 보내주곤 했다. 김영삼이 골프를 끊은 것도 엉덩방아를 찧은 김종필과의 골프 때문이다.

그런 골프 회동의 과정을 통해 생긴 민자당은 1990년 5월 9일 첫 전당대회를 갖고 공식 출범했다. 전당대회 직전에는 내각제를 하기로 각서까지 썼다. 노태우, 김영삼, 김종필 3인이 서명한 합의문이었다. 하지만 김영삼은 이걸 지킬 의사가 없었다. 전당대회가 있은 지 한 달 남짓 지나 김영삼은 정무 1장관 박철언을 불러 "나하고 당신, 노 대통령이 힘을 합하면 못할 일이 없다"라며 대선에서 자신을 밀어주면 그다음은 박철언 차례라고 언급했다. 내각제 각서 지키지 말자는 이야기였다. 1990년 10월에는 내각제 각서가 『중앙일보』를 통해서 공개되었다. 김영삼은 이를 공작 정치로 몰아붙이며 야당으로 돌아갈 듯 협박했다. 노태우는 여기에 굴복해 내각제를 포기하기로 했다. 그런 과정을 거쳐 김영삼은 1992년 민자당의 대선 후보가 되어 대통령에 당선되었다.

끼리끼리 모여서 패거리를 만들어 정치를 하는 모습은 어느 나라에서나 볼 수 있지만 우리나라가 유독 심하다. 구파, 신파 등 일반적인 용어로 계파가 나뉘다가 진산(유진산)계, 운경(이재형)계 등 보스들의 호를 따서 나누어졌다. 그러다가 동교동계 상도동계 등 보스들이 사는 지역 이름을 쓰기도 했다. 이제는 친박계, 친노계, 비박계, 비노계 등 보스의 성으로 계파를 나누고 있다. 과거 일본이 그런 식이었다. 후쿠다파, 다나카파, 나카소네파 등 보스의 성을 따라 파벌이 생겼다. 하지만 그것도 2000년대 초 고이즈미 총리의 등장 이후 사라졌다. 우리만 여전히 후진적이고 퇴행적인 정치 행태를 가지고 있는 것이다. 정치인들이 사회 전체의 수준을 전혀 따라가지 못하는 것을 상징적으로 보여주는 모습이기도 하다.

이런 계파들은 과거 요정에서 어울렸다. '요정정치'다. 하지만 요즈음에는 골프장에서 모인다. '골프정치'다. 사업하는 사람들도 골프장에서 만나 친목을 다지기도 하고 중요한 거래를 성사시키기도 하는데, 정치도 골프장에서 하는 부분이 많은 것이다. 골프를 하면서 친목을 다지고, 이해의 접점을 넓히고, 결속을 다진다. 중요한 결정도 여기서 이뤄지는 경우가 많다. 누구를 어느 자리에 앉힐지, 주요 이슈에 대해서 어떤 입장을 취할지 등이 비공식적인 골프모임에서 이뤄지는 경우가 많다. 비공식 모임의 공식화가 쉽게 이루어지는 것이다. 이렇게 되면 공식적인 의사 결정 체계는 무력화된다. 토론이 없어진다. 토론에 참여하기보다는 골프 모임에 참여하려 한다. 이런 현상이 심화되면 결국 체계적인 여론 수렴, 체계적인 과정을 통한 정책 수립이라는 정당의 본래적 기능은 사라지게 된다.

골프 천재 김정일?

북한의 통치자 김정은은 골프를 멀리하고 있지만, 그의 아버지 김정일은 어쩌다 한 번씩 골프를 했다. 김정일의 골프 실력은 얼마나 되었을까? 북한이 밝히고 있는 수치가 있다. 2004년 북한의 언론들이 1994년에 김정일이 한 라운드에서 38언더파, 34타를 쳤다고 선전한 것이다. 첫 홀에서 이글을 하고, 이후 다섯 개 홀에서 홀인원을 하는 등의 기록으로 34타를 쳤다는 것이다. 골퍼들이 홀인원을 할 확률은 3만분의 1정도 되는데, 한 라운드에서 다섯 번 홀인원을 한다는 것은 불가능한 일이다. 그런데 북한은 버젓이 이런 이야기를 관영 언론을 통해서 했다. 2007년에는 김정일이 한 라운드에서 11개의 홀인원을 했다고 말하기도 했다. 김정일 우상화 차원에서 나온 것으로 볼 수 있는데, 골프에 대한 상식이 전혀 없는 북한 매체와 당국의 어이없는 짓이다. 이런 것이 우상화에 도움이 될 수 있다고 생각한 것 자체가 이해하기 어려운 일이다. 하기는 이해할 수 없는 북한의 행위가 어디 이것뿐이겠는가.

세계에서 최저타는 PGA 3부 선수 라인 깁슨Rhein Gibson이 기록한 16언더파다. 이글 2개, 버디 12개로 16언더를 만들었다. 하지만 이는 정규 투어 성적이 아니어서 공식 기록으로 인정되지 않고 있다. 공식 최고 기록은 13언더파다. 미국의 데이비드 듀발David Duval, 호주의 스튜어트 애플비Stuart Appleby등 5명이 이 기록을 가지고 있다. 여자 프로 가운데서는 안니카 소렌스탐이 역시 13언더파, 59타의 최고 기록을 보유하고 있다.

북한의 언론은 1994년에 김정일이 한 라운드에서 38언더파, 34타를 쳤다고 선전했다. 2007년에는 그가 한 라운드에서 11개의 홀인원을 했다고 하기도 했다. 평양골프장의 전경.

북한에는 18홀 정규 골프장이 하나 있다. 평안남도 남포에 있다. 조총련에서 1987년 김일성의 75회 생일을 기념해서 지어준 것이다. 그린피는 비회원은 우리 돈으로 10만 원 정도, 회원은 3만 원 정도다. 회원권은 1,000만 원 정도. 이렇게 비싸다 보니 주로 외국인들이 이용한다. 이 밖에도 9홀짜리 골프장은 2개가 있고, 평양에 실내연습장이 하나 있다. 금강산에도 한국 기업이 건설한 정규 18홀 골프장이 있지만, 2008년 7월 개장을 앞두고 관광객 박왕자 피격 사건이 발생하면서 금강산 관광이 중단되는 바람에 개장을 못했다. 이후 북한은 이 골프장을 몰수해 현재는 외국 관광객을 상대로 운영하는 것으로 전해진다.

북한은 골프 용어를 모두 우리말식으로 바꾸어서 쓰는데, 그중에는 재미있는 게 많다. 아이언은 쇠채, 우드는 나무채라고 한다. 홀은 구멍이라고 하고, 그린은 정착지, 벙커는 모래웅덩이라고 한다. 해저드는 방해물, 백 티는 뒤출발티, 레귤러티는 앞출발티라고 한다.

현재 북한의 국방위원회 제1위원장 김정은은 골프를 하지 않는 것으로 알려져 있다. 대신 농구를 좋아한다. 스위스 유학 시절부터 농구를 즐겼고, 북한의 대표적 농구 선수 리명훈, 박종천 등과 함께 경기를 하기도 했다. 1990년대 '북한의 마이클 조던'으로 불리던 박종천은 김정은과 농구로 가까워져 지금은 북한 농구협회 회장으로 활동하고 있다. 김정은은 미국 프로농구 NBA 선수들을 좋아해 NBA의 악동으로 알려진 데니스 로드먼을 두 차례나 평양에 초대하기도 했다. 김정은은 국제대회에 나가는 북한 농구 선수들에게는 직접 지침을 주기까지 한다. 지난 9월에 중국 우한武漢에서 열린 국제농구연맹FIBA 아시아 여자 농구 선구권대회에 북한도 참가했다. 여기서 태국에 이긴 직후 북한팀의 주포 박향종이 소감을 내놨는데, "조선은 키가 짝다라니까(작으니까) 석 점짜리 투사하고 속공 결합해서 뛰라고 원수님께서 내려주신 대로 했습니다"라고 했다. 이 대회에 북한 단장으로 참여한 박종천은 "위원장님께서 농구에 많은 관심을 가져주신다"고 말하기도 했다. 김정은의 농구 사랑은 어릴 적부터 일편단심이다.

●

5장

진보 대통령은
왜
골프를 좋아할까

골프 대중화를 선언한 김대중

김대중이 1960년대 후반 제7대 국회의원으로 활동할 당시 잠시 골프를 했다는 이야기가 있지만, 그 흔적은 없다. 했더라도 그다지 좋아하지는 않은 것으로 보인다. 1971년 5월 다리를 다친 이후로는 하려 해도 할 수 없었다. 당시 지방에 지원 유세를 하러 갔다가 대형 트럭이 김대중이 탄 승용차에 돌진해 대형 사고가 일어나면서 다리를 다쳤다. 야당 시절 "골프장을 갈아 엎어 논밭으로 만들어야 한다"고 주장하기도 했다. 하지만 대통령이 된 이후에는 골프에 줄곧 우호적이었다. 취임한 지 한 달만인 1998년 3월에 김영삼이 내린 골프금지령을 해제했다. "공무원 골프 문제에 대해 정부가 간섭할 필요는 없다"고 한 것이다. '자신의 돈으로 여가 시간에 골프를 치는 것은 무방하다'는 이야기였다. 그러면서 "공무원 전용 골프장을 이용하면 가장 바람직할 것"이라고도 말했다. 공무원연금공단에서 운영하는 골프장을 말한 것이다.

어쨌든 김영삼 정부 5년 동안 묶여 있던 공무원 골프를 풀었다. 이런 것도 양김의 라이벌 의식 때문일까? 그것보다는 '공무원 스스로 판단하도록 내버려둬야 한다'는 합리적 사고의 결과라고 생각된다. 실제로 김영삼 정부 동안 공무원들이 골프를 안 친 것이 아니다. 가명으로 치는 가명 골프, 새벽에 나가 치는 새벽 골프, 심지어 변장해서 하는 변장 골프까지 성행했다. 그런 부작용을 알면서 억지로 막을 필요가 없다고 판단했을 것이다.

김대중의 임기가 1년 지난 1998년 박세리가 미국에서 우승 소식을 연속해서 보내왔다. 1998년 5월 미국 LPGA투어의 메이저 대회인 맥도날드 챔피언십에서 첫 우승 소식을 전하더니, 7월에는 메이저 타이틀 중에서도 가장 우승이 어려운 US여자오픈까지 우승했다. 특히 연장전 18홀에서 맨발로 연못에 들어가 연못 턱에 걸린 공을 쳐내던 순간은 IMF로 시름에 빠진 국민들에게 큰 힘을 준 장면으로 기억되고 있다. 이듬해에는 김미현도 미국 LPGA에 진출해 우승하기 시작했다. 김대중은 박세리와 김미현에게 체육훈장을 주면서 격려했다. 1972년 한장상이 일본오픈에서 우승하자 박정희가 "아직은 골프가 일반 사람들에게 많이 알려지지 않아 훈장을 주지 못해 아쉽구만. 앞으로도 국위 선양을 위해 더욱 노력해줘"라고 격려를 했다고 한다. 1990년대 후반의 상황은 1970년대와는 크게 변해 있었다.

박세리가 만들어낸 골프에 대한 우호적인 분위기 속에서 김대중은

김대중 정권 시기에 박세리 등, 국내 골프 선수들의 해외 활약이 계속되면서 골프 대중화 바람이 불었다.
김대중의 골프 대중화 선언은 이에 따른 귀결이었다.

1999년 10월 인천 전국체전 공개 행사 뒤 간담회에서 "우리의 젊은 딸들이
세계에 나가 골프를 통해 국위를 떨치며 자랑스럽게 하고 있습니다. 골프는
중산층·서민 등 누구에게나 좋은 운동입니다"라고 말해 골프 대중화를 선
언했다. 또, "서민들도 골프를 할 수 있도록 퍼블릭코스를 개발하고, 21세
기에는 스포츠가 우리 국민의 생활의 질을 높일 수 있도록 모든 사람이 참
여할 수 있게 개선되어야 합니다"라고 말하기도 했다. 이후 2000년부터
2008년까지 골프 산업은 연 10퍼센트씩 성장했다. 2008년 골프장이 300개
로 늘었고, 지금은 500개 정도 된다. 골프장뿐만 아니라 스크린 골프, 예약
대행업 등 골프 관련 산업을 모두 합치면 연 12조 원 규모가 된다. 우리 산

업의 상당한 부분이 된 것이다. 김대중의 골프 대중화 선언은 이러한 성장의 중요한 계기가 되었다.

골프 산업의 이와 같은 활성화는 1999년 9월 벗어난 IMF 경제 위기 이후 경제를 더 활성화하기 위한 여러 처방 가운데 하나이기도 했다. 김대중은 한때 골프에 대해 반감을 가진 적도 있었지만 이후에는 넓은 시야로 골프를 보았다. 개인적인 호불호보다는 산업적 가치 측면에서 골프를 본 것이다. 그가 평소 정치인의 덕목으로 강조한 것이 '서생적 문제의식'과 '상인적 현실감각'이었다. 골프 활성화는 그의 상인적 현실감각을 잘 보여주는 조치라고 여겨진다.

골프를 대선에 활용한 노무현

노무현은 1996년 총선에서 민주당 후보로 서울 종로에 출마했다. 상대는 신한국당의 이명박이었다. 노무현은 낙선했다(노무현은 이명박이 선거 비용 초과 지출 혐의로 의원직을 잃어 1998년 치러진 보궐선거에서 당선되었다). 1992년 총선, 1995년 부산시장 선거에서 연거푸 낙선한 뒤 또 실패한 것이다. 낙심이 컸다. 이때 노무현을 달래준 것이 골프였다. 그는 골프에 입문해 재미를 들였다. 그는 골프 관련 책을 읽어 머릿속으로 이해를 한 뒤 연습을 했다. 비디오를 보기도 했다. 이런 자료를 보면서 근육의 각도까지 생각할 정도였다고 한다. 머리가 정리되어야 몸이 움직이는 형이다. 컴퓨터를 처음

샀을 때도 당시 중학생이던 아들과 함께 모두 분해를 해보았다고 한다. 코치가 이야기하는 대로 자세를 따라하고 100번을 치라 하면 실제로 100번을 치는 스타일이었다.

본격적으로 골프를 한 것은 2000년 해양수산부장관이 된 이후다. 아침 일찍 연습장에 들렀다가 출근했다. '골프를 하지 않으면 같이 어울리지 않겠다'는 주변의 '협박' 때문에 열심히 하게 되었다. '장관이 너무 일찍 출근하면 아랫사람들이 불편해한다'는 참모들의 조언도 있고 해서 이른 아침 골프장을 먼저 들렀다. 이 당시 노무현은 골프를 아주 좋아하게 되어 "골프는 참 재미있는 운동"이라고 말하기도 했다. 노무현은 이때부터 대권을 생각한 것으로 보인다. 대선에 도전하려면 기업인들의 도움이 필요했다. 그래서 주말이면 연고 지역인 부산·경남에 내려가 기업인들을 만났다. 그런데 대부분 기업인들은 주말에 골프를 했다. 이들과 약속을 하려면 골프를 해야 했다. 그래야 자연스럽게 만나고 이야기도 훨씬 쉬워졌다. 이때 핵심 참모 안희정, 이광재 등이 골프를 "적극적으로 하시라"고 조언했던 것으로 보인다. 안희정은 골프를 잘했다. 타수가 80대 초반 정도였다. 노무현이 운영하던 자치경영연구원의 살림을 맡고 있었는데, 종종 내기 골프를 해서 딴 돈을 사무실 운영 경비에 보태기도 했다고 한다. 이광재도 보기플레이 정도를 했다. 이들의 조언도 있고, 노무현 나름대로도 이후 교류의 폭을 넓히는 데 활용해보자는 생각을 하게 되면서 골프를 더 열심히 했을 것이다.

민주당 대선 후보 경선 과정에서도 골프는 노무현에게 효자 노릇을 했다. 2001년 11월 노무현은 이해찬을 찾아갔다. "대선 후보 경선에 나가는

데 도와주십시오"라고 했다. 당시만 해도 노무현은 현역 의원도 아니었고, 누구 하나 관심을 가지는 사람이 없었다. 이해찬은 4선의 중진 의원이었다. 이해찬은 즉답을 피하고 "골프나 한번 하시죠"라고 했다. 그래서 노무현, 이해찬, 원혜영, 유인태가 함께 안산의 제일CC에서 만났다. 노무현은 이날 89타를 치면서 골프도 잘되었고, 이해찬과 대화도 잘되었다. 이날 골프로 노무현은 이해찬을 얻어 경선에서 이겼고, 대선도 이겼다. 물론 이날 이후로 경선과 대선 본선으로 눈코 뜰 사이가 없어서 골프를 못했다.

대선이 끝나고 노무현은 2003년 1월 대통령 당선자 신분으로 집 근처 골프연습장에 공개적으로 나갔다. 대통령에 취임한 후에는 고민했다. 참모들 사이에도 논쟁이 심했다. 대통령이 골프를 하는 것이 괜찮은지를 두고 생각이 여러 갈래였던 것이다. 그러던 중 2003년 4월 10일 국세청장 이용섭이 먼저 선수를 쳤다. "재임 기간 중 골프를 치지 않겠습니다. 골프를 하려면 내가 비용을 계산해야 하는데 현재 봉급 수준으로는 남의 신세를 지지 않을 수 없기 때문입니다." 이렇게 치고 나온 것이다. 외부 청탁을 받아 골프장 예약을 해주는 공무원은 징계하겠다는 이야기도 했다. 대통령과 코드를 맞춰보겠다는 것이었다. 노무현은 진보 진영의 대통령이고 서민 대통령이기 때문에 공직자가 골프 치는 것을 꺼릴 것이라고 짐작하고 한 발언이었다. 이용섭의 발언을 두고 청와대 참모진은 갑론을박했다. "노 대통령의 생각이 그게 아니라고 이야기를 해야 한다"는 쪽도 있었고, "그냥 두자"는 쪽도 있었다. 결론은 이용섭의 발언을 직접 언급할 필요 없이 대통령이 골프하는 모습을 보여주면 된다는 것이었다. 당시 정무수석 유인태의 생각이 많

대통령에 취임한 후에 노무현은 골프를 하는 것을 두고 고민했다. 서민 대통령 이미지에 손상을 입을까 하는 우려 때문이었다. 고민 끝에 그는 경제 활성화 차원에서 골프를 장려하기로 했다.

이 작용했다. 유인태는 골프금지령을 '구닥다리 같은 생각'이라 여겼다. 경제가 돌아가려면 돈을 쓰는 것도 중요하고 대통령이 골프를 하는 것은 이에 도움이 된다는 생각이었다. 이런 생각을 노무현에게 이야기했고 노무현도 동의해 골프를 하는 것으로 결론을 냈다.

2003년 4월 16일 한일 국가대표 축구 경기가 있었는데, 전반이 끝나고 대한축구협회장 정몽준, 일본축구협회장 가와부치 사부로川淵三郞 등과

골프에 얽힌 정치__1부

가볍게 환담하는 자리가 있었다. 가와부치 사부로가 "차만 타고 다니면 운동이 부족해지는데, 혹시 골프를 하십니까?" 하고 물었다. 여기에 노무현은 "배우는 중입니다. 골프를 좀 하려고 합니다"라고 했다. 임기 중에도 골프를 하겠다는 생각을 공식화한 것이다. 여론은 분분했다. "서민 대통령이 서민의 고통을 벌써 잊었는가?" 하는 비판이 많았다. 그런가 하면 "얼어붙은 경기를 살리기 위해서는 소비를 진작시켜야 되고 대통령의 골프는 소비를 살리는 데 도움이 된다"는 의견도 있었다. "그냥 내가 골프를 너무 좋아해서 친다고 하면 될 것이지 왜 경제 운운하나. 너무 속 보인다"는 시니컬한 반응도 있었다.

다음 날인 2003년 4월 17일 노무현은 청남대로 3당 대표를 초청해 골프를 했다. 민주당 정대철 대표, 자민련 김종필 총재, 이원종 충북지사가 참석했다. 박희태 한나라당 대표 권한대행은 골프하는 모습이 국민들에게 보이는 게 부담스러웠던지 참석하지 않았다. 대신 이원종 지사가 참석했다. 골프를 아주 좋아하는 박희태는 나중에 골프장 캐디를 성추행해 물의를 일으키기도 했는데, 당시에는 공개적으로 골프하는 정도도 부담스러워했던 것 같다. 노무현은 이튿날도 청남대 골프장을 돌았는데, 언론에는 비밀로 했다. 대통령이 이틀 연속 골프를 쳤다는 이야기는 노무현으로서도 크게 부담스러웠던 것이다.

2003년 5월 3일에는 장관, 청와대 수석비서관 등과 함께 태릉CC에서 골프를 했다. 김세옥 경호실장, 김화중 보건복지부 장관, 김진표 경제부총리, 권오규 정책수석, 이해성 홍보수석, 유인태 정무수석, 조윤제 경제보좌관, 반기문 외교보좌관, 김희상 국방보좌관, 김태유 정보과학기술보좌관 등이 함께했다. 노무현은 이날 생애 첫 버디를 했다. 17번 파4홀에서 2타 만에 공을 그린에 올리고 1퍼팅으로 공을 집어넣었다.

열린우리당 당의장 정동영, 원내총무 김한길 같은 당의 주요 인사, 각국 대사들과 골프를 하기도 했다. 주로 이용한 것은 충주의 시그너스 골프장. 노무현의 후원자 강금원 창신섬유 회장이 소유한 곳이다. 여기서 2003년 11월 강금원과 부부 동반 골프를 해서 문제가 되기도 했다. 강금원은 노무현이 운영하던 생수회사 '장수천'에 보증을 서 어렵게 된 이기명(노무현의 후원회장을 한 적 있다)의 땅을 18억 원에 사준 사람이다. 현직 대통령이 일하는 토요일에 사업하는 사람과 골프를 했다는 것이 문제가 되었다.

재미있는 것은 이날 골프를 마치고 이들 부부가 저녁을 같이 먹었는데, 그 자리에서 강금원 회장의 부인이 노무현에게 "이제 싸움은 좀 그만하고 서민들을 위한 정치를 해주세요. 우리는 괜찮지만 서민들은 정말 힘들어하고 있습니다"라고 말한 것이다. 그래서 자리가 일순간 싸늘해졌다. 강금원도 얼굴이 굳었다. 하지만 노무현이 "열심히 하고 있습니다. 지켜봐주십시오"라고 하며 넘어갔다. 이렇게 대통령과 사적인 자리를 갖다보니 강금원에게는 '사설 부통령'이라는 별칭까지 붙었다. 골프 때문에 이처럼 구설수에 올랐지만 노무현은 크게 괘념하지는 않았다. 진보 진영의 대통령이지만 골프를 하는 데 거리낌이 없었다. 국정에 바빠 자주 못 치는 것을 안타까워하기도 했다.

"건강관리를 위해 가끔 골프를 치고 싶은데 못 칩니다. 태풍이 오니까 못 치고, 우리 국민이 외국에서 변을 당해 못 치고, 또 뭐하는데 못 치고, 그런 사연을 다 빼면 1년 내내 골프 칠 수 있는 날이 별로 없습니다"라고 한 것이다. 바쁘기도 하고 대통령으로서 함부로 처신하기도 어려워 마음대로 하고 싶은 골프를 못하는 마음을 표현한 것이다. 그렇게 마음껏 하지는 못했겠지만 웬만큼은 했다. 2005년 5월에는 김원기 국회의장, 최종영 대법원장, 이해찬 국무총리 등 3부 요인들과 골프를 하기도 했다. 점심과 골프를 하면서 당시 현안이었던 로스쿨 도입, 형사소송법 개정 문제를 논의했다.

노무현의 드라이버샷은 꽤 수준급이었다고 한다. 재임 시에도 가끔 연습장에 나가 넥타이도 풀지 않은 채 드라이버샷을 했다. 그걸로 스트레스를 풀고 기분 전환을 한 것이다. 드라이버샷이 좋았던 것은 그 때문인 것 같다. 전반적으로 실력은 90대 중반 정도. 좋아하는 것에 비하면 그다지 잘하는 편은 못된다. 첫 버디도 골프 시작한 지 7년 만인 2003년에 했으니까 이른 것은 아니었다. 역시 골프는 머리나 공부만으로 하는 것이 아니다. 오히려 그의 부인 권양숙이 더 잘 쳤다고 한다.

골프에 대한 우호적인 인식을 가지고 있었기 때문에 퍼블릭코스에 대한 세금을 완화해 골프 대중화에도 기여했다. 재정경제부를 중심으로 버려진 농지를 활용한 '반값 골프장'을 추진하기도 했다. 여행 수지 적자를 줄이고 골프 대중화도 촉진시키려는 정책이었다. 하지만 실패했다. 골프장은 땅값이 평당 5만 원 정도라야 수지가 맞는데, 농지는 싼 곳도 20만 원가량 했다. 결국 탁상행정으로 끝났다.

노무현은 골프를 좋아하고 골프에 대해 우호적이었지만, 경계할 것을 분명히 경계했다. 그는 대통령이 되기 전부터도 얻어 치는 것을 싫어했다. 임기 중에도 공무원들이 공짜로 골프 치는 것은 못 하도록 했다. 공무원이 내기 골프를 하는 것도 금지했다. 뇌물수수의 방법으로 이용될 수 있기 때문이었다. 기업의 골프 접대비를 손비損費로 인정해주지도 않았다.

미국의 골퍼 대통령은 대부분 민주당

골프를 즐기고 잘했던 미국 대통령은 너무 많은데, 눈에 띄는 골퍼 대통령은 민주당이 더 많다. 윌슨, 프랭클린 루스벨트, 케네디, 클린턴, 오바마 등. 이들은 골프에 대한 열정 또는 골프의 수준 면에서 다른 대통령들보다 앞섰다. 물론 공화당 대통령도 골퍼가 많았지만 두드러진 사람은 아이젠하워와 포드 정도다. 이런 현상을 어떻게 보아야 할까?

우선, 이를 두고 '민주당 소속이기 때문에 골프를 더 좋아한다'고 말하기는 어렵다. 민주당 소속인 것과 골프를 좋아하는 것을 연결시키기는 어려운 것이다. 미국에서 골프와 이념은 별개다. 민주당 소속이라고 해서 골프를 비판하고, 공화당 소속이라고 해서 골프를 옹호하지는 않는다는 것이다. 그만큼 골프가 대중화되어 있기 때문이다. 미국의 골프 인구는 3,000만 명 정도도 된다. 퍼블릭 골프장은 2만 원짜리도 있다. 물론 50만 원 줘야 한 번 라운딩을 할 수 있는 곳도 있지만, 저렴한 곳도 많다. 따라서 우리처럼 골프＝귀족 스포츠의 이미지가 약하다. 영국과 비슷하다. 나도 영국에 있을 때 이

옷집 주민하고 골프를 몇 번 했는데, 그는 근처 공장에서 일하는 블루칼라였다. 그럼에도 그는 가끔 그렇게 골프를 했다. 골프나 테니스나 별 차이가 없는 것이다. 그러니 '공화당은 골프와 친해도 되고, 민주당은 골프를 멀리해야 된다'는 생각은 미국에서는 하기 어렵다.

미국에서 대통령이 골프를 하기 시작한 것은 100년 전의 이야기다. 20세기 초의 태프트 대통령부터 골프를 시작해 지금의 오바마까지 대부분의 대통령이 골프를 했다. 대통령 골프를 당과 연결시키면 어느 쪽도 공격할 수 있고, 공격을 당할 수도 있다. 그러니 "너희 공화당 대통령은 왜 골프를 그렇게 많이 치냐?", "너희 민주당 대통령은 골프를 너무 좋아하는 것 같다" 등의 이야기를 하지 않는다. 다만 골프를 문제 삼을 때는 "왜 이라크에서 우리 병사들이 죽어가는 사이에 골프를 했나?", "오사마 빈 라덴 사살이라는 중대 작전을 하는 중에 골프장에 있었다니 말이 되는가?" 이렇게 구체적인 상황을 문제 삼는다. 그러지 않고는 문제 제기 자체가 안 되는 것이다.

어쨌든 이렇게 미국에서는 골프와 정당을 연결시키기 어려운데, 그렇다면 왜 민주당 대통령들이 골프에 두드러진 사람이 많을까? 답은 '대통령의 리더십 유형과 관련이 있기 때문'이다. 제2부에서 살펴보겠지만 다양한 대통령의 유형 가운데, 야수형과 승부사형은 정열을 다 바쳐 일하는 스타일이다. 국가를 위하고 국민의 복지 증진에 큰 기여를 해보겠다는 신념이 강한 대통령들이다. 이런 유형의 대통령 가운데 민주당 소속이 많았다. 윌슨과 클린턴은 야수형, 프랭클린 루스벨트와 케네디, 오바마는 승부사형이다. 승부사형은 대통령의 일에 정열을 쏟다 보니 중압감이 많다. 그런 중압감과 스트레스를 사전에 예방하려는 활동들을 나름대로 하기도 한다. 골프는 그런 용도로 쓰였다. 결국 골프로 유명한 대통령이 민주당 소속이 많은 것은 민주당 대통령 가운데 일 많이 하는 대통령이 많았기 때문이다.

그들은 왜 골프를 좋아하나

진보적 대통령들이 골프를 좋아하는 이유는 여러 가지로 생각해볼 수 있다. 첫째는 개인적 선호다. 스포츠를 좋아하는 경우다. 윌슨이나 케네디, 클린턴, 오바마 등 골퍼로 유명한 미국의 민주당 소속 대통령이 대부분 여기에 속한다. 오바마는 농구도 수준급이다. 고등학교 때 학교 대표선수를 했을 정도이다. 그만큼 운동을 좋아하는 성격이고 그 연장선상에서 골프도 즐기는 것이다. 총리를 했던 이해찬도 여기에 든다. 너무 좋아하면서 분별없이 골프를 해서 눈총도 받았고, 결국은 골프 때문에 자리를 내놓았다.

둘째는 스트레스 해소를 위해서 골프를 하는 경우이다. 노무현은 여기에 해당한다. 노무현은 야수형이다. 야수형은 결코 국정 수행을 즐기는 형은 아니기 때문에 스트레스를 많이 받을 수밖에 없다. 그렇게 생긴 스트레스를 무엇인가로 해소를 해야 되는데, 골프도 하나의 주요 수단이 되는 것이다. 골프는 단순성이 주요 특징이다. 채 하나를 들고 공 하나를 때리면 된다. 그래서 구멍 하나에 넣으면 되는 것이다. 그렇게 단순하면서 중간에 아기자기한 과정이 숱하게 있다. 잘못하면 러프에 빠지고, 더 잘못하면 물에 빠진다. 여기를 피하려다 보면 벙커가 기다린다. 이런 저런 과정을 거쳐 그린에 올라가면 홀이 또 공을 쉽게 안 받아준다. 단순하면서도 아기자기한 스토리가 있는 골프는 사람을 몰입하게 하는 재주가 있고, 그래서 대통령들이 여기 의지한다.

오바마도 중압감과 스트레스를 잊는 방법으로 골프를 하는 경우다. 그래서 친한 친구들하고 주로 골프를 한다. 실제로 오바마는 대통령직에 있으면서도 일과 가정, 개인사를 적절하게 조화시키면서 스트레스 관리를 효율적으로 해왔다. '세계의 대통령'으로서 많은 업무를 처리하면서도 오후 6시 28분이 되면 백악관 2층의 관저로 퇴근해 6시 30분에 가족들과 함께 식사를 한다. 물론 정상회담과 같은 주요 일정이 있으면 어쩔 수 없지만, 통상은 그런 일정을 지키려 한다. 그래서 참모진도 6시 15분이 되면 오바마를 회의에서 해방시킬 수 있는 방법을 고민한다.

저녁 식사 이후 2시간은 가족과 함께 시간을 보낸다. 주로 두 딸, 말리아·샤샤와 이런저런 이야기를 나눈다. "내 하루의 하이라이트는 딸들 이야기를 듣고, 그들이 똑똑하고 재미있고 착한 숙녀로 크는 것을 지켜보는 일"이라고 말할 정도이다. 잠자기 전 30분 정도는 책을 본다. 주로 재미있는 소설을 본다. TV를 볼 때도 있다. TV는 스포츠 중계만 본다. 그렇게 스트레스를 관리하면서 대통령으로서 중압감을 이겨낸다. 가까이 지내는 참모들, 어릴 적 친구들과의 골프도 이러한 스트레스 관리의 한 축으로 이용되고 있는 것이다.

셋째는 경제 활성화의 수단으로 골프를 다루는 경우가 있다. 김대중이

루스벨트는 골프를 못했지만, 산업 측면에서 골프를 보고 활성화시킨 대통령이다.

그랬고 프랭클린 루스벨트도 그랬다. 루스벨트는 39세에 다리에 소아마비가 와서 이후 골프를 못했지만 그전에는 골프를 좋아했다. 골프에 대한 이해도 높았다. 특히 산업 측면에서 골프를 보았다. 그의 재임 시에는 대공황이 미국과 세계를 덮고 있었다. 그가 채택한 것은 뉴딜New Deal정책이라고 이름 붙인 수요창출전략이었다. 수요를 창출해야 공장이 돌고 그래야 경제가 살고 실업자는 줄어든다는 존 케인스John Keynes의 이론에 따른 것이다. 댐을 건설하고 도로를 놓고 국가적인 큰 사업들을 벌였다. 골프도 산업 활성화에 도움이 될 것으로 생각했다. 공공사업계획에 250여 개의 퍼블릭 골

골프에 얽힌 정치__1부

프 코스 건설도 집어넣었다. 골프장 건설로 지방의 건설업을 활성화하고 일자리도 만들면서 소비 진작에도 기여하도록 하겠다는 복안이었다. 그래서 골프장이 많이 늘었고, 그린피도 내려가 골프 인구가 수십만 명으로 늘어나는 계기가 되었다.

넷째는 보수에게 다가가기 위한 전략으로 골프를 활용하는 경우도 있다. 김대중의 골프 대중화는 이런 산업 측면과 함께 보수 포용의 성격을 갖고 있었다. 김대중은 당선 당시까지만 해도 레드 콤플렉스에 시달리고 있었다. 극우세력은 여전히 김대중을 빨갱이로 보고 있었다. 김종필과 DJP연합을 이룬 것은 기본적으로는 지역 간 연대를 통한 득표 증가를 노린 것이지만, 보수의 아이콘 JP를 끌어들여 좌파 이미지를 약화시키려는 의도도 큰 것이었다. 집권 후에도 김대중이 경제부처 수장과 함께 가장 고민을 많이 해서 임명한 자리가 통일부 장관이다. 뜻밖에 강인덕이었다. 중앙정보부에서 북한국장까지 지낸 아주 보수적인 인사였다. 그런 인물을 통일부 장관으로 임명해 보수의 지지 속에서 대북정책과 통일정책을 끌어가려 한 것이다. 취임 직후 골프금지령을 풀고, 얼마 후 골프 대중화를 선언한 것도, 있는 사람들의 스포츠인 골프에 대한 우호적인 의식을 분명히 함으로써 그들의 호감을 얻고, 나아가 그들의 지지까지 얻으려는 전략이었다고 할 수 있다.

과거 야당 정치인 가운데는 유진산이 골프를 좋아했다. 그가 골프를 한 것도 교류의 폭을 넓히려는 것이었다. 그의 골프 파트너 가운데 하나가 이원만이었다. 이원만은 코오롱그룹을 창업한 이로, 이동찬 전 코오롱 회장의 부친이다. 일제시대 일본에서 피복회사를 설립해 사업을 했고, 1957년 한국나이론을 세워 사업을 크게 확장했으며, 1970년대에는 코오롱그룹을 세웠다. 그러면서 1960년부터 정치도 했다. 1960년에는 민주당, 5·16 쿠데타 이후인 1963년에는 공화당으로, 1967년에도 공화당으로 출마해 당선되었다. 기업을 운영하고 있었기 때문에 의정 활동은 열심히 하지는 못했다. 공부를 많이 한 것도 아니었다. 일본대학을 중퇴한 것이 학력의 전부였다. 그러다 보니 해프닝도 있었다. 본회의 발언을 하면서 비서들이 써준 원고를 읽었는데, 닉슨 '독트린'을 닉슨 '도토리'로 읽어 웃음바다를 만들기도 했다.

유진산은 특히 이원만과 막역하게 지내면서 짓궂게 골프를 한 것으로 유명하다. 러프에 공이 들어가면 동반자가 찾아주는 것이 골프의 기본적인 에티켓인데, 이런 것도 무시했다. 오히려 상대의 공을 감췄다. 그러면 공을 잃어버린 사람은 슬며시 주머니에서 공을 꺼내 "찾았다"고 외치기도 했다. 그러면 다시 숨겼던 공을 내놓으면서 "이건 뭐지?" 했다. 이처럼 옥신각신하면서 골프를 했다. 1960년대 서울CC에 사람들이 그렇게 많지 않았기 때문에 가능한 일이었다. 말다툼이 심해지면 유진산이 먼저 가버리기도 했다. 그런데 멀리는 못 갔다. 이원만이 다음 홀로 가면 유진산이 거기 서 있었다. "왜 안 가고 여기 있소?" 하면 "사람이 오는 건 보고 가야지"라고 했다. 그리고는 서로 웃고 다시 공을 쳤다.

유진산은 그렇게 공화당 의원들과도 어울렸다. 정부를 비판하고 박정희 정권을 질타하면서도 다양한 부류, 다양한 생각을 가진 사람들과 교류하려 했다. 물론 그래서 '사쿠라'라는 비판도 들었다. 하지만 그에게 "정치란

칼로 두부 자르듯이 되는 것이 아니라 토론하고 타협하는 것"이었다. 엄혹한 시절에 야당을 하면서 협상, 타협, 통합에 방점을 두고 정치 활동을 했다. 유진산은 그런 일에 골프를 매개로 삼았다.

다섯 번째는 꽉 막힌 이미지를 벗어나기 위한 것이다. 보수에게 다가가려는 것과는 좀 다른데, 이념적인 측면이 아니라 이미지 측면에서 부드러운 인상을 주려는 것이다. 진보적인 주장을 오랫동안 해온 정치인에게는 통상 융통성이 없고 타협의 여지가 없을 것 같은 이미지가 있다. 좀더 큰 정치를 위해서는 이런 이미지에서 벗어나 포용력 있는 이미지를 갖출 필요가 있다. 골프는 그런 이미지를 갖추는 데 일정 부분 역할을 할 수 있다. 전두환에게 명패를 집어던진 꼬장꼬장한 이미지의 노무현이 골프를 하면서 정가에서는 "노무현도 골프를 한다"는 이야기가 나돌았다. 거기에는 "노무현이 여러 방면에 관심을 갖게 되었구나" 하는 의미가 들어 있었다. 그런 점에서 골프는 노무현에게 플러스 요인으로 작용했다고 보아야 할 것이다.

왜 정치인 골프에 부정적인가

여야를 막론하고 정치인은 대부분 골프를 한다. 안 하는 사람이 왕따를 당한다는 이야기가 돌 정도다. "운동하세요?"라고 물으면 골프를 하느냐는 이야기가 된 지 오래다. 국회의원 선수選數에 비례해 골프 실력이 는다는 이야기도 있다. 한국에서 정치와 골프는 너무 친한 사이가 되었는데, 그 이유를 국회의원 우상호가 세 가지로 요약한 적이 있다. 첫째는 어느 정도 익명성이 보장되는 운동이기 때문이다. 테니스, 축구, 배드민턴 같은 것을 한다고 해보자. 동호회에 들어야 하고, 얼굴 서로 익히고, 서로 속속들이 개인 사정도 알게 되는 불편함이 있다. 그런데 골프는 필요할 때 약속이 만들어지는 대로 운동을 하고 헤어진다는 것이다. 깔끔하고 홀가분한 느낌을 주는 것이다. 둘째는 소풍 가는 기분으로 가는 것이 좋기 때문이다. 골프장은 보통 산속에 있고 멋있는 풍광과 맑은 공기도 제공한다. 산을 오르내리면서 운동도 할 수 있다. 산에서 공을 가지고 노는 것이니 좋아할 수밖에 없다고 한다. 셋째는 주변 사람들이 대부분 골프를 하기 때문이다. 정치인 치고 골프를 안 하는 사람이 거의 없기 때문에 자연스럽게 하게 된다고 한다. 게다가 요즘은 기자들도 대부분 골프를 한다. 그러니 골프를 해야 언론과 접촉할 일이 많아진다. 후원자들도 골퍼들이 많아서 골프장에서 모임을 갖기가 쉽다고 한다. 이런 이유들 때문에 정치에 발을 들여놓자마자 통상은 골프를 함께 시작하는 것이다.

그런데 정치인 골프는 물의를 일으키는 일이 많다. 대표적인 것이 홍문종의 '수해 골프'다. 2006년 7월 당시 한나라당 경기도당 위원장 홍문종은 수해가 심한 상황에서 골프를 쳤다. 비난 여론이 빗발쳐 당에서 제명까지 당했다. 당의 주도권을 놓고 이명박계와 박근혜계가 심하게 경쟁을 하던 때였다. 그래서 친이계가 친박계를 몰락시키기 위해 친박계의 주요 인물인 홍문종의 수해 골프를 언론에 제보했다는 이야기도 있었다.

한나라당 송영선·공성진·김학송 의원의 '피감기관 골프'도 유명한 이야기다. 2006년 9월 해병대사령부에 대한 국정감사를 앞두고 경기도 발안의 해병대골프장에서 골프를 했다. 평일이었다. 당시 KBS 취재진이 취재에 나서자 화장실로 숨어들던 이들의 모습이 가관이었다. 공성진은 "피감기관의 복지시설 점검 차원에서 골프를 친 것"이라는 해명을 해서 더 큰 비난을 샀다. 국회의장까지 지낸 박희태는 2014년 9월 원주의 한 골프장에서 라운딩을 하면서 캐디를 성추행했다가 기소되어 유죄 판결을 받았다.

상대적으로 진보적인 정치인 가운데서도 골프를 좋아하는 사람이 많다. 그러다 물의를 일으키는 일도 물론 왕왕 있다. 2006년 여름 한나라당 홍문종이 수해 골프로 물의를 일으켰을 즈음, 열린우리당의 이호웅, 안영근, 한광원, 신학용 의원도 태국으로 골프 외유를 다녀와 당 내외에서 비난을 받았다. 정세균은 민주당 대표를 하고 있던 2008년 여름 평일에 골프를 쳤다가 곤욕을 치렀다. 휴가를 냈다고 했지만, 18대 국회가 개원한 지 두 달 넘게 원구성을 못한 상태에서 평일에 골프를 쳐서 문제가 되었다. 우윤근, 주승용, 이강래 등 당시 민주당 의원들은 2009년 1월 임시국회 회기 중에 태국으로 골프여행을 다녀와서 여론의 따가운 시선을 받기도 했다.

우리나라도 골프 인구가 500만 명이라고 할 만큼 골프를 하는 사람은 많은데, 정치인 골프에 대해 이렇게 말들이 많은 이유는 무엇일까? 첫 번째는 때와 장소에 대한 분별없이 골프를 하기 때문이다. 평범한 휴일 날 자기 돈 내고 골프를 하는 것을 문제 삼는 일은 없다. 중요한 의미가 있는 날 골프를 한다든지, 피감기관의 골프장 같은 상식적으로 이해하기 힘든 곳에서 골프를 하는 게 문제가 되는 것이다. 두 번째는 의원들끼리 모여서, 또는 의원과 정부 관료, 기업인 등이 어울려 골프를 하면 틀림없이 은밀한 거래를 할 것 같은 인상을 주기 때문이다. 누가 보지 않는 데서 유력 인사들이 삼삼오오 모여서 오랫동안 시간을 같이 보내는 것이 의심을 사는 것이다. 본인들은 산에 소풍 가는 기분으로 간다고 하지만 일반인의 눈에는 그렇게 보이지 않는다는 데 문제가 있다.

이렇게 정치인 골프에 대한 시각은 부정적인데, 특히 진보 성향의 정치인을 보는 시각은 더 곱지가 않은 것 같다. 새누리당 의원들이 골프로 물의를 일으키면 욕을 하면서도 "저 사람들은 어쩔 수 없어"라고 한다. 체념이다. 하지만 야당 의원들이 골프를 하는 경우는 다르다. "국회에 일하러 보내놨더니 골프나 치고 다녀?" 이런 식이다. 배신감이다. 이렇게 야당 의원 골프에 더 부정적인 이유는 두 가지다. 하나는 야당 의원이 사치 운동인 골프를 하는 것 자체를 못마땅해하는 것이다. 야당 의원들이 3·1절에 만나서 축구를 했다고 누가 뭐라고 하겠는가? 우리나라에서 골프를 하려면 한 번에 20만 원 이상 든다. 야당 지지층은 서민들이 많다. 그들에게 20만 원이면 큰돈이다. 조금만 더 보태면 웬만한 월급쟁이 한 달 용돈이 된다. 그들은 야당이 자기들의 처지를 잘 이해하면서 자기들을 대변해주기를 기대한다. 하지만 야당 의원들의 골프, 특히 분별없는 골프 소식이 전해지면, '그게 그런 것이 아니구나' 하고 생각하는 것이다. 서민들이 야당 의원의 골프에 특히 흥분하는 또 다른 이유는 민생을 돌보는 일에 올인하지 않는다는 생각 때문이다. 서민을 생각하고 그들을 위한 법안을 고민한다면 어떻게 골프장에 갈 생각을 할 수 있느냐 하는 것이다. 실은 논리적으로 따지면 민생을 고민하면서도 휴일에는 쉬고, 형편이 되면 친구들과 골프를 할 수도 있는 것이다. 하지만 일반 국민의 감정이 그렇게 논리적으로 접근할 만큼 여유롭지는 못하다.

이런 국민 정서에 대해 야당 의원들이 "이제 우리나라도 골프가 대중화되었지 않느냐, 정치하는 사람들도 운동하고 여유를 즐길 권리가 있다"라고 말한다면 국민과 교감하려는 의지가 떨어지는 것이다. "억울하면 돈 벌고, 억울하면 국회의원 되라"고 말하는 것과 같다. 운동이 필요하다고 생각한다면, 시간이나 장소, 동반자, 비용 부담 등 모든 면에서 깨끗하고 투명하게, 그러면서 소리 나지 않게 조용히 하는 것이 옳겠다.

제**2**부

골프로 보는
대통령의
통치 스타일

6장

대통령의
여러 유형

매코비의 분류:
승부사형, 야수형, 장인형회, 회사원형

대통령의 유형은 다양하게 나뉜다. 대통령의 성격과 태도, 자질 등을 중심으로 유형화가 이루어지는가 하면, 국정 운영의 스타일에 주목하면서 유형을 나누기도 한다. 가장 잘 알려는 분류 방법은 미국 듀크대학의 교수였던 제임스 바버James Barber의 것이다. 바버는 대통령이 직무에 쏟는 에너지가 많은지 적은지를 기준으로 적극적active · 소극적passive 유형으로 나눴다. 또 대통령직을 즐기면서 하는지 그렇지 않은지를 기준으로 긍정적positive · 부정적negative 유형으로 구분했다. 이를 조합하면 적극 · 긍정적, 적극 · 부정적, 소극 · 긍정적, 소극 · 부정적 형태의 네 가지 스타일로 유형화된다. 비슷한 분석이 미국의 정신분석학자 마이클 매코비Michael Maccoby에 의해 이루어졌다. 그는 바버의 분류상 적극·긍정형을 더 알아듣기 쉽게 승부사gamesman형이라고 이름 붙였다. 적극·부정형을 야수jungle fighter형, 소극·긍정형을 장인craftsman형, 소극부정형을 회사원companyman형이라고 했다. 정치학적으로는 바버의 분류가 더 유명하지만, 매코비의 용어가 이해하기는 쉽다.

승부사형은 대통령 직무에 에너지를 적극적으로 쏟으면서 일을 대하는 태도도 긍정적인 경우다. 국정 운영에 적극적이면서 즐기면서 일하는 자세를 보이는 만큼 큰 성과를 내는 경우가 많다. 가장 이상적인 형태라고 할 수 있지만, 항상 성공적인 결과만을 가져오는 것은 아니다. 미국 대통령 가운데는 토머스 제퍼슨, 프랭클린 루스벨트, 해리 트루먼, 존 F. 케네디, 제럴드 포드가 여기에 해당한다. 실패한 대통령이지만 지미 카터도 이 유형이고, 아프가니스탄과 이라크 침공으로 세계의 지탄을 받은 조지 부시도 적극·긍정형이다.

야수형은 일에 에너지는 많이 쏟아붓는데 즐기면서 일하지는 못하는 스타일이다. 대통령 직무를 투쟁의 일환으로 본다. 일에서의 성취와 그것의 국민에 대한 기여에도 관심을 갖고 있지만, 그보다 우선적인 관심은 권력의 획득과 유지다. 통상 이런 대통령은 정서 불안의 모습을 보인다. 이승만과 박정희, 김대중, 전두환, 노무현, 이명박, 박근혜 등 대부분의 한국 대통령이 여기에 해당한다. 에이브러햄 링컨, 우드로 윌슨, 존 애덤스, 허버트 후버, 린든 존슨도 이 유형이다. 리처드 닉슨도 실패한 대통령이지만 여기에 속한다.

　장인형은 대통령 직무에 에너지를 그다지 쓰지 않으면서도 일은 즐기는 스타일이다. 자신의 전문적인 능력으로 일을 즐기면서 하는 형태여서 장인형이라고 이름이 붙었다. 일은 주변의 참모들과 협의해서 처리한다. 결단은 부족하고 우유부단하다. 신념은 약하지만 도덕성은 높다. 제2공화국의 총리 장면이 여기에 해당한다. 제임스 매디슨, 윌리엄 태프트, 로널드 레이건이 장인형이다. 실패한 대통령 가운데는 워런 하딩이 이 유형이다.

　회사원형은 업무에 많은 에너지를 쏟지도 않으면서 즐기기도 못하는 대통령이다. 대통령직을 의무로 생각하면서 국민의 요구에 귀를 기울이기는 하지만 문제를 적극적으로 해결하려 하지는 않는 유형이다. 최규하, 노태우가 여기 속한다. 미국의 초대 대통령 조지 워싱턴이나 34대 대통령 드와이트 아이젠하워는 국민의 부름에 따라 대통령에 출마해 당선되기는 했지만 대통령 자리에 애착이 없었다. 워싱턴은 두 번의 임기가 끝나고도 계속 대통령 자리를 지켜달라는 국민들의 요청을 거절하고 고향 버지니아로 돌아갔다. 실패한 대통령 가운데는 캘빈 쿨리지가 여기에 해당한다.

김호진의 분류:
거래형, 승부사형, 지사형, 테크노크라트형, 수습사원형

매코비의 유형화를 응용해 고려대학교 명예교수 김호진은 『한국의 대통령과 리더십』(청림출판, 2010)에서 한국의 정치인 유형을 거래형, 승부사형, 지사형, 테크노크라트형, 수습사원형으로 구분한다. 거래형은 협상과 타협에 능한 정치인이다. 일정한 주고받기를 하면서 일을 성사시키는 형태다. 뒷거래와 권모술수에 능해 도덕적으로는 낮은 수준의 정치인 유형이 거래형이다. 이들에게는 신념보다는 권력과 사익이 더 중요한 가치다. 밀실 정치와 친하고, 노선을 바꾸고 소속 당을 바꾸는 것이 어려운 일이 아니다. '정치는 가능성의 예술'이라는 비스마르크의 말처럼 거래형의 정치인은 마음만 먹으면 무엇이든 가능하다. 19세기 영국의 정치가 파머스턴 자작Viscount Palmerston은 "국제정치에는 영원한 적도 영원한 친구도 없다"고 했는데, 국내 정치도 마찬가지다. 특히 거래형의 정치인에게는 더욱 그렇다.

승부사형은 정치를 하나의 게임으로 보면서 뒷거래보다는 정면 승부를 통해 문제를 해결해나가는 유형이다. 여론과 대중 정서에 민감하고 필요할 때 결정적 승부를 걸어 원하는 것을 얻어내는 데 능숙하다. 이성적인 토론보다는 감성에 의존하는 정치를 한다. 임기응변에 능해 일시적 인기를 얻을 수는 있지만 종국적인 승리를 얻기는 어려운 정치인의 형태다. 장기적인 안목으로 국가를 경영하기에는 약점이 많다. 승부사형은 진검형과 흥행형 두 가지가 있는데, 진검형은 원칙과 신념으로 상황을 돌파하는 형이고, 흥행형은 인기와 이벤트로 정치를 하는 형이다. 진검형은 공정한 한판 승부로 성패를 가르는 정치인으로 용감성과 배짱이 주요 덕목이고, 흥행형은 기회주의적 이벤트로 승부하는 형이기 때문에 전략적 마인드가 필요하다.

지사형은 양심과 신념, 지조를 중시하는 정치인이다. 협상과 타협보다는 일정한 가치를 실현하기 위한 지속적인 운동을 정치의 본질로 본다. 스스로 생각하는 이상 사회가 있고, 이를 실현하기 위한 방안으로 정치를 하는 경우가 많다. 정치인에게서 양심을 찾는 것은 창녀에게 순정을 기대하는 것과 같다고 하지만, 지사형은 예외다. 대의를 위해 스스로를 희생할 줄 알고, 양심을 져버리는 일을 다른 어떤 것보다 싫어한다. 이상적인 정치인의 유형이지만 현실 정치에서는 찾기 힘들다. 그런 정치인은 현실 정치의 이전투구에서 살아남기 어렵기 때문이다.

　해방 직후 북한 지역의 지도자였던 조만식은 지사형이다. 북한에 진주한 소련군은 당초 조만식을 북한의 지도자로 고려했다. 하지만 조만식은 소련군에 협조적이지 않았다. 특히 소련, 미국, 영국 등 연합국이 조선을 5년 동안 신탁통치한 다음 독립시킨다는 안에 목숨 걸고 반대했다. 그 바람에 소련군의 눈 밖에 나고 가택 연금을 당했다. 그러다 한국전쟁 당시 김일성 정권이 유엔군의 공격을 견디지 못하고 평양을 버리고 북쪽으로 후퇴할 때 조만식을 처형한 것으로 전해진다. 조만식이 '조선의 완전한 독립'이라는 숭고한 가치를 위해 타협을 거부하면서 소련과 멀어질 때, 김일성은 반대로 소련과 긴밀한 관계를 형성해나갔다. 소련 극동군사령부 군사위원 테렌티 슈티코프Terentii Shtykov 중장, 소련군정사령관 이반 치스챠코프Ivan. M. Chistyakov 대장, 소련 군정 정치사령관 니콜라이 레베데프Nikolai Lebedev 소장 등과 수시로 접촉했다. 공식적인 자리뿐만 아니라 비공식적인 향응 자리도 자주 만들어 접촉면을 넓히고 친밀감을 높였다. 결국 소련의 적극 지원을 받아 북한의 유일 지도자가 되었다. 김일성은 조만식과는 대척점에 있는 거

김일성은 소련의 요인들과 긴밀한 관계를 형성하고,
그들의 지원을 받아 북한의 유일 지도자가 되었다. 김일성은 대표적인 거래형 정치인이다.

래형 정치인이었다.

링컨도 지사형에 속하는 정치인이다. '노예해방'이라는 강한 신념을
가지고 있었고, 남북전쟁 와중인데도 1863년 노예해방을 선언해 신념을 실
현했다. 권모술수와 돈이 난무하는 정치판에서 돈을 쓰지 않고 선거를 치렀
다. 1834년 링컨이 일리노이주 주의회 의원 선거에 출마했을 때의 일이다.
자신이 속한 공화당 본부에서 200달러를 지원받았다. 선거가 끝나자 링컨
은 199달러 25센트를 당에 돌려줬다. 75센트만 쓴 것이다. 선거운동을 도
와주는 사람들이 있었는데, 그들에게 음료수를 사주는 데 75센트를 썼을
뿐이다. 돈을 돌려주면서 75센트 사용을 증명하는 영수증도 함께 보냈다.

연설을 위해 시설을 빌리기도 했는데, 여기에는 링컨의 개인 돈을 썼다. 선거운동을 하자면 이동을 많이 해야 했는데, 이는 그가 가지고 있던 말을 이용해서 해결했다. 결국 당의 자금 75센트와 일부 사비만을 들이고 주의원에 당선되었다.

링컨은 한때 가게를 운영하기도 했는데, 당시 거스름돈 4센트(약 450원)를 돌려주기 위해 10킬로미터를 걸어간 적도 있다. 강한 신념만을 지닌 것이 아니라 링컨은 넓은 포용력도 함께 갖고 있었다. 당선 후 국무장관에 임명한 윌리엄 수어드William Seward와 재무장관에 기용한 새먼 체이스Salmon Chase, 법무장관에 발탁한 에드워드 베이츠Edward Bates는 대통령 후보 경선 당시 링컨과 대결했던 인물들이다. 슈워드는 상원의원, 체이스는 오하이오 주지사, 베이츠는 미주리주 판사 출신으로 1860년 공화당 대선후보를 놓고 링컨과 치열한 각축전 끝에 패했다. 심지어 링컨은 자신의 대통령 당선을 '국가적 재앙'이라고까지 악담한 민주당(당시 야당) 인물 에드윈 스탠턴 Edwin Stanton을 전쟁장관으로 임명했다. 그는 예전부터 링컨의 얼굴 생김새를 빗대 고릴라라고 조롱하기도 한 사람이어서 참모들이 그의 입각을 반대했다. 하지만 링컨은 "그 사람이 나를 수백 번 무시하면 어떻습니까? 그는 사명감이 투철해 전쟁장관으로 적격입니다. 지금의 난국을 극복할 수 있는 소신과 추진력을 갖춘 사람입니다"라는 말로 참모들을 설득했다. 사적인 감정을 배제하고 자질과 능력만을 가지고 인사를 한 것이다. 1865년 4월 14일 링컨이 암살되었을 때 스탠턴은 주검을 부여안고 "여기 가장 위대한 사람이 누워 있다"라며 슬퍼했다. 1864년 대선에서는 부통령 후보로 민주당의 앤드루 존슨Andrew Jonson을 발탁했다. 그래서 결국 남북전쟁을 승리로 이끌 수 있었다. 링컨은 정직과 양심, 신념과 함께 포용력을 갖춘 지사형 정치인 이었다.

테크노크라트형은 고도의 전문성을 가지고 있으면서 주요 정책을 입안하고 이를 실현하는 형태로 정치를 하는 유형이다. 관료나 기업가 출신이 통상 여기에 속한다. 합리적이면서 실용적인 것에 우선적인 가치를 둔다. 전문성과 실용성, 합리성은 갖추고 있지만, 대중에게 정책을 전달하는 능력은 떨어진다. 따라서 큰 정치를 하기에는 부족한 점이 많다. 우리나라에서는 노무현 정부에서 총리를 거쳐 대통령 권한 대행까지 맡았던 고건, 미국에서는 클린턴 행정부에서 부통령을 했던 앨 고어가 대표적인 테크노크라트형이다. 고건은 대선에 출마도 못했고, 고어는 승부사형인 부시에게 졌다.

수습사원형은 패기와 참신성을 가지고 있지만 정제되지 않은 정치인이다. 진취적이고 미래지향적이고 개혁적인 특성을 가지고 있다. 하지만 세계관이 편협하고 의욕이 앞설 뿐 안정감은 떨어진다. 참신성과 개혁성 때문에 일시적으로 인기를 얻을 수는 있지만 지속적인 지지를 받으면서 국가 발전에 기여하기는 어렵다. 노무현은 이 유형이 해당된다. 개혁 성향으로 젊은층의 지지를 얻어 당선되었지만, 피아를 분명히 구분하는 분열주의적 화법으로 국민 통합을 이끌어내는 데는 실패했고, 우리 헌정 사상 처음으로 대통령직에 있으면서 탄핵 소추까지 당했다. 물론 당시 다수당이었던 한나라당의 정략적 의도에 따른 탄핵 소추였고, 그에 따라 강한 역풍이 불어 2004년 4월 총선에서 여당 열린우리당이 과반 의석을 차지하기도 했다. 노무현이 권위주의를 타파하고 보다 공평한 사회를 만들기 위해 노력한 점은 인정한다. 하지만 대통령으로서 다양한 세력의 다양한 목소리를 포용하면서 큰 정치를 못한 것 또한 분명하다.

호지킨슨의 분류:
출세주의자형, 정치인형, 기술자형, 시인형

국정 운영의 스타일에 따른 대통령의 분류로는 크리스토퍼 호지킨슨 Christopher Hodgkinson의 것이 잘 알려져 있다. 그는 대통령이 국정을 어떤 관점에서 어떤 목표를 두고 어떤 양태로 운영하는지에 따라 출세주의자형 careerist archetype, 정치인형politician archetype, 기술자형technician archetype, 시인형poet archetype 등 네 가지로 나눈다.

출세주의자형은 가장 중요한 목표가 자기 자신의 출세욕을 충족시키는 것이다. 자기 보존과 자기 이익을 챙기는 일을 가장 우선적으로 한다. 성과 지향적이며 도적적 규범은 주요 관심이 아니다. 출세와 권력 유지, 이익 확보를 위해서는 도덕적으로 지탄받을 만한 일도 얼마든지 할 수 있다고 생각한다. 전두환, 노태우가 여기에 해당한다. 정치인형은 자신의 이익을 무시하지 않지만 우선은 공동체의 이익에 관심을 둔다. 공동체의 목표를 성취하기 위해서는 다른 집단과의 협상, 타협도 마다하지 않는다. 김영삼과 김대중은 이 유형이다. 이승만은 출세주의자와 정치인형의 중간 정도에 위치

한다. 미국의 대통령 중 트루먼과 존슨이 정치인형이다.

기술자형은 원칙을 중시하면서 공정하게 정책을 집행하고, 국정의 능률을 중시한다. 새로운 비전을 제시하면서 창조적으로 국정을 이끌어가기보다는 현존하는 체제를 효과적으로 보전하는 데 관심을 둔다. 장면, 윤보선, 최규하가 이 유형이다. 미국의 38대 대통령 포드도 여기에 해당한다. 시인형은 열정이 넘치는 인간형으로 국민을 위해 자신을 희생하는 대통령이다. 높은 도적적 기준을 가지고 있으며 국민의 복리 증진이 최고의 목표다. 마하트마 간디Mahatma Gandhi와 같은 독립운동 지도자들과 링컨이 여기에 가깝다.

이밖에도 다양한 형태의 분류가 있는데, 김호진은 권력의 집중 정도와 통치 방식에 따라 대통령을 총통형, 집정관형, 공화국 군주형, 미국형, 준대통령형, 상징적 국가원수형으로 분류하기도 한다. 총통generalissimo형은 1인 중심으로 전체주의체제의 대통령이다. 권력을 전적으로 사유화해 입법과 사법, 행정의 삼권을 한 손에 쥐고 있는 대통령이다. 돌연변이형이라고도 한다. 스페인의 프랑코, 독일의 히틀러가 이에 해당한다. 집정관praetorian형은 후진국의 권위주의체제에서 나타나는 대통령이다. 삼권분립이 약한 단계에서 주로 나타나고, 대통령에게 많은 권한이 주어진다. 개발독재자developmental dictator형이라고도 한다. 이승만과 박정희는 집정관형이다. 공화국 군주republican monarch형은 프랑스 제5공화국의 드골de Gaulle처럼 이원집정부제 아래에서 강력한 권한을 가진 대통령이다. 대통령은 국민에 의해 직접 선출되며 의회해산권, 긴급명령권, 계엄선포권, 군통수권 등 강한 권한을 가진다.

　미국형은 삼권분립이 분명하게 확립된 제도 아래의 대통령이다. 입법, 사법, 행정부가 서로 견제하고 균형을 이루면서 국민의 권익 보호를 추구한다. 삼권이 균형을 이룬다는 점에서 균형형이라고 할 수 있다. 준대통령형은 이원집정부제하의 약한 대통령이다. 2008~2012년 사이의 러시아 대통령 드미트리 메드베데프Dmitry Medvedev가 여기에 해당된다. 주요 권한은 당시 총리 블라디미르 푸틴Vladimir Putin에게 있었고, 메드베데프는 외교와 국방에 관한 일부 권한만 가지고 있었다. 상징적 국가원수형은 내각제의 권력 구조를 가진 나라의 대통령이 여기에 속한다. 주요 권한은 총리가 가지고 있고, 대통령은 대외적으로 국가를 대표하는 명목상의 존재에 불과하다. 제2공화국 대통령 윤보선, 독일과 이스라엘 등의 대통령이 상징적 국가원수형이다.

가부장적 권위형 이승만에서 권위적 방관형 박근혜까지

김호진은 『한국의 대통령과 리더십』에서 개성과 통치 행태, 국정 운영 방식 등을 종합적으로 적용해 이승만부터 노무현까지 한국의 역대 대통령을 분류한다. 그 내용을 좀 자세히 살펴보자. 이승만은 가부장적 권위형이다. 한 가정의 가장처럼 분명한 권위와 권력을 가지고 초기 대한민국을 통치했다.

내각제를 논의하고 있던 제헌국회를 압박해 헌법을 대통령제로 바꾸고, 일본의 허를 찔러 평화선(연안 수역 보호를 위한 해양 주권선)을 기습 선포하고, 한민당의 반발을 무릅쓰고 농지 개혁을 단행하고, 전쟁 중에 반공 포로를 석방한 것 등이 가부장적 권위형의 모습이다. 이런 형태의 리더십을 갖게 된 것은 이승만이 미국의 명문 프린스턴대학에서 박사 학위를 받고, 독립운동에 헌신했고, 해방 후 국부 대접을 받으면서 형성된 선지자적 우월 콤플렉스 때문이다. 왕족의 후손이라는 전근대적 신분 의식도 작용했다.

이승만의 가부장적 권위형 리더십은 건국 초기에 나라의 기초를 다지는 역할도 했지만, 통치 형태를 독재화했고, 맹목적 충성심을 기준으로 인사를 하도록 했으며, 인사와 정책에 대한 합리적인 검증 시스템을 불가능하게 만들었다. 결국 그는 4·19 혁명을 맞아 권좌에서 쫓겨났다.

장면은 민주적 표류형이다. 사고가 민주적이지만 중요한 시점에서 필요한 판단과 결단은 하지 못하는 유형이다. 장면은 독실한 가톨릭 신자로 정치인보다는 사제에 가까운 인물이었다. 술도 안 했고 담배도 안 피웠다. 취미가 종교 서적을 읽는 것이었다. 이승만이 권력의 생리를 잘 알고 술수에 능했다면 장면은 민주 질서를 존중하고 원칙에 입각한 일 처리를 좋아했다. 인간적인 면에서도 칭송을 받을 만한 사람이었다. 1956년 정부통령 선거에서 장면은 민주당 부통령 후보로 출마해(대통령 후보는 신익희였는데 선거운동 과정에서 뇌일혈로 사망했다) 자유당의 이기붕을 물리치고 당선되었는데, 그해 9월 민주당 전당대회장에서 저격을 당했다. 다행히 가벼운 상처에 그쳤다. 당시 장면은 저격범을 관대하게 대하라고 부탁했다.

하지만 난세의 지도자는 못 되었다. 400억 원이 드는 대규모 국토건설 사업을 추진하는 등 경제개발에도 착수하긴 했지만 너무 늦게 시작했다. 1960년 8월에 총리가 되어 이듬해 3월 이 사업을 시작했는데, 5월에 박정희의 쿠데타로 그의 국토 건설 계획은 무산되었다. 쿠데타를 막기는커녕 수도원으로 피신해 조롱을 받았다. 리더십과 카리스마가 부족한 인격자였다.

박정희는 교도적 기업가형이다. 가르치고 이끌어가면서 성장과 발전을 이루려는 유형이다. 재임 18년 동안 경제개발에 올인했다. 경제기획원을 세워 경제사령부로 만들고 정부 직제도 전체적으로 개발주도형으로 바꾸었다. 1962년 1월 경제개발 5개년 계획을 시작으로 쉼 없이 성장을 외쳤다. 경부고속도로를 놓고, 포항제철을 건설하고, 울산·구미공업단지를 만들었다. 박정희는 직접 헬멧을 쓰고 건설 현장을 누비면서 경제 건설을 진두지휘했다. 그래서 교도적 기업가형이다. 그 결과 많은 경제적 성과를 이루었다. 하지만 그 사이 민주주의는 유보되었다. 많은 양심 세력과 민주 인사들이 희생되었다. 결국은 부마항쟁이라는 민주화 요구의 소용돌이 속에서 휘하에 있던 중앙정보부장의 총탄에 맞아 숨을 거두었다.

박정희의 교도적 기업가형 리더십은 가난한 어린 시절 경험에서 형성되었다. 먹을 게 없고 학교를 다니기 위해 산에서 땔감을 모아 팔아야 했다. 이런 경험이 성장하면서 강한 보상 심리를 형성한 것으로 보인다. 만주 신경군관학교, 일본 육군사관학교, 해방 후 조선 경비사관학교(육군사관학교의 전신)를 거쳐 오랜 군 생활을 하면서 조직을 꾸리고 이끄는 생리를 깨우쳤을 것이다. 한때 남조선노동당에 가입해 활동한 전력은 집권 이후 반공과 경제성장에 더 진력하게 만들었다. 과거를 문제 삼지 않도록 하기 위해서 오히려 그 반대쪽으로 기운 것이다. 그래서 그의 교도적 기업가형 리더십에 대해서는 지금도 '경제성장을 가져왔다'는 평가와 '민주주의를 후퇴시켰다'는 평가가 엇갈린다.

전두환은 저돌적 해결사형이다. 문제를 보면 생각하기보다는 구체적 행동을 취해 신속하게 해결하는 유형이다. 전두환은 지적이고 민주적인 리더는 아니다. 마음먹은 일이 있으면 부딪혀서 결과를 얻어내는 유형이다. 12·12 쿠데타, 5·18 광주항쟁에 대한 무력 진압, 삼청교육대, 언론 탄압, 정치인 탄압 등은 이런 성격이기 때문에 저지를 수 있었다. 의리를 중시하는 것은 저돌적 해결사형의 한 특징이다. 전두환은 호기로운 보스형으로 군의 사조직인 오성회와 북극성회, 하나회의 리더 역할을 했다. 다른 측면으로 보면 전두환은 후흑형厚黑形이다. 중국 청나라 말기 사상가 이종오李宗吾가 주창한 이론이 후흑학이다. 이종오는 중국의 역대 영웅호걸들의 특성을 연구해 후와 흑의 요건을 갖춘 이들이 부와 권력을 가진다고 주장했다. 후厚는 얼굴이 두껍다는 의미이고, 흑黑은 속마음이 검은 것을 의미한다. 후흑형은 부끄러움을 모르고 측은해하는 마음이 없으며 욕심을 채우기 위해서는 물불을 가리지 않는 형이다.

어릴 적 아버지가 빚보증을 잘못 서 만주로 도주한 뒤 경험했던 가난과 설움이 출세욕을 형성하는 계기가 된 것으로 보인다. 육사 시절 공부는 별로 잘하는 편이 못되어 운동을 중심으로 교우 관계를 형성했고, 이후 군 생활에서도 끼리끼리 어울리면서 패거리를 형성해서 자리를 챙기는 습성을 터득했다. 이런 과정에서 앞에 나서는 일이 많았고, 그러다보니 행동가형·해결사형이 된 것이다. 전두환은 생각 없이 권력을 추구한 결과 대통령이 되긴 했지만, 결국은 부정과 부패에 매몰되었고, 그 결과로 감옥행을 면치 못했다.

노태우는 소극적 상황적응형이다. 적극적으로 나서기 보다는 분위기와 상황의 흐름을 보고 여기에 맞춰서 행동의 방향을 설정하는 유형이다. 노태우는 전두환의 뒤를 좇는 역정에 만족했다. 육군참모총장 수석부관, 청와대 경호실 작전차장보, 보안사령관, 심지어 대통령도 전두환이 물려줬다. 앞에 나서서 책임을 지는 것보다는 뒤에서 조용히 있으면서 필요할 때 조언하고 어느 정도의 실익은 챙기는 유형이다. 이런 유형은 실수나 실언을 매우 경계하면서 문제가 생기지 않도록 관리하는 데 주력한다. 노태우는 연설을 할 때도 써온 자료를 보고 읽는 식으로 했고, 심지어는 농담까지도 써온 대로 했다.

노태우도 6세 때 아버지를 여의고 어렵게 자라 성공과 출세의 욕구는 강했다. 그래서 육사에 진학했고, 보스 기질의 전두환과 친해졌다. 하지만 두 번째에 만족하는 정도였다. 역시 명분과 신념 없이 출세의 길을 추구했기 때문에 집권 후 인사를 사적 채널을 통해서 하는 경우가 많았고, 기업의 돈을 받아 부정 축재했다. 그 바람에 평생의 보스 전두환과 감옥 생활까지 함께 하게 되었다.

김영삼은 공격적 승부사형이다. 자신감 넘치는 적극적인 유형으로 결정적인 시점에 필요한 결단을 단행해 상황을 헤쳐나가는 리더십이다.

1954년 만 26세 때 국회의원 출마와 당선, 1969년 김대중·이철승과 함께 제기한 40대 기수론, 1983년 민주화를 요구하며 단행한 23일간의 단식 투쟁, 1990년 민주자유당·통일민주당·신민주공화당 사이의 3당 합당 등이 승부사로서의 면모를 보여준다. 대통령이 된 이후에도 금융실명제, 공직자 재산 공개, 하나회 청산 등을 단행했다. 과단성 있는 조치들로 평가를 받는 것들이다. 생각이 많은 김대중은 하기 힘든 결단을 한 것이다. 공격적 승부 사형은 치밀성이 떨어지는 것이 단점이다. 김영삼도 감으로 정치를 했을 뿐, 면밀한 사고나 용의주도함, 전문성은 없었다. 그래서 IMF 사태도 맞은 것이다.

　　공격적 승부사형은 과시를 좋아한다. 김영삼이 깜짝 인사를 즐긴 것도 이런 측면이다. 또, 이 유형은 여론에 매우 민감하다. 김영삼이 북한 핵문제를 다루면서 북한과 미국 사이의 회담에 소극적이면서 남북회담에만 관심을 둔 것은 문제 해결보다는 자신의 인기에 더 관심을 쏟았기 때문이다. 나는 당시 북미회담에 참여했던 로버트 갈루치Robert Gallucci(1994년 북미회담 당시 미 국무부 군축 담당 차관보), 조엘 위트Joel Wit(당시 미 국무부 북한담당관), 대니얼 포너먼Daniel Poneman(당시 백악관 국가안전보장회의 선임국장) 등을 만나서 인터뷰를 한 적이 있는데, 이들이 보는 김영삼은 아주 끔직한awful 존재였다. 미국이 북한과 회담을 하려 하면 김영삼은 계속 남북회담이 더 중요하다고 할 뿐 협조하지 않았다는 것이다. 북미회담이 진전되고 남북회담이 안 되면 김영삼의 인기는 떨어진다고 보고 김영삼은 남북회담에 매달린 것이다. 남북회담이 성사되지 않으면 북미회담도 진전될 수 없다고 주장했다. 이런 김영삼의 요구를 받아 미국은 북한에 남북회담을 요구하기도 했지만 북한은 냉담했다. 그럴수록 김영삼의 북미회담에 대한 태도는 부정적이었다. 그런 상황을 관리해가면서 북미회담을 진행하던 당시 미국 협상 팀은 힘겨울 수밖에 없었다.

김영삼은 경남 거제의 선주집 외아들로 유복하게 자랐다. 욕심 많고 고집스러운 성격은 이런 성장 환경에서 길러진 것이다. 명문 학교(경남고, 서울대) 졸업, 장택상 국무총리 비서 경험, 최연소 국회의원 당선으로 이어진 탄탄대로는 그의 자신감과 결단 있는 리더십을 형성하는 데 기여했을 것이다. 하지만 김영삼은 권력욕이 충만하고 승부에 강했을 뿐, 근본적인 문제에 대한 고민은 부족해 집권 이후 아들 김현철의 비리 막지 못했고, 국가를 효율적으로 경영하는 데도 실패했다.

김대중은 계몽적 설교형이다. 많은 정보와 지식을 바탕으로 대중을 가르치고 이끌려는 유형이다. 김대중은 문제의식을 갖기 위해 늘 책을 가까이 했고, 현실감각을 갖기 위해 현장을 방문하고 사람들을 만났다. 그런 노력으로 경제, 외교, 국방, 남북 관계 등 여러 방면에 걸쳐 웬만한 전문가 뺨치는 수준의 전문 지식을 갖췄다. 때문에 국정의 모든 분야를 직접 챙겼다. 만기친람萬機親覽한 것이다. 대중을 상대할 때도 자신의 식견을 바탕으로 설득하려 했다. 70세가 넘은 나이에 대통령이 되었기 때문에 체력이 많이 달렸을 것이다. 국민과의 대화 형식으로 텔레비전 대담을 할 때도 초반에는 기력이 약한 모습을 보이다가 질문을 받고 답을 하는 과정에서 활기를 되찾고 후반으로 갈수록 열정에 넘치는 모습을 보였다.

김대중의 계몽적 설교형 리더십은 고향인 전남 하의도의 일제 강점기 소작쟁의를 지켜보고 조기에 사회문제와 민족문제 등에 대한 인식을 갖게 되면서 시작되었다고 할 수 있다. 목포상고를 수석으로 입학할 정도로 수재형이었던 것도 이러한 리더십 유형을 갖게 된 원인으로 볼 수 있다. 수재형이었지만 해방의 혼란기에 대학 진학을 못하고 고졸 학력으로 그친 것은 이후 학력 콤플렉스로 남아 평생 일하면서 공부하는 근면형이 되게 했다. 이런 것도 계몽적 설교형이 되는 데 기여했다. 그에 대해서도 긍정과 부정의 평가가 공존하지만, 많은 공부를 바탕으로 국정의 방향에 대한 분명한 신념을 가진 상태로 IMF 위기를 극복하고 남북 관계를 크게 진전시킨 부분은 높이 평가해야 할 것이다.

노무현은 탈권위적 실험실습형이다. 군림하지 않으면서 권위주의를 타파하려는 다양한 시도를 했다. 2002년 대선 당시 반미 분위기에 편승해 "반미주의면 또 어떠냐"고 외쳐 젊은이를 열광시켰다. 그런 힘으로 대통령에 당선되었다. 참모들과 토론을 즐겼고, 국무회의도 토론형이었다. 인터넷과 네티즌의 위력을 활용할 줄 알았고, 이를 이용해 메이저 언론과 대결하기도 했다. 시민단체를 국정의 주요 파트너로 인정했고, 이는 국가와 사회의 수평적 관계를 형성하는 데 기여했다. 지나치게 탈권위적이어서인지 그의 화법은 많은 문제를 낳았다. 적과 아군을 분명하게 구분하고, 지지 세력과 반대 세력의 사이를 더 멀어지게 하는 말들을 쏟아냈다.

이러한 탈권위적 실험실습형 리더십은 물론 그의 성장 과정과 관련이 있다. 빈농의 아들로 태어나 상고를 졸업하고 독학으로 사법고시에 합격한 것만으로도 실험적이다. 이후 판사를 하다가 변호사로, 또 인권변호사로, 다시 정치인으로 변신을 거듭하면서 우리 사회의 낮은 곳을 보게 된 노무현은 기존의 질서에 의문을 제기하고 새로운 것을 시도하는 성향을 갖게 된 것으로 보인다. 그의 탈권위적 실험실습형 리더십은 우리 사회의 불필요한 권위주의를 타파하는 데 많은 기여를 했다. 하지만 그런 노무현도 재임 중 비리 혐의로 수사를 받으면서 스스로 목숨을 끊었다.

가장 근래의 대통령인 이명박, 박근혜에 대해서는 리더십 연구가 심층적으로 이루어지지는 않았지만 그들의 통치 행태는 이미 나타나 있기 때문에 리더십 유형을 나름 분류해볼 수 있다. 이명박은 '현실적 상인형'이라고 이름 붙이면 옳을 것이다. 실제의 경제 흐름을 중시하면서 실용주의를 중시하는 유형이다. 이명박은 현대그룹에서 오랫동안 일한 기업가였다. 실물경제에 밝고 어떤 것이 실리를 확보할 수 있는 길인지 잘 아는 인물이다. 현대에서도 전문 경영인으로 더 이상의 실익을 챙기기 어려운 상황이 되자 정치인으로 변신해 그 이상의 실리가 확보되는 길을 걸었다. 서울 시장 재임 시절에는 시민들의 요구가 무엇인지를 적시에 파악해 교통 체제 개편과 청계천 복구 사업으로 자신의 주가를 높였다. 그런 힘으로 대통령까지 되었다.

문제는 철학의 부재다. 복지, 교육, 외교, 남북 관계 등 국정의 주요 문제에 대한 천착이 부족했다. 4대강 사업과 같이 효용성이 모호한 사업에 매달려 많은 논란을 낳았다. 복지 투자는 약했고, 남북 관계는 크게 후퇴시켰다. 현실적 상인형의 눈에는 이러한 것이 중요한 가치로 인식되지 않았던 것이다. 이명박의 이러한 리더십은 상고(동지상고), 상대(고려대 상대)에 이은 실물경제 분야에서 오랜 경력에 영향을 받아 형성된 것으로 보인다. 현장에서 오랜 경험을 쌓았을 뿐, 다양한 이슈에 대한 깊이 있는 공부를 할 수 있는 기회는 갖지 못했다. 오랫동안 언론인으로 활동하다 노동부 장관을 지낸 남재희는 이명박을 평가하면서 '철학 없는 장사꾼'으로까지 표현하고 있다. 『신동아』 2015년 1월에 실린 내용을 보면 "아주 싱거운 사람이에요. 신보수의 힘으로 대통령이 되었는데, 결과적으로는 4대강, 자원 외교, 측근 비리로 형편없게 되었습니다. 철학 없는 장사꾼이라고나 할까"라고 하며 이명박을 혹평하고 있다.

그렇다면 현직 대통령 박근혜는 어떤 유형일까? '권위적 방관형'이라고 표현하면 맞을 것 같다. 권위 의식이 강하면서 핵심적인 부분에 대해서는 책임을 회피하는 유형이다. 박근혜는 소통에 능하지 못하다. 장관들과도 얼굴을 맞대고 1 대 1로 대화하는 경우가 드물다고 한다. 보고도 주로 서면으로 받는다. 청와대 본관의 집무실보다는 관저에서 일하는 걸 더 좋아한다. 『한겨레』 2015년 7월 4일에 실린 정치팀장 이태희의 칼럼 「대통령은 도대체 누굴 만나는 걸까」를 보자.

"대통령이 면담 보고 대신 서면 보고를 선호하고, 본관 집무실 대신 관저에서 업무를 보는 것을 좋아한다는 사실은 널리 알려져 있다. 관저는 대통령 혼자 사는 집으로, 제2부속실 직원들만 오가는 곳이다. 이렇게 되면, 본관에서 근무하는 이병기 청와대 비서실장조차도 수시로 대통령을 면담하기 쉽지 않아 보인다. 이병기 실장과 가까운 인사로부터 '성완종 리스트 초기에 브이아이피VIP(대통령)에게 성완종과의 관계를 모두 보고 드려서 오해를 받는 상황은 아닌 것으로 알고 있다'면서도 이 실장과 대통령의 관계가 편하게 만나는 사이는 아닌 것 같다는 분위기를 전해 들은 적도 있다."

이렇게 소통과는 거리를 두면서도 휘하에 대한 통제는 분명하게 한다. 권한을 나눠주는 형이 아니다. 국가안보실장이 청와대에 있지만 외교·안보·통일문제를 총괄적으로 지휘하는 모습은 관찰하기 힘들다. 외교부장관, 통일부장관이 지금의 한일 관계, 남북 관계 경색을 풀어갈 수 있는 안을 가지고 대통령에게 직언을 했다는 이야기도 못 들어봤다. 모든 부처가 대통령의 입만 쳐다보는 형국이다. 다양한 분야에 깊이 있는 식견을 갖춘 것도 아니면서 모든 일을 스스로 결정하려고 한다. 심지어는 여당 의원들이 뽑은 원내대표도 잘못했다면서 물러나라는 식으로 말한다. 70년대식 권위주의 리더십이다.

권위주의적이면서도 책임은 지지 않으려 한다. 경제가 안 좋은 것은 국회를 탓한다. 국회가 경제 살리기 법을 제때 통과시키지 않았기 때문이라는 것이다. '우리 경제가 불쌍하다'고까지 말한다. 한 나라의 경제를 책임지는 것은 대통령인데, 대통령이 이런 식으로 말하는 것은 책임 회피가 아닐 수 없다. 메르스 사태의 한가운데에서도 '일상으로 돌아가야 한다'고 했다. 삼성서울병원장을 불러서는 머리를 조아리게 했다. 세월호를 두고는 유병언 같은 탐욕 행각은 방치하지 않겠다고 했다. 민간 기업에 책임을 전가한 것이다. 북한에 대고는 늘 진정성을 보이라고 외친다. 남북 관계의 심한 경색은 온통 북한 탓으로 돌리는 것이다.

미국의 33대 대통령 트루먼은 원래 눈에 띄는 정치인은 아니었다. 그런데 1944년 대선에서 부통령 후보가 되었다. 당시 현직 대통령이면서 네 번째 대선에 나선 루스벨트는 몸이 안 좋았다. 민주당 지도부는 루스벨트의 유고에 대비해야 한다는 생각을 했다. 그런데 루스벨트 아래에서 부통령을 하고 있으면서 1944년 대선 부통령 후보로 거론되던 헨리 월리스Henry Wallace는 공산주의자들과 친했다. 민주당 지도부는 루스벨트가 사망한 뒤 월러스가 대통령이 되는 것을 원치 않았다. 그래서 월러스와는 판이한 반공주의자 트루먼이 월러스 대신 부통령 후보로 선택되었다. 얼떨결에 부통령이 된 것이다. 그런데 루스벨트가 네 번째로 대통령이 된 지 3개월도 안 되어 사망하는 바람에 트루먼은 대통령까지 되었다.

이렇게 대통령이 되었지만 그는 역대 미국 대통령 평가에서 항상 상위를 차지한다. 트루먼을 '그저 그런' 정치인에서 그렇게 '괜찮은 대통령'으로 만든 요인은 무엇일까? 밝은 성격, 의리, 친화력 등이 거론된다. 특히 그는 친화력이 좋았는데, 반대편 공화당 의원들과도 친하게 지낼 정도였다. 그러나 그를 좋은 평가를 받는 대통령으로 만든 것은 그의 집무실 책상 위에 있는 명패였다. 거기엔 그의 이름 대신 이런 말이 쓰여 있었다. "책임은 여기에 있다The buck stops here." '모든 책임은 나에게 있다'는 말이다. 트루먼은 이 명패를 하루에도 몇 번씩 보면서 일했다. 그래서 제2차 세계대전을 미국의 승리로 끝낼 수 있었고, 마셜플랜으로 유럽을 살려 소련의 팽창을 막을 수 있었다. 한국전쟁에도 신속히 개입했고, 전쟁 수행을 위한 물자 조달을 위해 미국의 전 제철소에 대한 압류 조치도 할 수 있었다.

박근혜의 책임 회피는 트루먼과 크게 비교된다. '모든 책임은 내가 진

역대 미국 대통령 평가에서 항상 상위를 차지하는 트루먼의 집무실 책상 명패에는
이런 말이 쓰여 있었다. "The buck stops here." '모든 책임은 나에게 있다' 는 말이다.

다'는 자세는 대통령의 태도로서 기본에 해당한다. 그런 것이 분명하게 나
타나도록 화법을 고쳐야 한다. 애매하고 두루뭉술하고 뭐가 뭔지 헷갈리게
하는 말로는 신뢰를 줄 수 없다. 또, 국정의 모든 분야에 개입하면서 작은
문제를 챙기는 것보다는 큰 줄기를 잡고 방향을 설정하는 문제에 집중해야
한다. 그것이 권위적 방관형 리더 박근혜가 하루빨리 고쳐야 하는 점이다.

매코비+호지킨슨 분류:
출세주의자, 야수, 정치인, 승부사, 장인, 회사원, 시인형

위에서 대통령에 대한 다양한 분류를 살펴보았지만, 각각의 분류가 포괄적이지 못하다. 이들의 분류를 종합해서 정리하면 더 포괄적인 분류가 가능할 것 같다. 기본적인 유형은 매코비의 분류를 따르는 게 좋겠다. 일반인들도 쉽게 이해할 수 있는 용어로 되어 있고, 분류도 명확하다. 하지만 승부사와 야수, 장인, 회사원형 네 가지로 분류하는 것은 지나치게 단순하다. 이 분류 체계가 담아내지 못하는 대통령의 유형이 너무 많다. 이 공백을 매워줄 수 있는 것이 호지킨슨이다. 그는 출세주의자, 정치인, 기술자, 시인형 등 네 가지로 리더십 유형을 분류했다. 그 가운데 기술자형은 매코비의 장인형과 겹치고 나머지는 다르다. 그래서 매코비와 호지킨슨을 종합하면 포괄적 유형화가 가능하다. 출세주의자, 야수, 정치인, 승부사, 장인, 회사원, 시인형의 일곱 가지로 리더십 유형을 정리할 수 있고, 이렇게 하면 웬만한 대통령의 유형은 모두 포괄할 수 있게 된다. 어느 대통령이 이 일곱 가지 유형에 해당되고 이들의 골프 특성은 구체적으로 어떤지 차근차근 살펴보자.

7장

출세주의자
야수 · 정치인
유형과 골프

'맘대로 골프' 출세주의자형

전두환의 유아독존 골프

전두환은 전형적인 출세주의자형 대통령이다. 출세욕에 따라 군 생활 당시에도 사조직에 적극 참여하며 리더 역할을 했고, 쿠데타까지 했다. 1979년 박정희가 살해되고 계엄이 선포된 상황에서 상관인 계엄사령관 정승화를 체포해 감옥에 집어넣고 전권을 장악했다. 1980년 5월에는 계엄 해제를 요구하는 광주 시민들을 공수부대를 동원해 진압하는 무자비성을 보였다. 이 사건으로 사망한 사람이 191명, 부상자가 852명이라는 것이 정부의 발표였지만, 이에 대해서는 아직까지도 논란이 있다. 사적인 욕구에 의해 권력을 장악한 만큼 임기 중에도 수많은 기업에게 수천억 원을 받아 챙겼다. 국제그룹과 삼호그룹은 돈을 제대로 내지 않는다는 이유로 해체시켜버렸다. 대통령직을 사리사욕에 이용한 전형적인 경우다.

전두환의 이러한 출세주의자형 스타일은 골프에도 그대로 드러났다. 전두환 골프를 보통 '대통령 골프'라고 한다. 라운딩 할 때 앞과 뒤를 한 홀씩 비우도록 한 것을 두고 이르는 말이다. 그야말로 '자기 맘대로' 골프를 했다. '유아독존唯我獨尊 골프'라고 이름 붙일 수 있겠다. 한번 나가면 몇 팀씩을 거느리고 다녔다. 2~4팀이 함께 골프를 한 것이다. 요란하게 골프를 해야 성에 차는 형이었다. 여론의 따가운 시선을 의식해 골프 행차를 비밀에 부치긴 했지만 지나가는 도로변에 정사복 경찰과 경호원을 위낙 많이 배치해놓아 주변에서 알아차리는 일이 많았다. 한 번은 경기도 용인의 한 골프장에서 라운딩을 하다가 언듈레이션(코스의 높고 낮음)이 심하다며 불평을 하더니 결국 6홀을 마치고는 "무슨 이런 골프장이 다 있어" 하면서 그냥 돌아가기도 했다.

청와대에 골프 연습장을 설치해놓고 연습을 했다. 경호·경계업무를 담당하는 수방사 30경비단의 사병에게 공을 줍게 했다. 청주에 있는 대통령 별장 청남대에는 아예 작은 골프장을 만들었다. 파4 홀 2개를 만들어 그린 5개를 조성한 뒤 9홀 게임이 가능하도록 했다. 파5가 2개, 파4가 5개, 파3가 2개였다. 벙커가 10개 있었고, 그늘집까지 있었다.

해외 순방 중에 골프를 하기도 했다. 1981년 6월 인도네시아를 방문했는데, 거기서 수하르토Haji Mohammad Suharto 대통령과 골프를 했다. 전두환은 군인 출신으로 독재 권력을 행사하면서 자신과 일족의 부를 긁어모으던 수하르토와 동질감을 느꼈던지 그렇게 어울렸다. 두 사람이 라운딩을 하면서 어떤 이야기를 나눴을지 자못 궁금하다. 공식 발표는 양국 정상이 만나 '자원 개발을 비롯한 양국의 협력 관계가 논의되었다'는 것이었다. 하지만 골프를 하면서는 사적인 이야기를 많이 했을 것 같다. 쿠데타 당시 목숨을 내놓고 결전의 장으로 가던 이야기를 했을까? 아니면 "큰일을 위해서는 희생되는 사람도 있어야 합니다" 하면서 자신들이 집권 과정에서 많은 사람을 죽인 것을 서로 합리화하고 위로하는 이야기를 주고받았을까?

전두환은 별을 달면서부터 골프를 시작해 그 후로 무척 즐겼는데, 1976년 6월 청와대 경호실 작전차장보가 되어서는 골프를 멀리했다. 대통령의 경호를 책임진 장성이 골프를 하는 것은 위험한 일이라고 판단했던 것 같다. 잘못하다간 대통령의 눈 밖에 나기 십상이었다. 전두환은 어떤 상황에서 어떻게 처신을 하는 것이 출세에 도움이 되는지 매우 잘 알고 있었고, 아는 대로 실천했다. 게다가 당시 경호실장 차지철이 골프를 하지 않았다. 실장이 안 하는데, 차장보가 골프를 하는 것 역시 출세에 전혀 도움이 안 되는 일이라고 판단했을 것이다. 그렇게 2년을 버티고, 1978년 1사단장으로 나갔을 때 다시 골프를 했다. 골프도 그렇게 전략적으로 했다. 그러고는 1년 있다가 국군보안사령관이 되어 10 · 26을 맞이했고, 12 · 12 쿠데타를 감행해 대통령이 되었다.

골프 친구와 이권 거래를 한 수하르토

수하르토는 1966년 쿠데타로 실권을 쥔 뒤부터 인도네시아를 32년 동안이나 철권통치했다. 집권 과정에서 100만 명 정도를 학살했고, 동티모르를 침공해 20만 명을 또 학살했다. 수많은 반체제운동가들도 그의 손에 희생되었다. 오랜 기간 집권하면서 그는 정치적으로 독재, 경제적으로 부정 축재에 철저했다. 민주주의와 인권은 없었고, 3남 3녀인 자식들은 항공사, 은행, 방송국 등을 가진 재벌로 만들었다. 스스로도 자선 재단을 7개나 운영하면서 국고를 빼돌렸다. 국제투명성기구는 그가 빼돌린 돈이 150～350억 달러에 이른다고 추정했다. 그에 비하면 전두환·노태우는 조족지혈鳥足之血이다.

자신의 출세욕을 충족시키기 위해 쿠데타를 하고, 집권 후에는 독재와 부정축재로 개인적인 욕심을 잔뜩 채웠으니 그는 전형적인 출세주의자형 대통령이다. 인도네시아의 어두운 현대사를 장식한 수하르토도 골프 마니아였다. 스스로 핸디캡 12라고 했다. 이게 공교롭게도 전두환·노태우와 같다. 출세주의자들은 뭐가 통해도 통하는 모양이다. 수하르토는 주변에 골프 친구를 여럿 두고 그들과 수시로 라운딩을 했다. 골프 친구로 친밀해지면 엄청난 이권을 챙겨주기도 했다. 대표적인 경우가 무하마드 하산이다. 그는 수하르토와 골프로 친해져 목재 재벌이 되었다. 인도네시아가 가진 대표 자원인 목재를 독점적으로 생산, 가공해 큰 부자가 된 것이다. 물론 거기서 나온 돈 가운데 많은 부분이 수하르토한테 갔다. 하산이 운영한 합판 회사는 1997년 IMF위기를 맞았을 때 IMF가 독점권 해체를 요구한 대표적인 기업이었다. 이재理財에 밝은 그는, 수하르토가 설립한 여러 재단을 운영하면서 수하르토의 재산을 관리하는 역할도 했다. 나중에 수하르토가 몰락할 때 그도 함께 몰락해 2년 동안 감옥 생활을 했다. 수하르토는 출세주의자형 대통령답게 하산과 같은 또 다른 출세주의자들과 어울리면서 이권을 만들고, 이를 나눠주는 좋은 루트로 골프를 십분 활용했다. 대통령인 수하르토가 골프를 좋아했기 때문인지 인도네시아에서는 1990년대 초반 골프장 건설이 급속하게 확산되었다. 한 장관은 농지를 싸게 업자에게 불하하고 골프장을 짓도록 하기도 했다. 그의 정권에서 장관들은 모두 그의 하수인이었으니까 여기서도 수하르토는 이권을 챙겼을 것이다. 골프하면서 거래하고, 골프장 건설로도 한몫 챙긴 것이다. 골프가 그에게는 돈으로 보였을지 모른다. 이렇게 되자 농민들과 환경운동가, 국회가 반발했다. 하는 수 없이 수하르토가 직접 나서서 일정 지역에 그린벨트를 설치하고, 골프장 건설로 인한 사회문제가 더 이상 발생하지 않도록 하라고 특별 지시를 하기도 했다.

1996년 7월 수하르토는 건강에 이상이 있어 독일의 한 병원에서 진단을 받았다. 진단 결과 큰 문제는 아니었다. 병원 문을 나선 수하르토가 한 이야기는 "골프하는 데 별 문제가 없어요" 였다. 건강에 별 문제가 없다는 사실을 그는 그런 식으로 말했다. 그의 건강의 척도는 '골프를 할 수 있는지 없는지' 였다. 캄보디아 총리 훈센이 동남아시아 국가 지도자들의 골프 실력을 평가한 적이 있다. 그는 수하르토나 마하티르 말레이시아 총리는 자신

수하르토는 골프를 통해 사람들과 어울리면서 이권을 만들고, 이를 나누면서 부정 축재를 일삼았다.
결국 인도네시아는 국가 부도 위기에 몰렸고 1998년 수하르토는 대통령 자리에서 물러난다.
하야 발표를 하는 수하르토.

보다 하수라고 평했다. 그러면서 고촉동吳作東 싱가포르 총리나 피델 라모스 Fidel Ramos 필리핀 대통령은 자신의 적수가 될 수 있을 것이라고 평가했다.

　1997년 동아시아에 불어닥친 금융 위기에 휩쓸려 물가가 천정부지로 치솟고, 이를 못 견딘 시민들은 대규모 시위에 나섰다. 그런데도 수하르토는 사태의 심각성을 전혀 깨닫지 못했다. 1998년 3월 개각을 하면서 자신의 절친한 골프 친구이자 재산 관리인인 무하마드 하산을 무역산업장관에 임명하고, 개혁의 대상이었던 장녀 시티 하르디얀티 루크마나를 사회장관에 앉혔다. 5월 초에는 이집트 카이로에서 개도국정상회담이 열렸는데, 수하르토는 거기에 참석해서도 골프를 하면서 여유를 부렸다.

경제 위기와 시위는 더 심해졌다. 수하르토는 군부에 시위 진압을 명령했다. 하지만 군부는 거부했다. 이를 본 미국도 등을 돌렸다. 그는 결국 그해 5월 말 대통령 자리를 내놓았다. 대통령에서 하야한 수하르토는 자카르타 중심가에 있는 사저에 머물면서 처벌을 요구하는 군중들의 외침을 견뎌야 했다. 사실상 연금 상태였다. 그런데 이런 와중에도 몰래 사저를 빠져나가 골프를 쳤다고 한다.

잘못된 역사를 단죄하지 못하는 것은 우리와 인도네시아가 비슷한 것 같다. 엄청난 부정부패를 저지른 수하르토를 인도네시아는 처벌하지 않았다. 재산관리인 하산이 대신 감옥에 갔을 뿐 수하르토는 처벌도 안 받고, 재산을 내놓지도 않았다. 그의 추종 세력들이 이후 여전히 권력을 쥐고 있었기 때문이다. 2000년에 인도네시아 검찰이 부정부패 혐의로 수하르토를 기소하긴 했지만, 2006년 병이 심각하다는 이유로 불기소처분을 내렸다. 수하르토는 천수를 다하고 2008년 숨을 거두었다.

'한쪽 눈 퍼팅' 훈센

훈센Hun Sen은 캄보디아를 30년째 통치하고 있는 독재자다. 고등학교 중퇴가 학력의 전부다. 1970년대 론 놀Lon Nol 정권 당시 반군 크메르루주Khmer Rouge의 전사로 활동해 1977년에는 동부 지역 특별연대장까지 올랐다.

1978년 아버지가 반혁명분자로 몰려 살해당하자 크메르루주의 지도자 폴 포트Pol Pot에 반대하며 베트남으로 탈출했다. 이듬해 베트남의 지원을 받아 캄보디아 정부를 전복했다. 이때가 28세였다. 이후 캄보디아를 사실상 지배해왔고, 1985년부터 지금까지 총리를 하고 있다. 1979년 군사력으로 정부를 정복했고, 1998년에는 유혈 쿠데타를 통해 공동 총리를 제거해 1인 독재 체제를 구축한 전형적인 출세주의자형이다.

장기 독재는 부정부패를 낳는 법. 훈센 정권에도 부정 선거, 인권 탄압과 함께 부정부패가 만연되어 있다. 정치권과 결탁한 세력이 토지 수탈을 자행해 토지 분쟁이 끊이질 않고 있고, 공무원, 교통경찰, 교사 등 웬만한 공직자들은 뇌물을 챙기기 위해 혈안이 되어 있다. 월급이 적으니 그럴 수밖에 없다. 1인당 국민소득이 3,000달러 정도밖에 안 된다. 교사에게 촌지를 안 주면 학교에 다닐 수도 없다. 그래서 학교 대신 거리에서 구걸하며 헤매는 어린이들이 많다. "원 달러, 원 달러"를 외치며 관광객을 졸졸 따라다니는 아이들이 모두 그런 부정부패의 가련한 피해자들이다.

그는 한국을 엄청 좋아한다. 짧은 기간에 발전을 이룬 것을 부러워한다. 김치를 직접 담글 수 있을 만큼 김치를 좋아한다. 제일 존경하는 인물이 죽은 사람으로는 박정희, 살아 있는 사람으로는 전두환이다. 우리나라 군대도 좋아해 캄보디아군 훈련 교관으로 한국군 특수부대 출신 예비역들을 초청하기도 했다. 장남이 캄보디아군 특전사령관인데, 그도 한국에서 훈련을 받았다.

훈센은 골프도 무척 좋아한다. 축구와 배구, 체스 등 여러 가지 취미를 가지고 있다. 노래를 만들어 가수에게 주기도 한다. 정글에서 모기를 쫓기 위해 18세부터 시작했던 담배도 여전히 즐기고 있다. 텔레비전 2대와 라디오 1대를 틀어놓고 뉴스를 듣는 것도 취미라고 한다. 다양한 취미 가운데서도 골프를 특히 좋아한다. 1990년대 후반부터 하기 시작했다. 동남아국가연합ASEAN 지도자들과 자주 만나는데, 만나면 골프를 하는 일이 많아 배우기 시작했다. 운동을 원래 좋아해 실력은 빨리 느는 편이었다. 요즘은 일주일에 한두 번은 꼭 한다. 자신이 직접 말하는 핸디캡이 8이다. 골프장에 갈 때는 반드시 부인에게 이야기하고 간다. 최소한 5시간 전에는 이야기를 하는데 그날은 보통 저녁을 먹고 들어오기 때문에 미리 이야기를 해주는 것이라고 한다. 2009년 5월에 열린 '한 · 아세안 CEO 서미트'에 참석차 제주도에 왔을 때 골프를 한 적이 있는데 82타를 쳤다. 이명박 정부 당시 이명박의 형 이상득이 캄보디아에 가서 훈센과 골프를 한 사실이 나중에 드러나 둘 사이에 어떤 이야기들이 오갔는지, 골프만 한 것인지 의혹을 사기도 했다.

골프와 관련해서는 기억력이 매우 뛰어나 한 번 라운딩을 한 골프장은 코스의 특징을 모두 기억한다고 한다. 훈센은 1975년 반군전사로 활동하던 중 다이너마이트 폭발 사고로 왼쪽 눈을 실명했다. 그런데 그는 한쪽 눈이 보이지 않은 것이 골프에 유리하다는 요상한 주장도 펴고 있다. 한쪽 눈만을 가지고 퍼팅을 하면 집중력이 높아져 유리하다는 것이다. 독특한 인물 훈센은 골프론마저도 참 특이하다.

퍼팅을 한 번만 한 박정희

박정희도 다른 야수형 대통령처럼 정열적으로 일했다. 한국의 경제적 성장이 그의 화두였다. 이를 위해 민주주의는 안중에도 없었다. 하지만 대통령으로서 일을 즐거운 마음으로 하는 편은 아니었다. 쿠데타로 권력을 쥔 이후 이를 유지하기 위해 정보기관과 검찰, 경찰, 군 등을 한 손에 쥐고 흔들면서 정적의 성장을 막아야 했다. 여권 내부에서 2인자가 치고 올라오는 것도 경계해야 했다. 그렇다고 인재가 없으면 나라가 운영이 안 된다. 그래서 김종필, 이후락, 김형욱 등을 적절히 키우고 때로는 눌러주기도 하고, 때로는 서로 견제하도록 하기도 했다. 그러니 스트레스가 많았다. 그래서 술자리를 종종 가졌다. 1979년 10월 26일 숨을 거둔 곳도 술자리였다.

골프도 긴장을 해소하는 데 활용했다. 그래서 퍼팅은 한 번 이상을 하지 않았다. "한번 쳤으면 되었지, 어깨 조아리고 숨죽이면서 좁은 홀에 공 밀어넣는 것이 어디 스포츠냐, 스트레스지"라고 했다고 한다. 세상의 여러 직업 가운데 가장 스트레스가 많은 직업은 비행기 조종사, 그다음은 프로 골퍼라고 한다. 프로 골퍼가 스트레스를 가장 많이 받을 때는 퍼팅을 할 때다. 작은 공을 작은 구멍에, 그것도 어느 쪽으로 휠지 애매한 바닥으로 굴려서 넣어야 하는 것이니 어려운 일이다. 그래서 스트레스를 받는 것이다. 그래서 박정희는 퍼팅을 피했던 것으로 보인다.

주변 사람들의 증언에 따르면 박정희가 퍼팅을 꺼린 또 다른 이유는 고개를 숙이는 것을 싫어했기 때문이라고 한다. 드라이버나 필드샷을 할 때는 고개를 들어야 한다. 그래야 턱 아래 공간이 생겨서 어깨 회전이 자연스러워진다. 하지만 퍼팅은 고개를 숙이지 않고는 안 된다. 퍼터는 다른 클럽에 비해 짧고, 바로 발끝에 공을 두지 않으면 작은 구멍에 공을 넣을 만큼 정확하게 공을 칠 수가 없다. 그러니 머리를 숙일 수밖에⋯⋯. 박정희는 이걸 싫어했다. 국가원수가 고개를 숙이고 작은 공을 작은 구멍에 밀어넣으려고 애쓰는 모습이 품위가 없다고 생각한 것이다.

조금 어울리지는 않지만 이는 단재 신채호 선생의 일화를 생각나게 한다. 소설가 이광수가 하루는 단재를 찾아갔다. 마침 세수를 하고 있었다. 그런데 세수를 특이하게 했다. 허리를 꼿꼿이 세우고 머리도 똑바로 한 채 세수를 하고 있었다. 그러고는 얼굴에 물을 바르니 옷이 온통 젖을 수밖에 없었다. 윗도리는 물론 바지까지 다 젖었다. 이광수가 물었다.

"대체 무슨 세수를 그렇게 하오?"

단재는 퉁명스럽게 답했다.

"그럼 세수도 허리를 굽히고 하란 말이오? 일본 놈들이 독판을 치고 있는 세상인데."

허리를 굽히고 고개를 숙이는 것이 일제에 굴복하는 것으로 느껴진 것이다. 단재는 그렇게 꼿꼿한 자세로 독립운동에 매진하다 감옥에서 최후를 맞았다. 박정희와 단재는 완전히 다른 삶의 궤적을 갖고 있지만, 고개를 숙이는 것을 싫어했다는 점은 같다는 게 공교롭다.

박정희가 한번은 대한체육회장 민관식과 골프를 했다. 1960년대 후반 이야기다. 민관식은 개성 사람으로 깐깐했다. 시작 전부터 "골프는 룰대로 해야 합니다. 아무리 짧은 퍼팅도 끝까지 홀아웃해야 합니다" 하고 강조했다. 박정희도 하는 수 없이 따랐다. 전반 9홀을 하는 동안 박정희가 짧은 퍼트 몇 개를 놓쳤다. 얼굴이 굳어졌다. 골프 분위기가 무거워졌다. 청와대 의전수석 조상호가 상황을 파악하고 민관식의 귀에 대고 속삭였다. "짧은 퍼트는 기브를 주세요." 민관식도 눈치가 있는지라 "한 클럽 이내면 기브를 하지요"라고 했다. 그러자 박정희는 "싫어" 하고 퉁명스럽게 내뱉었다. 결국 기브 없이 18홀을 쳤다. 저녁 식사 자리까지 냉랭해졌다. 박정희는 약이 올랐던지 "개성 사람들은 아주 깍쟁이야" 하며 민관식을 핀잔줬다. 그래놓고 너무 속을 보인 게 무안했던지 "개성 사람 욕을 했지만 일본인들에게 굴복하지 않고 꿋꿋이 대항했던 개성 사람들의 민족정신은 대단해"라고 했다. 민관식은 어리둥절했지만 분위기는 겨우 반전되었다. 스트레스 많이 받는 야수형 대통령 박정희는 어쨌든 그날 자기 스타일의 골프를 못해 더 스트레스를 받았을 것이다.

야수형은 일은 엄청 하는데 즐거움보다는 투쟁의 일환으로 여기다보니 성서적으로 안정적이지 못한 경우가 많다. 닉슨이 그런 경우다. 박정회도 스스로는 국가와 민족을 위해 자신의 한 몸을 바친다고 확신하면서 밤낮을 가리지 않고 일을 했는데, 야당과 재야는 독재정권이라고 비판했고, 북한은 김신조를 청와대 뒷산까지 내려 보내 자신을 제거하려 했으며, 간첩을 보내 부인 육영수를 저격했다. 이런 상황이니 정서가 안정적인 상태는 아니었을 것이다. 그런 심리 상태에서 골프장에 나섰을 때는 장쾌한 샷을 날리면서 소리를 지르고 싶지, 부하들이 보는 앞에서 어색한 자세로 퍼팅을 하고 싶지는 않았을 것이다. 그래서 그는 '원퍼팅 OK' 식의 단순한 골프를 즐겼다.

미국에서는 1953년 초부터 1961년 초까지 대통령 자리에 있던 아이젠하워가 짧은 퍼팅은 OK를 받는 경우가 많아 이를 '아이크 퍼트'라고 했는데, 한국에서도 1950~1960년대 골프를 즐기던 이들 가운데 몇몇이 짧은 퍼팅 하는 것을 싫어했다. 1950년대 조흥은행장이었던 김교철(재무장관 김정렴의 부친)도 그랬고, 1960년대 말 내부장관, 법무장관을 했던 이호도 마찬가지였다.

퍼팅을 마무리하지 않는 박정희 스타일은 이명박과 비교된다. 이명박도 현대건설에 있을 때는 골프를 자주 했다. 80대 초반의 타수를 갖고 있었다. 한 번은 정주영 현대 회장과 라운딩을 했다. 정주영이 홀 가까이 공을 붙였다. 다른 동반자들이 'OK'라고 외쳤다. 하지만 이명박은 "마무리하시죠" 했다. 주변 사람들이 모두 놀라지 않을 수 없었다. 이명박의 의외의 모습이다. 정치인이 된 이후로는 골프를 별로 안 했다. '운동이 안 된다'는 것이었다.

박정희는 앞뒤 홀을 비워놓고 하는 전두환식 골프를 하지 않았다고 한다. 앞이나 뒤의 팀을 만나게 되면 친근하게 악수를 하고는 "운동 열심히 하세요" 하기도 했다.

야수형은 정열을 바쳐 일하는 만큼 국가 발전에 기여하고 싶은 욕구도 가지고 있다. 권력을 휘두르면서 다른 한편으로는 공적인 기여도 하고 싶은 것이다. 그래서 박정희는 골프를 정치 외교적 수단으로도 많이 활용했다. 외국을 방문할 때는 방문하는 나라의 수뇌들과 골프를 하면서 현안을 논의했다. 한국에 오는 외국의 고위급 정치인들을 서울에서 가까운 한양이나 뉴코리아, 태릉CC로 데려가 골프를 하면서 대화 분위기를 만들었다. 1966년 미국의 존슨 대통령이 방한했을 때 태릉CC에서 골프를 하면서 회담 분위기를 부드럽게 하려 했다. 1971년 7월 미국의 스피로 애그뉴Spiro Agnew 부통령이 왔을 때도 태릉CC에서 골프를 했다. 애그뉴는 1973년 주지사 시절 뇌물수수와 탈세가 드러나 사임했지만(그 바람에 포드가 부통령으로 지명되었고, 포드는 닉슨까지 사임하면서 대통령이 되었다), 방한 당시에는 미국의 엄연한 2인자였다.

박정희에게 골프는 군의 지속적인 지지를 확보하기 위한 수단이기도 했다. 태릉CC가 만들어진 것이 1966년이었다. 누구나 못 먹고 못살던 시절이었다. 그런데도 육사 생도와 군인들을 위해 골프장을 지어줬다. 여기서 각 군 대항 골프 대회도 열었다. 당시로서는 귀족 스포츠인 골프를 비교적 쉽게 할 수 있게 된 장군들은 남과 구별되는 것 같은 선민의식을 갖게 되었고, 그럴수록 박정희에 대한 충성심은 높아졌다. 그렇게 박정희는 골프를 정치적으로 활용했다.

1960년대 중후반 박정희는 주로 서울CC에서 골프를 했는데, 1967년 박정희가 재선되자 서울CC는 이를 축하하는 골프 대회를 열기도 했다. 박정희에게는 기념패도 만들어주고, 서울CC 특별 회원증을 만들어주기도 했다. 박정희 천하에서 사회 각계가 벌인 충성 경쟁의 한 부분이었다. 심지어는 서울CC에 대통령 전용 방갈로를 건설하자는 안이 나오기도 했다. 당시 이사장이 김종락이었다. 김종필의 친형이며 5·16 쿠데타의 민간 주체 세력 가운데 하나로 나중에 서울은행장까지 지낸 사람이었다. 이 안은 이사회에서 거의 통과될 뻔했다. 하지만 문병기 이사의 반대로 부결되었다. 문병기는 당시 유명한 정형외과 의사였는데, 소탈하면서도 강단이 있었다. 골프를 칠 때도 캐디 없이 스스로 카트를 끌고 다녔다. 그래야 근력을 키울 수 있다고 여겼다. 미국에서도 오랫동안 공부해 합리적인 사고를 가지고 있었다. 그래서 비합리적인 발상에 대해 찬성할 수 없었다.

"클럽의 재정이 좋지 않은데 무리를 해서 대통령용 귀빈실까지 만들 필요는 없습니다."

이렇게 앞뒤 맞는 소리를 하자 다른 이사들도 별다른 말을 못했다. 게다가 문병기는 소아마비 환자에 대한 무료 수술 등 의료봉사를 많이 하고 있었다. 이런 사람이 옳은 소리를 하니 박정희 신봉자들도 반론을 할 수 없었던 것이다. 미국의 오거스타 내셔널이 아이젠하워를 위해 골프장에 별장을 지어줬는데, 이는 회원들의 전적인 지지에 의해 이루어진 것이었다. 아이젠하워는 제2차 세계대전의 영웅이었고, 국민들이 좋아하는 대통령이었다.

어쨌든 박정희 정권의 서슬이 퍼랬던 그 시절, 서울CC의 문병기처럼 여기저기서 박정희 정권에 맞서는 세력들이 조금씩 힘을 키우고 있었다. 대학생들이 그랬고, 재야 세력이 그랬고, 의기 있는 야당 정치인들이 그랬다. 그런 힘들이 모여 독재의 칼날을 점점 무뎌지게 만들었고, 1970년대 말 대규모 반독재 세력을 형성했다. 그 세력은 박정희 정권을 무너뜨렸고, 전두환·노태우에 의해 잠시 반동 시기를 겪었지만, 다시 1980년대 후반 민주화의 시기로 연결되었다.

윌슨의 골프 동반자는 부인

윌슨의 골프 사랑은 골프에 관한 다른 어떤 스토리보다 유명하다. 무엇보다도 역대 어떤 대통령보다 골프를 자주 했기 때문이다. 하지만 파트너는 항상 일정했다. 임기 초기에는 주치의인 캐리 그레이슨Cary Grayson이었고, 임기 중 재혼을 한 이후에는 부인 이디스 볼링 골트 윌슨이었다. 셋이 함께 치는 경우도 많았다. 윌슨은 정치인이나 기업인들과 골프하는 것을 싫어했다. 골프장에서 업무 이야기를 하거나 흥정을 하는 유형이 아니었다.

일을 할 때는 아침부터 저녁까지 자리를 거의 뜨지 않고 집중해서 했다. 그래서 의회나 언론이 윌슨의 골프를 가지고 시비를 하는 일은 별로 없었다. 전임 태프트가 불만을 가졌을 법하다. 그는 골프 치는 것 때문에 비판과 조롱을 너무 많이 받았다. 대통령으로서 골프를 그가 처음 시작했기 때문이기도 하다. 그런 광풍이 한 번 지나갔기 때문에 윌슨의 골프에 대해서는 비판이 많지 않았다. 워낙 권력 욕구가 강하고 일 욕심이 많은 야수형이었지만, 골프장까지 일을 가져가지는 않았다. 일에 정열을 쏟으면서 스트레스 해소는 골프장에서 하는 유형이었다.

임기 중 가장 길게 골프를 안 한 기간은 2개월. 1917년 2월 1일 독일이 영국 해역에서 무제한 잠수함 작전을 벌이겠다고 발표한 날부터 골프를 안했다. 영국 해역을 지나가는 선박을 잠수함으로 공격하겠다는 것은 미국에 대한 선전포고였다. 선전포고를 받고 골프를 할 수는 없었다. 실은 '어떻게 대응을 할까' 고민에 고민을 거듭하던 중 머리를 식히기 위해 골프를 할 생각을 하기도 했다. 곁에 있던 참모에게 "이 상황에 골프를 치면 안 좋겠지?" 하고 의견을 묻기도 했다. "당연히 안 좋을 겁니다"라는 참모의 답을 듣고 골프장행을 자제했다. 그렇게 두 달을 생각했다. '미국이 지금 전쟁에 참여하는 것이 옳은가', '전쟁에 나가면 독일을 이길 수 있을까' 이런 화두를 가지고 두 달 간 씨름을 한 것이다. 4월 2일 아침 일찍 윌슨은 부인을 데리고 골프장으로 갔다. 메릴랜드주에 있는 커크사이드 컨트리클럽이었다. 그는 거기서 마음을 정리했다. 그러고는 그날 저녁 의회에 나가 연설했다. 전쟁 선포에 동의해달라는 연설이었다. 의회는 기꺼이 동의를 해줬다. 골프광이었지만 결정적인 시점에는 '놀라운 자제력을 발휘하면서 미국과 세계의 평화와 민주주의라는 대의를 위해 진력하는 야수형 대통령 윌슨의 모습이 이때처럼 잘 나타난 적은 없다.

제1차 세계대전 기간 중에는 미국도 전선 지원이 우선이었기 때문에 물자가 많이 부족했다. 특히 연료가 달려 전기 사용을 규제했다. 골프장도 당연히 규제 대상이었다. 하지만 에너지위원회는 대통령이 골프광임을 알고 있었기 때문에 대통령이 가는 골프장은 규제 대상에서 빼려고 했다. 이를 알고 윌슨은 그렇게 하지 말라고 지시했다. 똑같이 규제하라는 것이었다. 공적으로 평가받는 길이 무엇인지를 잘 아는 윌슨이었다. 그리고 그것을 위해 때로는 사적인 욕심을 버려야 한다는 것도 잘 알고 있었다.

공을 발로 차곤 했던 닉슨

닉슨은 미국 역사상 처음으로 탄핵 위기에 몰려 사임한 대통령이다. 민주당 전국위원회를 도청하려한 사건인 워터게이트로 탄핵 위기에 몰리자 스스로 물러난 것이다. 닉슨은 아이젠하워 아래에서 8년 동안 부통령을 했기 때문에 국정 전반에 대한 이해가 깊었다. 특히 외교 안보와 관련해서는 전문적인 식견을 갖추고 있었다. 공산주의 국가 중국과 정상회담을 열어 1970년대 세계의 해빙 무드를 조성하기도 했다. 권력욕도 강했다. 1960년 케네디에게 져서 대권의 꿈을 이루지 못했지만 와신상담하다 1968년 다시 선거에 나서 당선되었다. 하지만 일을 즐기는 타입은 아니었다. 권력을 얻는 데 골몰했지만 권좌를 즐기지는 못한 것이다. 그러니 스트레스가 많았다.

　일을 많이 하면서 스트레스를 받는 형이었기 때문에 골프로 스트레스를 해소하려 했다. 상원의원이던 1951년 골프를 배워 가끔씩 했고, 부통령이 되면서부터 자주 했다. 부통령이 사실 크게 바쁘거나 책임을 많이 지는 자리는 아니었지만 닉슨은 늘 걱정이 많은 스타일이었다. 대통령 선거에서 승리하고서도 바고 바로 다음 날 취임 연설 걱정을 하면서 장관 후보들을 모아놓고 회의를 할 정도였다. 자신의 상관 아이젠하워가 워낙 골프광이어서 같이 골프를 자주 했을 법도 한데, 둘이 골프를 하는 일은 별로 없었다. 실력 차이가 너무 났다. 닉슨의 골프는 자세도 없고, 타수도 100타 아래로

권력욕이 강했던 닉슨은 골프 룰을 잘 지키지 않았다. 경쟁심이 강한 그의 성격이 골프를 할 때 드러난 것이다.

내려오는 일이 거의 없었다. 역대 미국 대통령 가운데는 쿨리지와 비교될 정도다.

하지만 넘치는 권력욕이 골프에도 반영된 탓인지 룰을 잘 지키는 편은 못 되었다. 공이 러프 지역으로 가면 발로 안쪽으로 차 넣을 때가 많았다. 손으로 공을 던지는 경우도 있었다. 그가 대통령일 때 마스터스 3회를 비롯해 메이저대회를 일곱 번이나 우승한 샘 스니드Sam Snead와 공을 친 적이 있다. 웨스트 버지니아주 화이트 설퍼 스프링스White Sulphur Springs에 있는 그린브리어Greenbrier 골프코스였다. 닉슨의 공이 깊은 러프로 들어갔다. 러프가 너무 깊어 스니드도 쳐낼 수 없는 곳이었다. 그런데 갑자기 공이 페어웨이로 날아들었다. 그러고는 닉슨은 태연하게 러프에서 걸어나와 다음 샷을 했다. 스니드는 당황스러웠지만 현직 대통령의 '특권'이라고 생각하고 아무 말 하지 않았다. 하긴 그가 닉슨과 서로 핸디캡 없이 대결하는 스크라치 scratch 게임을 한 것도 아니었을 테니 말이다.

스코어카드도 정확하게 적지 않았다. 오비가 나도 벌타를 적지 않았다. 하딩이나 클린턴과 비슷한 태도로 골프를 한 것이다. 경쟁 심리가 강한 그의 성격이 이런 태도로 나타난 것이라고 할 수 있다. 누구보다 지기 싫어한 닉슨은 골프를 잘해보려고 노력도 많이 했다. 하지만 타고난 운동치였다. 이기고는 싶고 실력은 안 되고 하다 보니 스코어카드를 대충 적는 쪽으로 갔다. 골프코스에서는 골프 고수가 최고라고 여기고 거기서도 최고가 되고 싶어 했다. 어떻게 해서는 낮은 타수의 스코어카드를 만들어 내면 된다는 생각이었다. 과정보다는 결과 중심주의다. 워터게이트 사건 당시에도 진실을 말하기보다는 어떻게든 임기응변으로 어려움을 넘기면 모든 것이 좋아질 것이라고 생각했다. 그래서 일이 더 커졌다. 깊이 멀리 생각할 줄 모르고 단기적인 목표에 집착하다 결국은 실패한 대통령이 되었다.

골프할 때도 감출 수 없었던 닉슨의 심한 경쟁 심리를 알 만한 사람은 다 알고 있었다. 닉슨과 골프를 같이 해본 포드는 그를 "잘하는 것은 아니지만 늘 경쟁심이 강했다"고 평가했다. 과한 경쟁 심리는 룰을 무시하는 모습으로까지 갔고, 그런 모습은 그의 정치하는 행태에도 그대로 반영되어 스스로의 정치 역정을 불행하게 마감시켰다.

그의 경쟁의식은 유난스러웠다. 언론과도 늘 싸우려 했다. 그럴수록 언론의 감시는 더 심해졌다. 워터게이트 사건이 발생한 것도 닉슨과 언론의 전쟁 와중에 발생한 것이다. 사건 초기에 잘못을 인정하고 사과했더라면 사태는 커지지 않았을 것이다. 하지만 닉슨은 조금이라도 인정하면 언론과의 전쟁에서 완패하는 것이라고 생각했다. 그래서 부인을 거듭했고, 그럴수록 언론과 특별검사의 취재와 수사는 더 가혹해졌다.

닉슨과 언론과의 관계가 극도로 악화된 데는 골프도 좀 관련이 있었다. 1962년 닉슨은 캘리포니아주 주지사 선거에 출마해 낙선하고 캘리포니아를 떠나 뉴욕시로 이사했다. 희망이 없던 이 무렵 뉴저지주의 스프링필드에 있는 밸튜스롤Baltusrol 골프장에 자주 갔다. U.S.오픈을 일곱 번, PGA챔피언십을 두 번 개최한 명문 골프장이다. 닉슨은 이 골프장을 아주 좋아했다. 여기서 공화당의 유력 인사들을 만나면서 재기를 꿈꿨다. 당시 이 골프장에 여성과 흑인은 출입 금지였다. 1968년 초 닉슨이 이 골프장 회원인 것을 언론이 알았다. 언론이 비판 기사를 써댔다. 부통령까지 지낸 닉슨이 왜 여성과 흑인 출입 금지라는 구시대적인 골프장 규정을 고치려 하지 않았느냐는 것이었다. 닉슨은 언론의 압박에 골프장 규정을 바꾸려 했다. 하지만 성공하지 못했다. 닉슨이 할 수 있는 것은 그 골프장 회원에서 탈퇴하는 것이었다. 그렇게 언론의 등쌀에 못 이겨 좋아하던 골프장을 떠났다. 아이젠하워같았으면 그냥 쳤겠지만 닉슨은 그 정도의 배포가 없었다.

닉슨은 언론에 골프 치는 모습이 노출되는 것을 케네디만큼이나 싫어했지만, 항상 피해갈 수만은 없었다. 그런데 그때마다 닉슨의 모습은 별로였다. 바지를 잔뜩 치켜올려 입거나 커다란 모자를 쓰고 있었다. 이에 대해 닉슨은 언론이 악의를 가지고 자신을 깎아내리려 한다고 생각했다.

언론 이야기가 나왔으니까 덧붙이자면, 아들 부시도 언론과의 관계가 원래는 좋지 않았다. 아버지가 대통령이고 자신은 정치 입문 전 정유회사 사장을 하고 있을 때는 언론에 대한 감정이 좋지 않았다. 아버지가 모처럼 휴가를 얻어 골프를 할 때도 거기까지 따라와 1번 티박스에서 걸프전쟁에 대해 질문을 해대는 언론을 미워했다. "아버지는 지금 휴가 중이라구요"라고 소리를 지르기도 했다. 하지만 정치인이 된 이후로는 언론과 가깝게 지냈다. 2000년 대선 당시에도 구름처럼 몰려다니는 기자들에게 늘 관심을 보이면서 친근하게 다가갔다. 이웃집 아저씨 같은 친근한 이미지는 이러한 과정에서 형성되었다.

당시 민주당의 대통령 후보 고어는 완전히 대조적이었다. 같은 비행기를 타고 기자들과 함께 움직일 때도 말 한 번 제대로 붙이질 않았다. 차가운 지성인의 이미지는 이러한 경험이 쌓인 기자들이 만들어 낸 것이다. 선거에는 이런 이미지는 절대로 도움이 안 된다. 유권자의 대부분은 많이 못 배우고 가족의 생계를 위해 오늘도 가까운 공장이나 작은 회사로 출근해야 하는 보통 사람들이다. 지성인은 소수에 불과하다. 선거는 결국 보통 사람 이미지의 부시가 이겼다.

대부분의 야수형이 그렇지만 그에게도 골프가 권력보다 먼저일 수는 없었다. 야수형의 특징인 '정열적 업무 수행'도 권력을 위한 것이다. 닉슨은 그래서 선거운동 기간에는 골프를 하지 않았다. 1960년 대선에서 맞붙었던 케네디는 선거운동 중에도 슬쩍 사라져 골프장에서 땡땡이를 쳤지만, 닉슨은 그러지 않았다. 선거에서 지기는 했지만, 닉슨은 권력을 위해서는 골프 정도는 언제든지 버릴 수 있는 사람이었다.

골프로 모금한 클린턴

클린턴도 야수형 대통령이다. 능력이 뛰어나고 권력 욕구가 강했다. 능력을 활용해 많은 일을 벌이고, 의회와 협상하는 데도 능했다. 하지만 권력을 사적인 용도도 이용하는 측면도 보였다. 모니카 르윈스키라는 백악관의 인턴 여직원과 백악관의 집무실에서 불미스러운 일을 벌이기까지 했다. 이른바 르윈스키 스캔들이다. 정열적으로 일해 북한 핵문제를 해결하기도 하고 중동 평화를 정착시키기 위해 진력하는 모습도 보였지만, 미국의 국익과 국민 복지를 위해 희생했다는 평가를 받지는 못하고 있다. 임기 중 경제가 호황을 유지하는 바람에 인기가 땅에 떨어지는 사태는 막을 수 있었다.

클린턴은 47세에 대통령이 되어서 55세에 임기를 마친 뒤 여전히 왕성하게 활동하고 있다. 한 번 강연에 2억 원 이상을 받는 게 지나치다는 이야기도 듣는다. 하지만 그런 여론에 아랑곳하지 않고 많은 강연 활동을 하고 있다. 부인 힐러리 클린턴Hillary Clinton은 지난 2008년 민주당 대선후보 경선에서 오바마와 맞붙기도 했다. 경선에서 진 힐러리는 오바마 행정부 1기에 국무장관을 맡았다. 그녀 역시 능력은 인정받았지만 개인 이메일 계정으로 국무장관 직무를 수행해 구설수에 올랐고, 지나치게 귀족적이라는 비판도 받고 있다.

클린턴에게 골프는 정치의 수단이었다. 상원의원들을 설득하고 격려하는 것을 주로 골프장에서 했다. 상류층의 소득세를 올리는 세법을 만들때 그랬고, 북미자유무역협정NAFTA을 체결할 때도 그랬다. 반대하는 사람들을 골프장으로 초대해 필요한 설명을 했다. 찬성하고 지원한 사람들도 역시 골프장에서 만나 격려했다. 기부금을 모으는 데도 골프가 이용되었다. 민주당 후원회장 테리 매콜리프Terry McAuliffe, 에너지 기업 엔론의 케네스 레이Kenneth Lay 회장, 글로벌 크로싱의 게리 위닉Gary Winnick 회장, 유명 변호사 버넌 조던Vernon Jordan 등과 골프를 하면서 정치 이야기를 하고 기부금을 모았다. 시사주간지 『타임』은 "클린턴은 후원자들을 즐겁게 해주거나 야당 정치인들에게 아부하는 데 스포츠를 활용했다" 면서 그의 골프정치를 꼬집기도 했다. 골프를 오락으로 즐기면서 그걸로 끝내질 않고 그때그때 필요한 정치적인 목적을 달성하는 데 골프를 충분히 이용한 것이다.

클린턴은 재임 시 골프를 충분히 하면서 자신의 지위를 이용해 유명인들과 라운딩도 즐겼다. 아널드 파머, 그레그 노먼, 타이거 우즈와 같은 최고의 프로 골퍼는 물론이고, NBA 스타 마이클 조던, 영화배우 케빈 코스트너 등과도 골프를 했다. 미셸 위하고도 라운딩을 했다. 골프의 상대는 주로 정치인이나 후원자들이었다. 권력욕이 많고 얻어낸 권력과 특권을 충분히 활용하려 하는 야수형의 특성을 클린턴은 잘 보여줬다.

클린턴의 골프 행태는 오래전부터 그야말로 인구에 회자되고 있다. 규칙을 잘 지키지 않는 골프가 사람들의 이야깃거리가 된 것이다. 우선 멀리건을 너무 많이 받는다. 동반자에게 묻지도 않고 스스로에게 멀리건을 주는 식이다. 티샷만 멀리건을 받는 게 아니라 페어웨이에서 하는 아이언샷, 그린 주변의 칩샷까지 수없이 멀리건을 쓴다. 그래서 '빌리건'이라는 별명까지 얻었다. 그러면서도 동반자들의 미움은 받지 않는다. 그때마다 재미있는 농담을 잘 했기 때문이다. 통상 '빌리건'을 칠 때는 "대통령이 사면을 허하노라!" 하고 너스레를 떨었다.

1993년 취임 후 첫 휴가를 얻었을 때, 전설의 골퍼 잭 니클라우스를 초대했다. 물론 골프를 같이 했다. 이때 '빌리건'을 50개나 쳤다. 멀리건의 황제라 할 만하다. 홀에서 1.5미터 떨어진 것도 기브를 달라고 할 정도로 스스로에게 관대하다. 국정에 대한 애착이 강하지만, 동시에 권력투쟁에 능하고 권력을 획득하는 데 관심이 많으면서, 윤리 의식은 높지 않은 야수형의 특징을 잘 보여준다. 골프 규칙상 플레이 도중 연습 샷을 하면 2벌타다. 하지만 클린턴은 벌타를 계산하는 법이 없었다. 클린턴 정도의 거물에게는 골프 규칙 정도는 아주 사소하게 느껴지는 모양이다. 소아마비에 걸리기 전 프랭클린 루스벨트도 라운딩을 하면서 멀리건을 1~2개 정도씩 쓰기는 했다고 한다. 클린턴에 비하면 양반이다. 야수형인 클린턴과 승부사형인 루스벨트의 윤리 의식 차이를 잘 보여주는 것이기도 하다.

클린턴이 대통령 재임 중의 멀리건 일화는 너무 유명한 얘가 되어서 골프를 안 하는 사람까지 다 아는 이야기가 될 정도였다. 클린턴이 NBC의 〈미트 더 프레스Meet the Press〉에 나왔을 때 진행자 팀 러서트Tim Russert가 이 민감한 멀리건 문제에 대해서 물었다.

"18홀 경기를 하면서 통상 멀리건을 몇 개나 씁니까?"

얼굴이 두껍기로는 둘째가라면 서러운 클린턴이지만, 좀 당황했다. 하지만 천하의 클린턴, 금방 정신을 차리고 답변했다.

"최근에는 하나를 씁니다."

클린턴다운 답이었다. 클린턴에게 멀리건이란 첫 홀 티샷을 잘못했을 때 다시 치는 것만을 뜻했기 때문이다.

클린턴의 골프 행태가 잘 알려져 있기 때문에 사람들은 그가 말하는 타수를 잘 믿지 않는다. 1999년 여름에 그가 79타를 쳤다고 했을 때 미국인들은 대부분 믿어주지 않았다. 1998년 1월 르윈스키 스캔들이 한창일 때 클린턴은 "나는 르윈스키와 어떤 성적인 관계도 가진 적이 없습니다"라고 공개적으로 거짓말을 했다. 대마초를 입에 물기까지는 했지만 들이마신 적은 없다고 말하기도 했다. 이런 클린턴의 인성을 잘 아는 미국인들은 골프 타수를 줄여서 말하는 것도 그에게는 아주 쉬운 일이라고 생각했다.

자신에게는 이렇게 관대한 클린턴이 주변 사람들에게는 그렇지 않았던 것 같다. 존슨부터 오바마까지 9명의 대통령에게 양복을 지어줬던 조르주 드 파리Georges de Paris는 클린턴에 대해 "요구하는 것이 많고 차가웠다"고 했다. 가까이서 자신을 돕는 사람들에게 따뜻하거나 관대하지 않았다는 이야기다. 드 파리는 레이건을 두고는 "몸의 치수를 잴 때 바늘에 찔릴까 두려워했지만 대화하기를 좋아했다"라고 했고, 아들 부시에 대해서는 "친근하고 고상했다"라고 평가한 것과는 대조를 이룬다.

특이한 것은 골프 타수를 속였다는 비난에 클린턴이 매우 민감하다는

멀리건을 수시로 쓰고, 벌타도 계산하지 않는 클린턴의 골프 행태는 권력과 특권을 충분히 활용하려 하는 야수형의 특성을 잘 보여준다. 그의 낮은 윤리 의식은 르윈스키 스캔들 등을 통해 드러났다.

것이다. 1999년 클린턴이 79타를 쳤다고 했을 때 『뉴욕타임스』의 주말 판이 의문을 제기하는 기사를 실었다. 클린턴이 그동안 거짓말을 많이 해왔고, 멀리건도 많이 쓰는 골퍼이기 때문에 79타가 의심스럽다는 내용이었다. 여기에 대해 클린턴은 측근을 통해 강력 항의했다. 르윈스키 스캔들과 관련해 온갖 수치스러운 기사가 신문에 많이 났기 때문에 이 정도의 기사에는 무덤덤할 만도 한데 그렇지 않았다. 의외다. 그만큼 클린턴의 골프에 대한 애정이 대단하다는 이야기이기도 하다.

클린턴은 골프가 잘 안되면 신경질을 냈다. 조언을 해준 캐디를 탓하며 그에게 화를 내기도 했다. 남 탓이다. 그가 말하는 골프 스코어를 사람들이 믿어주지 않는 것도 공화당 탓으로 돌렸다. 공화당이 대통령을 깎아내리려고 그런 주장을 계속 했기 때문에 사람들이 자기의 스코어를 믿지 않게 되었다는 것이다. 정치적 상황을 근거로 대며 사뭇 진지하게 그런 주장을 폈다. 1992년 대선에서 로스 페로Ross Perot가 19퍼센트를 득표하는 바람에 클린턴은 승리했지만 과반 득표를 못했다. 43퍼센트를 얻어 37퍼센트를 얻은 아버지 부시에 6퍼센트 포인트 차이로 이겼다. 물론 선거인단 득표는 370 대 168로 압도적인 승리였지만 일반 득표율은 50퍼센트를 넘지 못한 것이다. 때문에 공화당은 클린턴의 대통령으로서의 정당성을 인정하고 싶지 않았고, 그런 맥락에서 자신의 골프 스코어까지 문제 삼았다는 것이 클린턴의 주장이다. 권력 욕구가 강하고 정치적 전략에도 능한 야수형 대통령다운 분석이 아닐 수 없다.

클린턴은 르윈스키 스캔들로 임기 중 탄핵소추를 당하는 불명예를 겪었다. 하원에서 소추안이 가결되었는데, 상원에서 부결되어 겨우 살아났다. 앤드루 존슨과 닉슨에 이어 미국 역사에서 세 번째로 탄핵 소추된 대통령으로 기록되어 있다. 닉슨은 하원에서 가결되었을 때 상원의 표결을 기다리지 않고 사임했다. 그래서 실제로 상원에서 탄핵 심판을 받은 대통령은 존슨과 클린턴 2명이다. 닉슨과 달리 클린턴은 탄핵 소추 이후에도 배짱 좋게 버텨 상원의 탄핵 심판에서 살아남았다. 후흑학의 내공으로 보면 클린턴이 훨씬 고수인 것이다.

그의 치욕은 거기서 그치지 않았다. 퇴임 후 골프장에서 또 다른 굴욕이 기다리고 있었다. 클린턴은 대통령 임기를 마치고 2001년 1월 뉴욕 샤파쿠아Chapaqua로 이사했다. 부인 힐러리가 뉴욕주의 상원의원이 되었기 때문이다. 골프광 클린턴은 집 근처 골프장에 가서 회원에 가입하려 했다. 하지만 골프장 측의 답변은 "대기자 명단에 많은 사람들이 기다리고 있습니다. 기다리셔야 됩니다"였다. 어떤 골프장은 특별한 이유 없이 거절하기도 했다. 실제 이유는 미국 역사에서 세 번째로 탄핵 소추된 대통령을 회원으로 받을 수 없다는 것이었다.

우리와는 많이 다른 분위기다. 내란죄와 뇌물죄로 무기징역까지 선고받은 전두환은 얼마 전까지만 해도 측근들을 대거 대동하고 골프장을 누볐다. 전두환이 언젠가 골프를 하러 갔다. 골프장에서는 대책 회의를 하고 철저하게 준비했다. 제일 예쁘고 친절한 캐디를 전두환 담당으로 선정했다. 사장이 캐디를 불러 당부했다.

"전두환 전 대통령을 부를 때는 각하라고 부르도록 해. 회장님, 사장님 그러지 말고."

캐디는 긴장해서 최선을 다해 서비스를 했다. 그런데 전두환이 갑자기 캐디에게 말을 걸었다.

"자네 점심은 먹었나?"

당황한 캐디는 엉겁결에 답했다.

"예. 전하."

골프장에서 이런 해프닝까지 벌어졌다고 한다. 쿠데타와 광주 학살이라는 원죄를 갖고 있는 전직 대통령까지 과한 대우를 하다 보니 생기는 해프닝이다. 금호아시아나그룹의 아시아나CC는 전두환에게 그린피의 10퍼센트만 받는 특혜를 주기도 했다. 우리 사회가 지나치게 관대한 것인가? 아니면 잊지 말아야 할 것도 지나치게 쉽게 망각하는 것인가?

'협상용 골프' 정치인형

존슨의 골프정치

케네디가 사망하면서 대통령이 된 린든 B. 존슨은 조정과 타협에 능한 대통령이었다. 케네디가 부통령 후보로 지명할 때에도 상원의 민주당 원내총무를 지내면서 타협과 통합에 탁월한 수완을 발휘한 점을 높이 샀다. 이런 수완을 자산으로 미국의 변화를 위한 정치에 역점을 두었다. '위대한 사회 Great Society'를 슬로건으로 내세워 국내적인 개혁을 적극 추진했다. 인종차별 철폐와 약자들의 인권 신장은 그러한 개혁의 핵심 내용이었다. 그러면서도 시인형처럼 모든 것을 국가와 민족을 위해 거는 대통령은 아니었다. 일정 정도 자기 것을 확보하고 개인적인 욕구도 충족해가면서 정치를 했다. 전형적인 정치인형 대통령이다.

골프하는 양태도 완전히 룰을 무시하면서 하는 형태도 아니고, 그렇다고 룰을 철저히 준수하는 형도 아니었다. 중간 정도였다. 한 라운드에서 공을 300개 정도 친 적도 있다. 매번 좋은 샷이 나올 때까지 하다 보니 300개까지 친 것으로 잘 쳐보고 싶은 욕심이 있었던 것이다. 그렇다고 닉슨이나 클린턴처럼 타수를 터무니없이 엉터리로 세지는 않았다. 꼭 필요한 룰은 지켜가면서 자기 샷에 대한 욕심도 부린 것이다. 존슨은 '완벽은 가능하지 않고 평범한 것을 유지하는 것이 중요하다'는 골프의 격언을 믿지 않은 것 같다. 한 자리에서 여러 번 치면서 자기 샷이 완벽해지기를 희망했던 것 같다.

멀리건도 많이 썼다. 그가 대통령 재임 시 유유자적 여유를 즐기고 있던 퇴임 대통령 아이젠하워와 골프를 한 적이 있다. 이날도 존슨은 스스로에게 멀리건을 많이 줬다. "현직 대통령은 이 정도는 누려야 하는 것 아닙니까"라고 하는 듯. 아이젠하워가 눈살을 찌푸리지 않을 수 없었다. 그렇지 않아도 아이젠하워는 퇴임하고 나니까 주변 사람들의 골프 예우가 현직 때만 못한 것 같아서 조금 섭섭하던 차였다. 그런데 현직 대통령이 멀리건을 써대고 있었으니 짜증이 날 만도 했다.

존슨은 절대 신중한 골퍼는 아니었다. 심각한 골프광도 아니었다. 그저 기회가 있으면 쳤다. 사전에 연습을 하거나 타수에 연연하지 않았다. 관심은 골프를 하면서 정치를 하는 것이었다. 어디까지나 정치에 방점이 찍혀 있었다. 타협의 명수가 되기까지는 하원의원 6선, 상원의원 재선이라는 오랜 경력이 필요했다. 상원 민주당 원내총무까지 되었고, 그의 정치력이 필요해서 케네디가 러닝메이트로 끌어들였을 정도였다. 정치가 천직이었던 존슨은 그가 좋아하는 정치, 그가 즐기는 타협을 위해 골프를 했다. 협상을 주로 골프장에서 한 것이다. 존슨의 업적 가운데 하나인 1964년 시민권법은 인종과 민족, 출신 국가, 종교 등에 따른 차별을 금지시킨 인종차별 종식

법이다. 흑인들에게 백인들과 똑같은 자유를 준다는 내용이다. 식당이나 호텔 등에서 흑인이라는 이유로 쫓아내지 못하도록 한 법이다. 이듬해 나온 선거법은 성인이 된 흑인들에게 투표할 수 있는 권한을 처음으로 인정했다. 이전까지 흑인들은 읽고 쓰기 테스트를 통과하고 투표세를 내야만 선거에 참여할 수 있었다. 가난하고 못 배운 흑인들이 많았기 때문에 많은 흑인들은 투표를 못 했다. 1965년 선거법은 그런 선거의 인종차별을 완전히 없앴다. 미국 역사에서 기념비가 될 만한 이런 법안들이 의회에서 통과되도록 존슨은 지도력을 발휘하고 의원들을 적극 설득했다. 그런 설득과 협상을 위한 장으로 존슨은 골프코스를 충분히 활용했다.

닉슨 탄핵 위기에도 골프를 친 포드

대통령은 천운을 타고나야 된다고 한다. 포드를 보면 그 말이 정말 실감난다. 1973년 부통령 스피로 애그뉴가 소득세 탈세 혐의로 사임했다. 대통령 닉슨은 당시 공화당 하원 원내총무를 하고 있던 포드를 새로운 부통령으로 임명했다. 부통령이 사임하면 대통령이 새 부통령을 임명해 상하 양원의 동의를 받게 되어 있다. 그 바람에 포드는 부통령이 되었다. 그러고는 이듬해 닉슨이 워터게이트 사건으로 탄핵 위기에 몰려 사퇴했다. 결국 대통령 자리는 포드 차지가 되었다. 선거도 없이 부통령이 되고, 역시 선거 없이 대통령이 되었다. 선거 없이 미국 대통령이 된 경우는 포드가 유일하다. 대통령이 된 뒤 넬슨 록펠러Nelson Rockefeller를 부통령으로 지명해 대통령과 부통령이 모두 선거 없이 된 경우가 되었다.

선거 없이 대통령이 되었지만 포드는 나름 국익을 위해 헌신하는 모습을 보였다. 민주당과의 타협에도 능했다. 골프도 협상에 종종 이용되었다. 국익을 앞세우면서도 자신의 이익에도 함께 주목하는 정치인형으로 분류된다. 골프 스타일도 열심히만 하는 게 아니라 잘하는 타입이다. 대통령 재임 중에 여러 차례 프로암 대회에 출전했는데, 한 번은 대회에서 나가서 포드가 친 공이 없어졌다. 이 공을 찾는 데 30여 명의 경호원이 동원되었다. 결국은 찾지 못하고 2벌타를 받았다. 대회에 출전하고 잃어버린 공을 찾기 위해 수십 명의 경호원까지 동원한 것을 보면 그저 슬슬 즐기기만 하는 골프가 아님을 알 수 있다. 실력을 향상시켜서 좋은 점수를 내고 이를 통해 자기과시 등의 결과를 얻고 싶어 했다.

케네디나 오바마 같은 승부사형이 스트레스 해소나 스트레스 관리를 위해 골프를 하는 것과는 다른 모습이다. 포드는 미시간대학에 다니던 시절 미식축구 선수로 실력을 인정받았다. 프로 구단에서 스카우트 제의가 들어올 정도였다. 하지만 이를 거절하고 예일대학 로스쿨로 진학해 변호사, 정치인의 길을 걸었다. 정치인이었지만 운동에도 능력이 있었다. 골프 실력이 80대 초반 정도 되었다. 홀인원도 평생 세 번이나 했다. 모두 대통령에서 물러나 가벼운 마음으로 골프를 할 때 했다. 아무리 마음을 비운다 해도 홀인원은 어렵다. 주말 골퍼가 홀인원을 할 확률은 1만 2,000분의 1이라고 한다. 한 라운드에 파3가 네 번 있으니까 3,000번은 라운딩을 해야 하는 것이다. 매주 한 번씩 한다고 해도 60년 동안 꾸준히 해야 한 번 홀인원을 할 수 있다는 이야기다. 포드는 운이 좋아도 너무 좋은 사람이다. 그래서 미국 역사에 유래 없이 선거도 안 하고 대통령이 된 것일 테다. 골프 운과 정치 운은 함께 간다는 말이 맞는 것 같기도 하다. 하기는 삼성의 이병철 회장도 평생 홀인원을 세 번 했다. 정치 운뿐만 아니라 사업 운도 골프 운과 같이 가는 것 같다.

아이젠하워도 죽기 1년 전 생애 유일한 홀인원을 했다. 포드보다는 못해도 그도 운이 아주 좋은 사람이다. 그러니까 별로 생각이 없는 대통령 자리에 두 번씩이나 앉지 않았을까. 포드가 80대 초반의 타수를 갖게 된 것도 퇴임 이후의 일이다. 재임 시에는 보기플레이 정도였다. 역시 골프는 마음을 비우는 게 중요한 것 같다. 어쨌든 포드는 실력이 상당해서 이를 남들에게 보여주고 싶어 했다. 그래서 골프할 때 사진기자들이 줄줄이 따라다니는 것도 신경 쓰지 않았다. 케네디는 극도로 꺼렸고, 아이젠하워도 사진기자들은 피했는데, 포드는 오히려 이런 것을 즐겼다.

포드는 골프를 좋아하기로는 누구 못지않았지만, 필요할 때는 중단하기도 했다. 예일대학 미식축구 감독으로 일하면서 골프를 많이 했지만, 1938년 예일대학 로스쿨에 들어가면서 3년 동안 한 번도 골프를 하지 않았다. 이때는 공부에 몰두한 것이다. 1948년 하원 초선의원 시절에도 거의 못했다. 정치 경력이 쌓이면서 골프를 다시 하기 시작했지만, 여유를 가지고 골프를 할 수 있었던 것은 1973년 12월부터 이듬해 8월까지의 짧은 부통령 시절이었다. 미국 정치사의 격동기 가운데 하나로 닉슨은 탄핵의 위기에 몰려 있었지만, 포드는 언론의 관심에서 멀리 떨어진 부통령 자리에 있으면서 그동안 하고 싶었던 골프를 즐겼다. 바쁘게 열심히 공부를 해야 하거나 일을 해야 할 때에는 골프를 끊고, 기회가 있으면 주변 상황에 영향 받지 않고 자기가 즐길 수 있는 것을 찾는 아주 실용적인 인간형이었다. 공적인 일을 필요할 땐 열심히 하고 그러면서 때론 자기 것을 챙기는 정치인형의 전형이었다.

과시를 하려니 의욕이 앞섰고 그러다 보니 공으로 갤러리를 맞히는 경우도 많았다. 17세 소년의 머리를 맞히기도 하고, 56세 여성의 머리를 맞히기도 했다. 특이하게도 2년 반의 짧은 대통령 재임 기간 동안 넘어진 적도 많은데, 전용기에서 내리다 발이 걸려서 넘어지기도 하고, 계단에서 미끄러져 넘어지기도 했다. 헬기에 머리를 부딪치기도 했다. 갤러리를 맞히는 것과 연관이 있어 보인다. 포드는 운동을 잘했지만 그만큼 성질도 급했다. 그러니 마음이 안정되기 전에 샷을 하고, 심리적으로 정리가 되기 전에 서둘러 움직이다가 그런 불안정한 모습을 많이 보인 것이다.

포드의 골프는 야수형인 클린턴만큼 느슨하지 않았고 그렇다고 엄격하지도 않았다. 핸디캡을 더 받지도 않았고, 자기 핸디캡을 지켰다. 골프장에서 만큼은 '각하'라고 부르지 못하도록 했다. 그냥 '제럴드 포드'이고 싶어 했다. OK는 주는 대로 잘 받는 편이었다. 홀에서 2미터 가까이 떨어진 공도 "그냥 집으시죠" 하면 서슴지 않고 집어들었다. 원칙적인 골프를 즐기는 사람들은 그런 경우라도 "이 정도는 퍼팅을 해야지 정확한 실력으로 골프를 하는 거지" 하면서 퍼팅을 하는데, 포드는 그 정도로 '깔끔하게 정돈

된' 인간형은 아니었다.

아이젠하워가 대통령을 마치고 골프장에 갔다. 어떤 사람이 물었다.

"대통령일 때 하고 다른 점이 무엇입니까?"

아이젠하워가 씁쓸한 표정으로 답했다.

"이제는 나한테 짧은 퍼팅까지 다 하라고 해."

권력은 이렇게 골프에서도 나타난다. 권좌에 있을 때는 온갖 아부를 떨던 사람들이 그 자리를 내려오는 순간 떠난다. 주던 멀리건도 안 주고, OK도 인색해진다. 그것이 권력의 생리고 골프의 생리다. 아이젠하워는 그나마 자신의 약점이 퍼팅임을 알고 열심히 연습을 했기 때문에 적응하는 데 시간이 많이 걸리지는 않았을 것 같다. 하지만 긴 거리의 OK도 주는 대로 즐기던 포드는 퇴임 후 수월찮이 힘들었을 것 같다.

8장

승부사 · 장인
회사원 · 시인
유형과 골프

반대파와도 골프를 한 프랭클린 루스벨트

프랭클린 루스벨트는 미국 역사에서 워싱턴, 링컨과 함께 가장 훌륭한 대통령으로 평가받고 있다. 미국을 대공황에서 탈출시켰고, 제2차 세계대전을 승전으로 이끌었기 때문이다. 그는 미국 역사에서 가장 어려운 시기에 정열을 바쳐 대통령직을 수행했다. 뉴딜 정책과 제2차 세계대전 참전 등의 중대한 결정을 통해 미국을 살리고, 세계 속에서 미국의 위치를 높였다. 그러면서도 즐기면서 일했다. 그는 일 자체를 즐겼다. 주요 사안이 생기면 참모들의 의견을 듣고, 야당을 설득하고, 심지어 국민을 상대로 직접 설명하는 것도 스스로 맡아서 했다.

　노변정담爐邊情談, fireside chat이 여기서 생겼다. 난로 옆에 앉아서 뉴딜 정책이 왜 필요한지, 그래서 미국과 미국 국민들에게 어떤 도움이 되는지 등을 조곤조곤 설명했다. 이런 내용이 라디오를 통해 그대로 미국 국민에게 전달되었다. 그래서 국민들은 정부를 이해하고 대통령의 마음을 알았다. 그렇게 미국은 어려운 시기를 극복했고, 그 가운데 루스벨트가 있었다. 정열을 쏟아 고민하면서 결정적인 순간에 큰 정책을 내놓고 실행하면서 이를 기꺼운 마음으로 하는 승부사형의 전범이었다.

　그가 골프를 했다는 것은 생각하기 어렵다. 많은 사람들이 모른다. 휠체어를 탄 대통령 루스벨트에 익숙하기 때문이다. 하지만 그가 휠체어를 탄 것은 39세에 맞은 소아마비 때문이었다. 그전까지 그는 만능 스포츠맨이었다. 미식축구, 승마, 요트, 테니스 등 못하는 게 없었다. 그 가운데서도 골프를 제일 좋아했다. 그가 골프를 처음 배운 것은 12세 때다. 캐나다 동부 해안의 캄포벨로Campobello라는 섬에 루스벨트 집안이 가진 휴양지가 있었다. 거기로 놀러가서 요트를 타고 있었다. 그런데 안개가 너무 많아지는 바람에 더 할 수가 없었다. 그래서 한 것이 골프였다. 이때 처음 그는 골프를 시작했고, 소아마비가 걸리기 전까지 아주 좋아했다. 유럽으로 신혼여행을 가서도 줄곧 공을 쳤고, 해군성 차관보 시절에도 골프를 하려고 4시면 퇴근을 했다. 가정보다 골프를 좋아하는 루스벨트에 화가 난 부인 엘리너는, 자신도 레슨을 받아 골프장에 나서보기도 했지만, 남편에게 불합격 판정을 받고 포기했다.

루스벨트는 공만 친 것이 아니라 골프장 운영에도 관여했다. 아버지 제임스 루스벨트가 캄포벨로 섬에 골프장을 만들어 사장으로 취임했다. 1899년이다. 미국에 처음 골프장이 생긴 지 11년밖에 안 되던 때였다. 루스벨트는 아버지 밑에서 회계 겸 골프클럽의 간사를 맡았다. 그때 나이가 17세였다. 나이에 어울리지 않게 꼼꼼하게 회계 처리를 하면서 클럽도 잘 운영했다. 당시 골프가 미국에 전해진 지 얼마 안 된 상황에서 그가 골프클럽 회원들에게 특히 강조한 것은 골프 예절이었다. 골프 예절에 대해 연설도 했다. 그만큼 예의와 룰을 지키는 것을 중시한 것이다. 골프를 예절의 스포츠라고 한다. 룰을 어기면 벌타를 받지만 예의에 어긋나면 퇴장도 당할 수 있다. 예를 들면 동반자가 티샷을 하려는데 시끄럽게 구는 것은 예의에 어긋나는 행위로 퇴장감이다. 예의, 규칙, 규범, 도덕을 중시하는 것이 승부사형의 특징이다. 대의를 위해서 정열을 바치면서 부정부패와는 거리를 두는 것이 승부사형의 기본적인 조건이다. 그래서 승부사형은 정치에서나 골프에서나 예의와 규칙에 높은 가치를 둔다.

승부사형은 공적인 일에 정열을 쏟는 형이기 때문에 필요한 경우 반대쪽을 설득하는 일에도 주저하지 않는다. 명분 있는 일을 성취하기 위해서는 반대쪽과 만나 대화하고 의견을 교환하는 일에 기꺼이 나서는 것이다. 루스벨트도 대통령 시절에는 골프를 못했지만, 그 이전부터 이미 공화당 사람들과 자연스럽게 어울리며 지냈다. 주요 상대가 워런 하딩이었다. 그와 종종 공을 쳤다. 그도 루스벨트와 골프하는 것을 좋아했다. 이들은 1920년 대선에서 격돌했다. 민주당 대통령 후보는 제임스 콕스James Cox, 부통령 후보는 루스벨트였다. 공화당의 대통령 후보가 하딩이었다. 선거에서는 하딩이 이 겼다.

　　루스벨트는 소아마비에 걸린 이후에도 골프에 미련을 버리지 못했다. 다니던 골프클럽에는 회원 자격을 말소시키지 말고 일시 정지시켜달라고 요청했다. 증세가 약한 소아마비 환자들이 골프를 할 수 있는 9홀 코스를 직접 설계하기도 했다. 휠체어나 차를 타고 이동하면서 칠 수 있도록 설계를 한 것이다. 그러면서 수영도 하고 온천욕도 하면서 양다리를 살리기 위해 무진 애를 썼다. 하지만 안타깝게도 그가 다시 골프채를 잡을 수 있는 기회는 오지 않았다.

10달러에 목숨 건 케네디

케네디는 미국 역사에서 긍정적 평가를 받는 대표적인 승부사형 대통령이다. 일에 전력투구하면서 일 자체를 즐기는 스타일이었다. 결정적인 순간엔 과감한 승부수로 상황을 타개해나가는 대통령이었다. 그런 배짱이 있었기 때문에 상원의원 두 번째 임기를 시작한 지 1년 여밖에 안 된 시점에서 대통령에 출마할 수 있었다. 그때 나이가 불과 43세. 대통령이 되어서도 3년밖에 안 되는 짧은 재임 기간 동안 인상적인 업적을 남겼다.

　　케네디의 승부사적 기질을 가장 잘 드러낸 사건은 1962년 쿠바 미사일 사태였다. 그해 10월 소련이 쿠바에 핵미사일을 배치했다. 미국의 위성이 이를 포착했다. 케네디는 미사일 기지를 공격해서 초토화시키려 했다.

패기 어린 리더십을 발휘하려 한 것이다. 하지만 여기에 동생 로버트 케네디Robert Kennedy가 강력 반대했다. 당시 로버트는 법무장관이었다. 우리나라 같으면 대통령이 동생을 법무장관에 앉히면 난리가 날 것이다. 아무리 능력이 뛰어나도 정실 인사라며 여론이 들끓었을 것이다. 하지만 능력을 얼마나 보여주느냐 위주로 판단하는 미국 사회에서는 이것이 가능하다. 아버지에 이어 아들이 대통령이 되는 일도 이런 것 때문에 가능하다.

2대 존 애덤스John Adams에 이어 아들 퀸시 애덤스Quincy Adams가 6대 대통령이 되었고, 41대 조지 H. W. 부시에 이어 아들 조지 W. 부시가 43대 대통령이 되었다. 조지 W. 부시의 동생 젭 부시도 얼마 전 대통령 출마를 선언했다. 42대 빌 클린턴 대통령의 부인 힐러리 클린턴도 대선에 출마했다.

어쨌든 동생 로버트는 "형이 쿠바를 공격하는 순간 3차 대전이 일어나는 거야. 그러면 형은 태평양 전쟁의 전범 도조 히데키 같은 사람이 되는 거야"라며 공격은 절대 안 된다고 말렸다. 군부는 공격하자고 했다. 열흘 이상 논쟁을 계속했다. 결국 결론은 '공격은 하지 않되 군사적으로 봉쇄한다'는 것이었다. 미국 군함이 쿠바 섬 전체를 둘러싸서 소련군이 더 이상 접근을 못하게 하는 것이었다. 이 조치를 취한 이후 소련과 협상해 쿠바에 있는 미사일을 철수하기로 합의했다. 대신 미국은 터키에 있는 미국 미사일을 철수한다는 조건이었다. 케네디의 '군사적 봉쇄'라는 승부수가 소련 미사일의 철수라는 성과를 가져온 것이다.

이런 승부사적 기질은 케네디의 골프 습성으로 잘 확인된다. 케네디는 골프할 때 내기를 즐겼다. 승부사적 특성이다. 하지만 큰 내기는 안했다. 보

정치적 판단에서 드러나는 케네디의 승부사적인 근성은 그의 골프 습성에서도 드러났다.
케네디는 내기 골프를 즐겼고, 상대를 긁는 트래시톡도 잘했다.

통은 한 홀당 10달러 아래의 돈을 걸고 내기를 했다. 승부사 근성이 있지만,
공적 기여에 마음을 두고 있는 사람들의 특성이다. 승부사 근성은 만족시켜
야 하고, 그렇다고 크게 내기를 하면 물의를 일으킬 가능성이 있으니 작은
내기를 하는 것이다.

재임 중 하루는 크리스 던피Chris Dunphy라는 친한 친구, 유명 희극 배우
밥 호프Bob Hope 등과 골프를 했다. 플로리다주 팜비치 근처의 세미놀 컨트
리클럽이었다. 골프 명인 잭 니클라우스의 회원 가입을 거부한 유명한 골프
장이다. 홀당 10달러가 걸려 있었다. 평소에는 5달러 정도를 걸고 했는데
이날은 평소보다 좀 많았다. 첫 홀에서 케네디가 세 번 만에 공을 그린에 올

골프로 보는 대통령의 통치 스타일   2부

렸다. 홀까지는 90센티미터 정도 남아 있었다. 기브를 기다렸다. 하지만 친구는 말이 없었다.

"이 정도는 기브를 줘야 되는 거 아냐?"

케네디가 말했다. 하지만 야속한 친구 왈, "공을 끝까지 집어넣어야 실력이 느는 거야".

케네디는 하는 수 없이 퍼팅을 준비했다. 그래도 미련이 남았다.

"야. 나 있다가 5시 반에 국세청장하고 약속이 있어서 좀 빨리 진행해야 돼."

그러자 친구는 곧바로 기브를 줬다. 사업을 하는 사람이건 회사의 중역이건 국세청장을 무서워하지 않는 사람이 있겠는가? 케네디는 그런 국세청의 수장까지 들먹이며 골프에서 이기려 했다.

케네디는 라운딩 중에 상대방을 살살 긁는 트래시톡trash talk도 많이 했다. 이것도 상대를 열 받게 해 게임을 이기려는 나름의 전략이었다. 어떤 때는 동반자에게 위험한 벙커가 어디에 있고, 오비 말뚝이 어디에 있는지 자세히 설명해 동반자를 기죽게 하기도 했다. 물론 이런 것은 내기에 이기려는 것이기도 했고, 가까운 사람들끼리 라운딩을 가볍게 즐기는 방법이기도 했다. 그런 것이 승부사 케네디가 국정 수행 과정에서 쌓인 스트레스를 푸는 수단이었다. 작은 내기와 트래시톡은 오바마가 배워서 그대로 하고 있다.

케네디 골프의 또 하나의 특징은 내기의 규칙이 복잡하다는 것이다. 홀에서 이기면 얼마, 최장타는 얼마, 홀에 가장 가까우면 얼마, 그린에 첫 번째로 올리면 얼마 등 복잡한 규칙을 동반자들에게 설명하고 이를 적용했다.

동반자들은 복잡한 규칙에 정신이 없었다. 그것도 케네디의 전략이었다.

케네디는 그렇게 골프로 승부를 내는 것을 좋아했고, 작은 내기지만 이기고 싶어 했다. 그런 속성이 약관 29세에 하원의원에 출마해 그를 당선시켰고, 정치 활동 13년 만에 대통령에 출마해 결국 최연소로 대통령이 되었다. 역대 최연소 대통령은 시어도어 루스벨트로 케네디보다 한 살 적은 42세에 대통령이 되었다. 하지만 그는 윌리엄 매킨리William Mcinley 대통령이 암살되면서 대통령직을 승계한 경우다. 선거로 당선된 최연소 대통령은 43세에 당선된 케네디다. 오바마도 비교적 젊은 나이에 대통령에 당선되었는데, 2008년 당선 당시 47세였다.

케네디는 룰은 비교적 잘 지키면서 골프를 했다. 멀리건을 쓰거나 러프에서 공을 차내는 등의 비신사적인 행위는 하지 않았다. 스코어를 속이는 법도 물론 없었다. 이 또한 뜻이 크고, 큰 정치를 지향하는 승부사형의 일반적인 특성이다.

모험형 골퍼 부시

아들 부시도 재임 중 업적이 신통치 않고, 프랑스·독일 등 우방국들의 반대에도 불구하고 이라크 전쟁을 일으켜 좋은 평가를 받지는 못했지만 승부사형에 속한다. 일에 전념하면서 또 즐기는 형이다. 그래서 그런지 골프를 즐겼지만 시간을 들여서 신중하게 하는 스타일은 아니었다. 빨리빨리 치는 것을 좋아했다. 그의 아버지 조지 H. W. 부시도 같은 스타일이다. 실제로 그는 아버지와 골프를 하러 나서면서 이렇게 말한 적이 있다.

"우리는 풀잎을 뜯어서 허공에 날리면서 바람의 방향을 파악하러 나가는 게 아니다. 우리는 꽝꽝 쳐대는 걸 좋아한다."

부시는 퇴임 후인 2009년 12월 양용은과 함께 골프를 한 적이 있다. 양용은은 한국 선수로는 처음으로 메이저대회인 PGA챔피언십에서 우승해 한창 주가를 높이고 있었다. 부시의 고향 텍사스의 댈러스에서 라운딩을 했다. 부시와 양용은, 부시 측 인사 1명, 국내 기업 회장 한 1명 등 모두 4명이 함께 했다. 이날도 3시간이 채 걸리지 않았다고 한다. 부시와 함께 치면 모두 스피드 골프가 될 수밖에 없는 모양이다.

아버지 부시가 언젠가 골프다이제스트의 러닝센터를 간 적이 있다. 센터 관계자들이 열심히 잘 치는 방법을 설명해줬다. 아버지 부시는 설명을 들으면서 공을 6개 정도 쳤다. 그리고는 "이제 얼마나 좋아졌는지 확인해봐야지. 라운딩을 하러 갑시다"라고 했다고 한다. 연습을 시간 낭비라고 생각한 것이다.

아들 부시는 안전하게 스코어를 관리하는 유형이 아니다. 안전하게 플레이 하는 법이 없이 모험을 즐기는 타입이다. 과감하게 하는 것이다. 이런 형이 대부분 그렇듯이 부시 골프도 망가지는 일이 많았다. 연습도 많이 안했다. 아들과 아버지 모두 그랬다. 물론 대통령으로서의 직무를 수행하면서 연습할 시간이 없었기 때문이기도 하다. 하지만 그것보다는 스타일 자체가 진중하게 생각하면서 연습하고 연구하는 형이 아니다.

그러면서도 골프 규칙은 잘 지킨다. 보통의 주말 골퍼들의 그렇듯 동반자가 주는 기브 정도는 받는다. 그가 대통령 임기를 마치고 2009년 8월 한국에 온 적이 있다. 전국경제인연합회 초청으로 '전경련 제주 하계포럼'에 특별강연을 하기 위해서였다. 행사를 마치고 재계 인사들과 골프를 했다. 전경련 회장 조석래, 풍산그룹 회장 류진, 코오롱그룹 회장 이웅열 등이 함께 라운딩을 했다. 누군가 물었다.

"대통령 재임 당시보다 골프가 좀 줄었다고 들었습니다."

부시가 특유의 장난기 섞인 모습으로 말을 받았다.

"임기가 끝나니 누구도 기브를 안 주려고 해요."

임기 끝나고 골프하면서 기브를 못 받아서 섭섭한 기분을 느낀 사람은 아이젠하워만이 아니었던 것 같다. '권불십년 화무십일홍權不十年 花無十日紅'을 되뇌면 마음을 다스릴 만도 할 텐데, 그게 잘 안 되는 게 사람인 모양이다. 그래서 임기가 끝나고도 강연하고, 재단 운영하고, 분쟁 현장에 가기도 하면서 자신의 이름을 신문과 방송에 붙들어 메두기 위해 애를 쓰는 것일 게다.

1달러 내기 즐기는 오바마

오바마는 케네디처럼 내기를 즐긴다. 승부사적 근성을 가지고 있는 것이다. 2010년 밴쿠버 동계올림픽 당시 남자 아이스하키 결승전에서 미국과 캐나다가 만났다. 오바마가 스티븐 하퍼Stephen Harper 캐나다 총리에게 내기를 걸었다. 미국이 이기면 하퍼가 캐나다에서 가장 전통 깊은 몰슨 맥주 한 상자를 보내주고, 반대로 캐나다가 이기면 오바마가 미국의 가장 전통 있는 잉링 맥주 한 상자를 보내주기로 하자는 것이었다. 하퍼도 동의해 내기가 걸렸다. 우승은 캐나다의 것이었다. 연장전까지 가는 접전 끝에 캐나다가 3 대 2로 이겼다. 아이스하키는 캐나다에서 가장 인기 있는 스포츠니 그럴 만도 했다.

오바마는 기꺼이 펜실베이니아 산 잉링 맥주 한 상자를 하퍼에게 보냈다. 몰슨 맥주 한 상자도 보태서 보내줬다. 오바마(1961년생)와 하퍼(1959년생)는 나이가 비슷해서 아주 친하게 지내는 사이기도 하다. 오바마는 이렇게 소소한 내기를 즐기는 성격이다. 골프에서도 마찬가지다. 2015년 7월에 앤드루스 공군 기지 골프 코스에서 민주당 하원의원 3명과 골프를 했는데, 그때도 내기를 해서 오바마가 3달러를 잃기도 했다.

보통 홀 당 1달러를 걸고 골프를 한다. 돈을 따서 두 딸 대학등록금을 내겠다고 농담도 한다. 하지만 큰 내기는 하지 않는다. 승부사형 대통령의 특징이 대통령직을 즐기면서 정열을 다 바쳐 일한다는 것인데, 오바마도 공적인 일에 마음을 훨씬 더 두고 있다는 말이다. 그러니 내기를 해도 비난을 받거나 일반 대중에게 나쁜 인상을 줄 만큼은 하지 않는다. 오바마가 사업가가 되었거나 그냥 변호사로 계속 활동했더라면 큰 내기를 즐겼을 것이다.

실제로 그의 인생 역정을 보면 결정적인 대목에서 큰 승부를 거는 성격을 확인할 수 있다. 캘리포니아의 옥시덴탈 칼리지를 다니다 컬럼비아대학으로 옮겼고, 대학 졸업 후 빈민운동을 하면서 시카고에서 어느 정도 입지를 다졌을 때 하버드 로스쿨로 진학했다. 다시 시카고에서 시민운동을 하다가 일리노이주의 주 상원의원에 출마해 당선되었고, 주 상원의원(임기 4년)을 두 번 한 뒤 연방상원의원(임기 6년)에 출마해 당선되었다. 상원 초선 의원으로 3년 정도를 활동하다 바로 민주당 대선 후보로 출마해 강적 힐러리 클린턴을 물리치고 후보가 되었고, 결국 대통령까지 되었다. 그의 성장 속도가 빨랐던 것은 승부를 던질 때 미적거리지 않고 과감하게 결단을 했기 때문이다.

오바마 골프의 특징은 '물 흐르는 대로'와 '규칙대로'다. 물 흐르는 대로 무리하지 않고 게임을 즐기면서 일희일비하지 않는다. 그래서 큰 기복이 없다. 또, 정직한 골프를 즐겨서 멀리건이 없다. 클린턴과는 달리 티샷을 잘못 날려도 절대 멀리건을 요청하는 일이 없다. 또 한 홀에서 몇 타를 치건 그대로 적는다. 주말 골퍼들이 통상 파4홀에서 9타를 치면 '양파'라고 해서 8타로 적는데, 오바마에게는 있을 수 없는 일이다. 파4홀에서 11타를 친 적이 있는데, 그때도 그대로 11타를 스코어카드에 적었다. 주로 큰일에 신경을 쓰고 작은 일은 무시하면서도 원칙적인 부분에는 엄격한 잣대를 대는 승부사형의 특징을 오바마가 잘 보여준다. 벙커샷을 한 뒤에는 가래로 모래를 정리하고, 자기가 만든 디보트를 스스로 메우는 에티켓도 갖추고 있다.

골프의 상대로 오바마는 주변의 가까운 사람들을 좋아한다. 백악관의 참모들이 단골 동반자다. 오바마가 마이크Mike Brush, 조Joe Paulsen, 마빈Marvin Nicholson이라고 부르는 이들이다. 우리로 따지면 직급이 높지 않은 청와대 행정관들이다. 하와이와 시카고에서 생활할 때 만났던 친구들도 골프 친구다. 공공보건 전문가 에릭 휘태커Eric Whitaker, 부동산 개발업자 마틴 네스빗

오바마는 대통령이 된 뒤에도 주변 지인들과 주로 골프를 친다.
승부사적 근성으로 내기를 즐기지만, 골프 에티켓도 잘 지키는 게 오바마 골프의 특징이다.

Martin Nesbitt 등이다. 이들과 골프도 하고 보드게임도 한다.

시사주간지 『타임』이 2009년 1월 취임 이후 2013년 9월까지 4년 8개월 동안 오바마의 골프 행적을 조사해보았다. 그는 145번 라운딩을 했다. 대통령이 되기 전부터 가까운 지인들과 했다. 다섯 번 이상 라운딩을 한 사람을 모두 모아 보니 16명밖에 안 되었다. 16명 정도의 동반자 풀을 가지고 골프를 하고 있는 것이다. 그 가운데 가장 많이 동반한 사람은 일정 담당 비서 마빈으로 103번을 함께했다. 그는 골프장 캐디도 했고 바텐더 경력도 있다. 오바마가 상원의원 할 때 윈드서핑 용품점에서 만나 친구가 되었다. 마빈의 동생 월터도 오바마와 아홉 번 골프를 쳤다. 형제가 함께 오바마와 친구가 된 것이다. 두 번째로 많이 동반한 사람은 33번 함께 골프를 친 데이비드 캐츠David Katz로 그의 전속 사진사다. 3위가 에릭 휘태커로 26번을 함께했다. 선출직 공직자와 골프를 친 것은 아홉 번이다. 그중 다섯 번에는 부통령 바이든이 포함되어 있었다. 언론인과 세 번 쳤지만 마빈이 낀 게 두 번이다. 타이거 우즈와 한 것도 한 차례 있다.

이러한 자료를 바탕으로 한 『타임』의 평가는 "워싱턴의 정치브로커가 대통령 골프에 참가하는 행운을 잡을 확률은 제로에 가깝다"는 것이다. 정치적 의미가 담기지 않은 '즐거운 시간 보내기' 개념으로 골프를 하고 있는 것이다. 올해 7월에 민주당 하원의원 3명과 골프를 할 때도 정치 이야기는 전혀 하지 않았다. 이란과의 핵 협상이 막 마무리된 시점이어서 의원들을 만나면 이에 대해 이해를 구하고 협조를 요청할 만도 했는데, 관련 이야기를 전혀 하지 않았다. 그저 골프 이야기를 하며 운동만 즐겼다. 승부사형으로 대통령직을 정열적으로, 또 즐겁게 하면서, 이를 지속하기 위한 하나의 놀이 수단으로 골프를 활용하고 있다는 말이다. 골프로 정치를 하고, 골프로 외교를 하려 하는 출세주의자형과는 크게 다른 모습이다.

여·야 격돌 중에도 골프 즐긴 태프트

20세기 들어서면서 미국은 세계의 최강대국 대열에 들어선다. 그런 최강대국 미국의 대통령이지만 실제로는 별 생각이 없었는데 되는 경우가 가끔 있었다. 태프트, 하딩, 아이젠하워 등이다. 태프트는 순전히 시어도어 루스벨트가 강권하다시피 해서 대통령이 되었다.

이렇게 대통령이 되다 보니 열심히 일할 리가 없었다. 꼭 해야 할 일은 했지만, 일을 만들지는 않았다. 하지만 늘 웃으면서 일했다. 전임 루스벨트가 러일전쟁을 중재해 노벨 평화상을 받는 등 화려하게 대통령을 했기 때문에 태프트는 그런 전임 대통령과 늘 비교당하면서 비판받았다. 그러면서도 호쾌하게 웃으면서 직을 수행했다.

그가 일을 나름 즐기면서 할 수 있었던 것은 골프의 힘이었다. 태프트가 골프를 처음 접한 것은 1894년 여름, 37세 때다. 동생 헨리의 권유로 시작했다. 헨리는 1888년 건설된 미국의 첫 골프장 세인트앤드루스의 회원이었다. 태프트는 그때부터 줄곧 골프를 좋아했다. 키 175센티미터에 몸무게가 160킬로미터나 되는 거구였다. 골프에 소질도 별로 없었다. 평균 100타 정도를 쳤다. 하지만 골프에 대한 열정만은 윌슨, 케네디 못지않았다. 대통령 재임 중에도 어떤 때는 매일 오후에 골프장에서 살다시피 했다.

1909년 여름은 페인-앨드리치 관세법안Payne-Aldrich Tariff Act를 놓고 워싱턴이 논쟁에 휩싸였다. 관세를 당시의 높은 수준으로 그냥 유지하려는 법안이었다. 태프트를 중심으로 한 공화당의 보수주의자들이 대기업의 이익 보호를 위해 이 법안을 의회에서 통과시켰다. 하지만 퇴임 대통령 루스벨트를 비롯한 공화당의 혁신주의자들은 관세를 내려야 한다며 법안에 반대했다. 정치적 논쟁은 오래갔다. 태프트는 휴가를 미룰 수밖에 없었다. 하지만 이상하게 그는 휴가가 지연된 데 대해 짜증을 내지 않았다. 알고 보니 의회에서 의원들이 격하게 논쟁하고 있을 때 그는 골프장에서 공을 치고 있었다. 그러니 짜증낼 이유가 없었다. 오히려 의원들이 논쟁에 열중하느라 대통령이 뭘 하는지 신경 쓰지 못하는 걸 좋아했다. 그러는 사이 혁신 세력은 따로 진보당을 만들었다. 대기업 견제를 위해 관세를 내리고, 소득세와 상속세를 인상하며, 사회적 약자 보호를 위한 정책을 강화한다는 강령을 가지고 공화당에서 떨어져 나온 것이다. 1912년 선거에서 이미 두 번이나 대통령을 지낸 루스벨트를 대통령 후보로 다시 내세워 태프트와 경쟁했다. 정치적 스승과 제자가 모두 대선에 나온 것이다. 그 바람에 둘 다 떨어지고 월슨이 어부지리를 얻었다.

장인형 대통령의 특징은 일은 열심히 안 하면서 적당히 즐긴다는 것이다. 역사적인 족적을 남기기 위해 무리하지 않는다. 개인적으로 부를 늘리기 위해 부정부패를 하지도 않는다. 그래서 장인형 가운데는 적당히 즐기는 도구로 골프를 이용한 대통령이 많다. 태프트는 그중 대표적인 인물이다. 그는 사람들의 관심에서 벗어나 조용히 운동하는 것을 즐겼다. 어쩌다 구경꾼들이 몰려들면 억지로 물리치지 못하고 게임에 집중을 못했다. 하루는 마지막 홀에서 1미터가 안 되는 짧은 퍼팅을 남겨놓았는데, 마침 그때 구경꾼이 다가왔다. 신경이 쓰인 태프트는 그걸 놓쳤다.

거구에다가 순전히 재미로 골프를 하는 태프트였지만 짧은 퍼팅도 끝까지 넣는 걸 좋아했다. 이것도 장인형의 특징이다. 윤리 의식과 준법 의식이 높은 것이다. 한번은 태프트가 전쟁부 장관과 라운딩을 했다. 이 사람은 골프를 잘 못하는 사람이었다. 대통령에게 가까이 다가가고 싶어서 골프에 나섰을 뿐이다. 무엇보다 에티켓을 몰랐다. 퍼팅 순서도 몰랐고, 다른 사람이 퍼팅하는데 한쪽에서 대화를 하고 있기도 했다. 라운딩이 끝나고 태프트가 비서를 혼냈다. 그러면서 엄한 명령을 내렸다. "뭘 좀 아는 사람으로 동반자를 구성해." 하긴 그는 원래 법률가 출신이다. 예일대학을 나와 신시내티대학 로스쿨을 졸업했고, 이후 판사와 법대 교수, 필리핀 총독, 전쟁부 장관을 거쳐 대통령이 되었다. 예의와 규칙이 그에겐 중요했다.

태프트는 골프와 함께 먹는 것도 즐겼다. 폭식을 했다. 그것이 그 나름의 스트레스 관리법이었다. 음식을 너무 많이 먹어 곧 식곤증에 시달리곤 했다. 상원의원들과 대화를 나누다가 잠이 드는 일도 있었다. 그렇게 많이 먹으니 거구가 될 수밖에 없었다. 먹어서 찐 살을 빼기도 해야 하고 백악관을 벗어나 대통령의 일을 잊어버리는 시간도 필요하고 해서 그는 골프를 자주 친 것이다. 골프가 없었더라면 그는 대통령직을 즐기지도 못하고 일도 열심히 안 하는 회사원형이 되었을 것이다. 그나마 그에게 평생의 오락 골프가 있어서 4년 동안 생기 있게 일할 수 있었다. 재선에 실패하고 그야말로 편안하게 골프를 하고 있었는데, 1921년 대통령 하딩이 그에게 대법원장을 제안했다. 그가 마다할 리 없었다. 대통령보다 더 원했던 자리였다. 그래서 태프트는 미국 역사에서 유일하게 행정부와 사법부 수장을 모두 역임한 인물이 되었다.

부인과 일을 피해 골프장으로 간 하딩

29대 미국 대통령 하딩도 대통령으로서 일을 즐기면서도 일에 정열을 다 쏟지는 않았다. 하딩은 얼떨결에 대통령이 된 억세게 운 좋은 사나이다. 1920년 대선 당시 분위기는 공화당이었다. 윌슨 대통령이 워낙 인기가 없었다. 윌슨이 추진한 국내적 개혁으로 국론은 분열되어 있었고, 제1차 세계대전을 마무리하는 파리강화회의와 국제연맹 창설에 진력하는 윌슨을 보면서 미국이 지나치게 국제문제에 깊이 개입한다는 우려가 커져 있었다. 미국 외교는 워싱턴 대통령 이래 고립주의를 지향하고 있었다. 그런 상황이어서 공화당 대선 후보 경선은 어느 때보다 뜨거웠다. 후보만 되면 당선되는 분위기 때문이었다.

　공화당은 전당대회에서 아홉 번이나 투표를 했는데도 후보를 결정하지 못했다. 프랭크 로던Frank Lowden 일리노이주 주지사, 레오나르드 우드Leonard Wood 전 육군참모총장 등 쟁쟁한 후보가 접전을 벌이고 있었다. 결국 공화당 지도부가 모여 '끝장 회의'를 열었다. 후보를 결정하기 전에는 회의를 안 끝내는 회의였다. 참석자들은 그렇게 '담배 연기로 찌든 방'에서 장시간 회의를 한 결과 하딩으로 결론을 냈다. 이렇게 유력 후보들이 싸우다가는 당이 사분오열될 것이라는 우려가 있었고, 그 가운데 누구 하나를 후보로 세우는 데 다른 후보 측이 강력 반대했다. 그래서 결국 색깔 없고, 욕심 없는 하딩으로 결정한 것이다. 하딩으로서는 대통령 자리를 그냥 주운 것이다. 민주당의 추락과 함께 잘생긴 하딩의 외모가 받쳐주면서 하딩은 무난히 대통령이 되었다. 마침 1920년 수정헌법 제19조가 만들어져 여성도 선거를 할 수 있게 되었는데, 여성들이 하딩에게 투표를 많이 한 것도 큰 보탬이 되었다.

이렇게 대통령이 되었기 때문에 일에는 별 욕심을 내지 않았다. 그 자신이 국정에 대해서 잘 모른다는 사실도 잘 알고 있었다. 그 가운데서도 국제문제에 대해서 아는 게 없다고 걱정을 하기도 했다. 1920년대는 제1차 세계대전 이후 전쟁을 방지하고 평화를 정착시키기 위한 국제적 논의가 활발하게 진행되고 있던 때였다. 1921년에는 워싱턴에서 해군 군축회의가 열려 프랑스와 이탈리아, 일본의 군함 보유 규모를 제한하는 데 합의했다. 이는 이듬해 '워싱턴 조약'으로 마무리되었다. 하딩은 상원의원들을 협상에 포함시켜 의회의 비준을 쉽게 받을 수 있게 했다. 윌슨이 상원을 무시하는 바람에 국제연맹 창설을 내용으로 하는 베르사유 조약을 상원에서 비준 받지 못한 것을 반면교사로 삼은 것이다. 하딩은 그 정도의 일은 할 수 있고 또 했다. 하지만 스스로 자신감이 충만한 사람은 아니었다.

하딩은 그렇게 의욕도, 자신도 없었기 때문에 적당히 즐기면서 일은 조금만 하려고 애썼다. 대신 그가 좋아하는 취미는 최대한으로 만끽했다.

골프, 포커, 술은 실컷 했다. 게다가 부인 플로렌스는 이런 생활을 적극 권장했다. 바람만 안 피면 좋겠다는 생각에서였다. 하딩은 얼굴값을 하느라 여성 편력이 심했다. 30세 연하의 여성과 스캔들이 있었고, 1921년 대통령에 취임하기 전까지 15년 동안 친구의 아내와 불륜 관계를 유지하기도 했다. "이 세상 모든 것보다 당신을 사랑한다. 그 어떤 것도 당신과는 바꾸지 않는다. 사랑스러운 당신의 팔, 숨 막히는 입술, 견줄 데 없는 당신의 가슴 속에서라면……" 이런 진한 내용의 편지들을 주고받으며 이웃에 사는 친구의 아내와 비밀스런 만남을 가졌다. 그래서 플로렌스는 특히 골프를 권했다. 하딩도 골프장에서만은 부인의 엄한 눈초리에서 해방될 수 있어서 일주일에 두 번 정도는 골프장으로 피난을 갔다.

상원의원으로 만족하고 있던 하딩은, 본의 아니게 대통령 자리에 올랐기 때문에 별로 욕심이 없었다. 성격도 우유부단했다. 대신 온화하고 다정했다. 각지에서 오는 일반 시민들의 편지를 읽고 되도록 답장을 많이 해주려고 노력했다. 중요한 결정은 주로 장관들에게 맡겼다. 그러다보니 독직瀆職 사건이 많이 발생했다. 법무장관 해리 도허티Harry Daugherty는 미국에 압류된 독일의 재산을 돌려주는 과정에 개입해 이권을 챙겼다. 내무장관 앨버트 폴Albert B. Fall은 석유채굴권을 민간에 넘겨주는 과정에서 뇌물을 받았다. 하딩 자신은 개입하지 않았지만 대통령이 국정을 소홀히 했기 때문에 이러한 대형 부패 사건이 발생한 것이다.

1921년 7월 제1차 세계대전 종결을 선언하는 상하 양원의 공동결의안이 통과되었는데, 서명을 해야 하는 대통령은 골프장에 있었다. 공동결의안

하딩은 제1차 세계대전 종결을 선언하는 공동결의안이 통과될 때 골프장에 있었다.
유유자적한 삶을 원하는 장인형 대통령다운 일화라 할 수 있다.

은 골프장까지 이송되어 비로소 하딩의 서명을 받고 효력을 발휘하게 되었
다. 상하 양원의 공동결의안은 일반 결의안과는 달리 대통령의 서명이 있어
야 되고, 대통령이 서명한 이후에는 법률과 똑같은 효력을 갖는다. 하딩은
이처럼 대통령의 일에 대해 열정이 없었다.

　　장인형 대통령답게 골프도 진지하게 치지 않았다. 연습을 열심히 하거
나 타수를 줄이기 위해 애를 쓰지 않았다. 그러다 보니 늘 타수는 100타 내
외였다. 동반자들에게는 마음을 편하게 해주기 위해 경칭을 쓰지도 못하게
했다. 그저 친구로 대하라고 했다. 공이 숲으로 들어가도 경호원을 시키지
않고 직접 찾으러 다녔다. 러프에 들어간 공을 발로 차내거나 하는 반칙은

하지 않았고, OK도 거의 받지 않았다. 정직한 골프를 좋아했다.

그도 내기를 좋아했는데, 나소nassau 게임을 특히 즐겼다. 전반 9홀, 후반 9홀, 전체 18홀을 각각 나눠 내기를 거는 것이다. 통상은 각각의 파트에 6달러씩을 걸고 내기를 했다. 내기는 엄격히 했다. 대통령이 된 뒤에는 덜 했지만, 내기를 깐깐하게 하는 바람에 그때마다 입씨름이 많았다. 심지어 플레이가 끝날 때는 "필라델피아의 변호사를 불러야겠다"는 말이 나오곤 했다. 장인형은 출세주의자형이나 야수형과는 달리 규칙과 윤리를 중시하는데, 하딩도 그런 범주에 들었고, 골프도 내기 골프만큼은 아주 엄격하게 했다.

'통치는 느슨하게 골프는 깐깐하게' 하면서 규칙을 중시하는 것 같았지만, 꼭 그렇지도 않았다. 하딩이 대통령이던 1920년대에는 금주법이 시행되고 있었다. 주류의 판매와 운반, 수출, 수입을 모두 금지한 강력한 법이다. 1917년 미국이 제1차 세계대전에 참전하면서 시행된 금주법은 전쟁이 끝난 이후에도 계속 남아 있었다. 식량 절약이라는 명분과 미국 양조업체의 주식을 많이 가지고 있던 독일계에 대한 반감 등이 복합적으로 작용하고 있었기 때문이다. 하지만 하딩은 여기에 아랑곳하지 않고 골프장에서 술을 마셨다. 두세 홀 공을 친 다음 골프백 속에서 위스키를 꺼내 한 모금씩 마셨다. 백악관 서재에도 술을 숨겨놓고 마셨다. 여기로 친구들을 불러 포커도 했다. 이런 사실로 보면 하딩은 불완전한 장인형이라고 할 수 있다. 골프로 보면 규칙 중시의 장인형이지만, 금지된 술을 맘껏 마신 걸로 보면 그런 장인형과는 좀 거리가 있기도 했다.

송년식에 골프를 한 레이건

레이건도 기분 좋게 일하지만 우유부단하고, 그러면서도 도덕적인 장인형의 특성을 갖추고 있었는데, 일에 매몰되지 않았기 때문에 가끔 골프를 했다. 쌓인 스트레스를 푼다기보다는 즐거움 자체를 얻기 위해 골프를 하는 스타일이었다. 대통령 전용기 에어포스원에서 퍼팅 연습을 하는 일도 있었다. 그저 놀이로 골프를 하다 보니 실력은 신통치 않았다. 90대 중반 정도였다. 젊은 시절에는 핸디캡 12정도로 잘 했지만 정치를 시작한 이후로는 골프할 시간을 많이 찾지 못했다. 모든 것을 바쳐 일하는 스타일은 아니었음에도 대통령이 되어서는 골프를 거의 하지 못했다. 재임 8년 동안 10여 번 했을 정도다.

한 번은 골프 선수 톰 왓슨 하고 골프를 했다. 66세인 지금도 PGA 정규 대회에 출전하고 있는 왓슨은 레이건의 특징을 이렇게 말했다.

"그가 퍼팅을 했는데, 홀에 바짝 붙었지만 안 들어갔습니다. 그래서 컨시드(퍼트 면제)를 주려고 했는데, '그건 옳지 않다'고 말했습니다. 그는 볼 이외에는 아무것도 받지 않았습니다."

멀리건이나 벌타 면제 같은 주말 골퍼들이 통상 주고받는 것을 전혀 받지 않았다는 이야기다. 부드러운 외모와 말투와는 달리 규칙은 철저하게 지키는 레이건의 특성을 잘 보여준다. 골프를 하면서 화를 내는 일도 없었다. 재미있는 이야기로 주변을 웃기면서 운동을 했다. 일을 즐기듯이 골프도 즐겼다.

할리우드의 2급 배우 시절에도 골프를 했는데, 캘리포니아 버뱅크 Burbank에 있는 레이크사이드CC의 회원이었다. 당시는 일이 많지 않았기 때문에 종종 공을 쳤다. 이 골프장은 유대인과 흑인을 회원으로 받지 않는 전통을 가지고 있었다. 레이건은 이것이 인종차별이라고 생각했다. 그래서 골프장 이사회에 편지를 썼다. 유대인과 흑인도 회원으로 받아들여야 한다는 내용이었다. 자신의 요구를 거절한다면 회원에서 탈퇴하겠다는 내용도 들어 있었다. 이사회 임원들은 들은 척도 하지 않았다. 심지어 그의 편지를 클럽하우스 다트 판에 꽂아놓아 누구나 다트를 던져 편지에 구멍을 낼 수 있도록 했다. 편지는 누더기가 되고 말았다. 그는 결국 탈퇴했다. 레이건의 작은 노력은 성공적이지 못했지만, 힘없는 배우 시절부터 그가 사회적인 문제에 관심이 지대했음을 잘 알 수 있다.

과거 골프는 그렇게 흑인들을 거부하고 밀어냈다. PGA(미국골프협회)의 역사에도 흑인들의 투쟁사가 고스란히 담겨 있다. 그 투쟁사의 주역은 흑인 골퍼 찰리 시포드Charlie Sifford다. 시포드는 1922년에 미국 노스캐롤라이나주에서 태어났다. 어릴 적부터 용돈을 벌기 위해 캐디를 했는데, 당시 일당이 60센트였다. 하루 일하고 우리 돈 650원 정도를 번 것이다. 그는 골프 선수가 되고 싶었다. 연습을 열심히 했다. 하지만 PGA 규정이 그를 막았다. 백인만 회원이 될 수 있었던 것이다. 하지만 그는 계속 문을 두드렸다. 그 결과 30세 때 처음으로 PGA 투어 대회에 나갈 수 있게 되었다. 초청 선수 자격이었다. 백인 인종차별주의자들은 그를 죽이겠다고 숱하게 위협했다. 하지만 굴하지 않고 계속 도전했다. 결국은 1961년 PGA 규정이 바뀌

'마틴 루서 킹 골퍼' 찰리 시포드의 투쟁과 활약으로 흑인의 불모지이던
PGA의 역사는 바뀌게 된다.

었다. 그는 첫 흑인 회원이 되었다. 1967년 그레이터 핫퍼드 오픈, 1969년
로스앤젤레스 오픈 등을 우승하면서 흑인 골프의 역사를 써내려갔다. 하지
만 그도 꿈에 그리던 마스터스 대회에는 나가지 못했다. 마스터스는 1975년
에야 흑인 출전을 허용해 시포드를 이은 흑인 골퍼 리 엘더Lee Elder가 첫 흑
인 출전자가 되었다. 시포드는 2004년 흑인으로는 처음으로 골프 명예의
전당에 헌액되었다. '마틴 루서 킹 골퍼'로 불리던 그는 2015년 2월 향년
92세로 사망했다.

　　레이건에게는 골프 관련 연중행사가 하나 있었는데, 매년 12월 31일

에 꼭 캘리포니아 남쪽 써니랜드Sunnylands에서 골프를 하는 것이었다. 캘리포니아는 그가 1967년부터 1975년까지 주지사로 일했던 친근한 곳이다. 그는 매년 마지막 날에 고향 같은 곳에서 골프를 하면서 보냈다. 골프를 통한 그만의 낭만적인 송년식이었다. 케네디나 오바마가 골프를 정열적으로 치고 골프의 재미를 실컷 만끽하는 유형이라면, 레이건은 유유자적하며 관조적인 자세로 골프를 즐기는 유형이었다. 퇴임 이후에는 매일 오후 9홀을 도는 것으로 운동을 대신했다. 이때도 그의 주요 관심은 타수를 줄이는 것이 아니라 사람들과 어울리고 타고난 재치와 유머로 사람들을 웃기는 것이었다.

'집중 골프' 회사원형

'침묵 수행 골프' 쿨리지

쿨리지는 미국 대통령 가운데 유난히 업적이 없는 대통령이다. 버몬트주 플리머스에서 태어나 애머스트대학을 졸업하고 매사추세츠주 노샘프턴에서 변호사를 하면서 정치 활동을 했다. 주의회의 하원의원, 상원의원을 지낸 뒤 매사추세츠주 주지사를 지내고 1920년 대선에 하딩 대통령 후보의 러닝메이트로 부통령에 출마해 당선되었다. 쿨리지는 하딩이 1923년 사망하는 바람에 대통령이 되었다. 오래 정치 활동을 했는데도 적극적이지도 진취적이지도 못했다. 그래서 업적이 없다. 스스로 대통령이 될 것이라고는 전혀 생각하지 못했다. 대통령이 된 뒤 백악관의 여기저기를 서성거리며 집기들을 만져보면서 혼자서 히죽히죽 웃기도 했다고 한다. 대통령이 된 것이 스스로도 신기했던 모양이다.

그가 애초 수락한 것은 1920년 하딩의 부통령 러닝메이트였다. 부통령이 되어도 별로 하는 일이 없을 것이라는 생각으로 수락했다. 그런데 대통령이 되었다. 법에 따라 어쩔 수 없이 말이다. 준비가 안 된 대통령이다 보니 일에 소극적이었다. 냉전Cold War라는 말을 처음 만들어 쓴 것으로 유명한 언론인 월터 리프먼Walter Lippmann이 1926년에 쓴 칼럼에서 "쿨리지의 정치인으로서의 천재성은 효과적으로 아무 일도 하지 않는 재능에 있다"고 비꼴 정도였다. 대통령과 정부가 일을 하지 않는 것은 통상은 대기업과 상류층을 돕는 것이다. 서민층과 빈곤층의 요구에 부응해서 정부가 새로운 법안을 만들어 내고, 논쟁이 생기면 대통령도 적극 나서고 하면서 조금씩 균형 잡힌 사회가 되어온 것이 미국의 역사다. 대통령이 일을 하지 않는다는 것은 이런 활동을 하지 않는 것이고 결국은 기득권을 가지고 있는 상류층의 이익을 보호해주는 것이다. 쿨리지는 공화당원 중에서도 보수주의자에 속했는데, 일을 하지 않음으로서 결과적으로 어느 정도 그의 이념을 실현한 셈이다.

그렇다고 즐거운 마음으로 생활을 한 것도 아니었다. 천생 회사원형 대통령이다. 하지만 인품은 고귀했다. 절약 정신이 투철했고, 도덕적이었다. 절대 거만하지 않고 겸손했다. 대통령이 되어 가장 먼저 한 일도 내무장

절약 정신이 투철했고 도덕적이었던 회사원형 대통령인 쿨리지는
골프에 별로 관심이 없었다. 그런 그답게 그의 골프는 룰대로 공만 때리는 '침묵 골프'였다.

관과 법무장관을 해임하는 것이었다. 비리 혐의가 있는 사람들이었다. 카우보이 복장으로 백악관 방문객들의 촬영 요구에 응하기도 할 만큼 격의 없고 친근하기도 했다. 이런 점 때문에 큰일을 안 했는데도 1924년에 재선될 수 있었다.

쿨리지도 골프를 가끔 했다. 본래 책벌레로 운동에는 소질이 없었다. 보통 100타 이상을 쳤다. 운동은 어떤 운동이든 싫어해 골프에도 관심이 없었지만 주변의 권유로 골프를 했다. 1920년대 초중반 미국은 그야말로 골프가 붐이었다. 경제 사정이 좋고 주가도 지속적으로 상승해서 사람들이 여유가 있었다. US오픈을 네 번이나 우승한 보비 존스의 인기도 골프 붐에 한

몫했다. 정치인도 대부분 골프를 했다. 그런 분위기에서 쿨리지도 골프를 한 것이다.

회사원형의 윤리적인 특성대로 쿨리지의 골프는 엄격했다. 말없이 룰대로 그저 공만 때리는 스타일이었다. 뒤 땅, 토핑Topping(공의 윗부분을 치는 미스샷)을 수없이 했지만 신경질을 부리거나 욕을 하는 법이 없었다. 그래서 동반자들은 재미없어 했다. 말을 붙여도 쿨리지가 잘 응대해주지 않았기 때문에 자기 게임이나 열심히 하는 수밖에 없었다. 쿨리지의 과묵함은 당시 일반인에게도 널리 알려져 있었다. 어느 날 백악관 만찬에서 대통령 옆에 앉은 여성이 대통령에게 말을 걸었다.

"대통령님. 제가 친구와 내기를 했어요. 대통령님이 세 마디 이상 말을 하게 하면 제가 이기고, 그걸 못하면 제가 지는 거예요."

쿨리지는 지체 없이 말했다.

"당신이 졌어요."

그의 과묵함에는 철학이 있었다. 과묵은 아부하는 사람, 부탁하려는 사람들과 거리를 유지하는 데 아주 좋다는 것이다. 이런 철학은 골프장에서도 그대로 실행되었다. 그래서 그의 골프는 '경건한 침묵 수행' 같았다.

회사원형은 그 특성상 대통령 자리에 있어도 행복하지 못하다. 쿨리지도 별로 일이 없는 부통령 자리를 원했지 일 많은 대통령 자리를 원한 것이 아니기 때문에 즐거울 리가 없었다. 그래서 많은 일에서 벗어날 기회가 필요했다. 긴장을 완화하는 도구가 필요했던 것이다. 그런 필요가 운동을 못하는 쿨리지를 가끔씩이나마 골프장으로 안내했다.

아이젠하워의 로컬룰은 '정치 이야기 금지'

아이젠하워는 대통령 자리를 권력투쟁을 통해서 얻거나 갈구해서 얻은 것이 아니었다. 추대 형식으로 공화당 후보가 되었고, 선거에서 어렵지 않게 이겼다. 민주당의 아들라이 스티븐슨Adlai Stevenson에게 선거인단 수에서 457 대 73으로, 유권자 득표율에서는 57.4퍼센트 대 42퍼센트로 여유 있게 이겼다. 대통령을 훌륭히 수행해 역사에 이름을 남기겠다는 생각도 없었고, 반대로 사적인 욕심을 채우겠다는 생각도 없었다. 주어진 것이니까 어느 정도 성의껏 할 뿐이었다. 대신 일처리를 신속하게 했다. 오랜 군 생활에서 터득한 것이 복잡한 문제를 간결하게 정리해서 처리하는 능력이었다. 일에 적절한 시간을 들이고 나머지 시간은 골프를 했다.

이런 회사원형 대통령은 골프를 할 때 통상 국정 업무를 논하지 않는다. 일에 열정을 바치는 스타일이 아니기 때문이다. 골프로 정치를 하고 골프로 협상을 하는 출세주의자형이나 일부 야수형과는 다르다. 아이젠하워는 실제로 '골프할 때는 골프 이야기만 해야 한다'는 자신만의 로컬룰을 가지고 있었다. 정치 이야기를 못하게 한 것이다. '그렇지 않아도 골치 아픈데, 골프장에까지 나와서 정치 이야기를 해서야 살 수 있겠느냐'는 입장이었다.

일에 정열적이지도 않고 일을 즐기지도 않는 회사원형은 윤리 의식이 높은데, 아이젠하워도 완벽하지는 않지만 그러려고 노력은 많이 했다. 적어도 골프를 보면 그렇다. 그는 멀리건을 거의 쓰지 않았다.

퍼팅도 보통은 끝까지 했다. 주변에서 OK를 주는 때가 많았지만 대부분은 마무리를 했다. OK를 줘도 되도록 원칙을 지키면서 골프를 하려 한 것이다. 자신의 퍼팅 능력을 향상시키고 싶은 욕구도 있었을 것이다. 그토록 자주 골프를 한 아이젠하워도 평생 퍼팅 난조에 시달렸다. 하긴 프로 골퍼들도 마찬가지지만⋯⋯. 아이젠하워도 자신의 퍼팅 실력을 높이는 것이 골프 인생 내내 하나의 숙제였다. 그래서 실력도 높이고 원칙도 지키면서 골프를 하기 위해 퍼팅은 되도록 끝까지 했다.

하지만 때로는 퍼팅을 한 번만 하고 OK를 받는 일도 있었다. 이를 '아이크 퍼트'라고 했다. 아이젠하워가 워낙 골프를 자주 하다 보니까 어쩌다 OK를 받던 것이 한두 사람 건너 전해지면서 과장되어 이런 용어까지 생긴 것으로 보인다. 실은 아이젠하워는 그렇게 OK를 무조건 받는 스타일은 아니었다. OK를 받을 때는 퍼팅에 신경을 쓰고 싶지 않을 때였던 것으로 보인다. 박정희도 '원퍼팅 OK'였지만, 아이젠하워와는 이유가 달랐다. 박정희는 '고개를 숙이기 싫어서'였다. 아이젠하워는 순수하게 스트레스 상황으로 가지 않기 위해서였다. 골프에서 같은 행태를 보이더라도 원인은 천차만별임을 새삼 실감할 수 있다.

아이젠하워의 골프는 웬만하면 룰을 잘 따르는 골프였지만, 느슨한 측면도 있었다. 아이젠하워는 공을 친 다음 자기 공을 지나치게 분명히 확인하려는 경향이 있었다. 확인할 때 클럽으로 공을 굴렸다. 골프 규칙상 이렇게 공을 움직이면 2벌타다. 하지만 아이젠하워는 공을 확인하면서 굴려 좋은 자리로 가면 거기서 그냥 공을 쳤다. 어떤 때는 잘못 굴려서 공이 바위에 바로 붙는 경우도 있었다. 그리고 보면 공을 굴린 것이 꼭 좋은 자리를 찾기 위한 것은 아닌 것 같다. 공을 지나치게 분명히 확인하려 했던 것으로 봐야 하는 것 아닌가 생각된다.

'망중한 골프' 시인형

'군복 골프' 체 게바라

자신의 모든 것을 희생해서 국민 전체를 위해 일하면서 품위와 도덕성을 갖춘 대통령으로 쉽게 떠올릴 수 있는 인물이 링컨이다. 미국의 통합과 노예해방을 위해 정열을 쏟았고, 높은 도덕성을 갖추었다. 남아공의 넬슨 만델라Nelson Mandela도 여기에 해당한다. 그는 자신의 모든 것을 바쳐 흑인 차별에 맞서다 27년 동안 감옥 생활을 했고, 형을 마치고 나와서는 자신을 탄압한 백인 정권과 타협해 흑백공동정권을 세우고 백인 차별주의자들을 용서해 남아공의 정치를 발전시키는 데 크게 기여했다. 최근의 인물로는 2015년 2월 임기가 끝난 우루과이의 호세 무히카José Mujica 대통령을 시인형으로 꼽을 수 있다. 월급 1,300만 원 중 90퍼센트는 극빈층을 돕는 데 기부하고 130만 원만 가지고 살았고, 관저도 반납하고 농가에서 살았다. 희생정신, 도덕성을 갖춘 대통령이었다.

이런 시인형 대통령 가운데 골프를 한 경우는 찾기 어렵다. 시인형은 자신보다는 전체를 앞세우는 심성을 가지고 있고, 그런 심성이 골프와 같은 개인적인 오락을 자제하도록 하기 때문에 시인형은 골퍼가 되기 어려운 것이다. 시인형 중 골프를 한 인물로 체 게바라가 있다. 대통령은 아니었지만 그는 1인자 카스트로보다 더 영웅시되어 있는 인물이다.

체 게바라는 카스트로와 함께 1959년 쿠바혁명에 성공했다. 혁명 전부터 체 게바라는 혁명군의 2인자였다. 체 게바라는 군사적 지휘 능력과 인간미를 모두 갖추고 있어서 그에 대한 혁명군의 신뢰는 높았다. 혁명 후 권력은 카스트로가 다 쥐었다. 체 게바라는 그 아래에서 국가토지개혁위원장, 중앙은행 총재, 산업부장관을 했다. 그러면서 사회주의 국가 쿠바의 체제를 갖추는 데 핵심적인 역할을 했다. 당시 서방의 언론은 그를 '쿠바의 두뇌'라고 불렀다. 만약 체 게바라가 권력 욕심을 부렸더라면 카스트로가 일정 기간 집권하고 이후 체 게바라에게 권력을 이양하는 역사가 전개되었을 수도 있었을 것이다. 하지만 체 게바라는 권력투쟁을 하지 않았다. 다만 쿠바의 사회주의 체제를 갖추는 데 진력했을 뿐이다.

그러면서 가끔 골프도 했다. 아바나 변두리에 있던 아바나 골프클럽을 주로 이용했다. 9홀짜리 골프장으로, 클럽하우스 이름이 '19번 홀'이었다. 체 게바라는 틈이 나는 대로 여기에 들러 운동을 했다. 워낙 바빠 골프복을 따로 차려입지 않고, 당시 그가 즐겨 입던 군복에 군화, 베레모 차림으로 골프를 했다. 물론 장갑이 따로 있지도 않아 맨손이었다. 그는 중학생 시절 아르헨티나의 중북부에 있는 코르도바주 알타그라시아에 살았는데, 당시 남동생 로베르토와 함께 테니스와 골프, 체스를 하며 놀았다. 알타그라시아에

체 게바라는 젊은 시절 용돈 벌이를 위해 캐디를 한 적도 있어서
혁명 전사답지 않게 골프에 반감을 표하지 않았다.

있는 체 게바라 박물관에는 체 게바라가 형제, 친구들과 골프장에서 찍은
사진도 전시되어 있다. 아버지가 토목 기사로 일해 어느 정도 삶에 여유가
있었다. 한동안은 용돈 벌이를 위해 캐디를 한 적도 있다. 부에노스아이레
스 의과대학에 다닐 때 럭비와 함께 골프를 종종 했다. 그래서 골프를 꽤 하
는 편이었다. 누가 보거나 촬영을 하는 사람이 있어도 신경 쓰지 않고 했다.
골프가 귀족 스포츠니까 하지 말자는 생각보다는 틈나는 대로 한숨 돌려가

골프로 보는 대통령의 통치 스타일 _ 2부

면서 전체 인민의 행복을 위해 최선의 노력을 다하면 된다는 생각이었을 것이다. 어릴 적부터 골프와 가까지 지냈기 때문에 거부감보다는 이런 골프 친화적인 생각을 했을 것으로 보인다.

1961년 미국은 쿠바를 침공했다. 피그스만 사건이다. 미국은 쿠바 중남부의 피그스만으로 특수 훈련을 받은 1,500여 명을 침투시켰다. 이들은 대부분 쿠바에서 망명한 사람들이었다. 하지만 쿠바군에 일망타진당했다. 이 사건으로 미국에 대한 경계심이 높아진 쿠바는 이듬해 10월 소련의 핵 미사일을 배치했다. 이를 안 미국은 쿠바를 군사적으로 봉쇄해 미사일 철수를 요구했다. 핵전쟁 일보 직전까지 갔다. 하지만 미국의 강경 의지를 확인한 소련은 결국 미사일을 철수했다.

체 게바라는 미국에 물러서는 소련에 실망했다. 소련을 더 이상 사회주의 종주국으로 인정하지도 않겠다고 했다. 그리고 자신은 노동계급의 혁명을 위해 게릴라로 돌아갔다. 1965년 아프리카 콩고로 건너가 반군 부대를 지원했다. 이듬해에는 볼리비아로 가 게릴라 부대를 조직해 혁명 활동을 전개했다. 1967년 10월 볼리비아 정부군과 싸우다 다리에 총상을 입고 체포되어 총살당했다. 직업이 혁명이면서 정글에서도 책을 읽고, 시가를 좋아하고, 골프까지도 했던 로맨티스트 체 게바라는 그렇게 갔지만, 지금도 많은 젊은이들의 가슴속에 우상으로 살아 있다.

『자본론』 집필 중 골프를 한 마르크스

대통령은 아니지만 공산주의 이념을 창시한 카를 마르크스Karl Marx는 일국의 대통령과 비교할 수 없을 만큼 인류 역사에 많은 영향을 끼친 인물이다. 자본주의의 모순을 파헤치면서 새로운 형태의 이념을 정리해내 세계에 새로운 진로를 제시하려 했다. 그의 연구는 지금도 많은 연구자와 활동가에게 영감을 제공하고 있다. 1848년 펴낸 『공산당선언』에서 "만국의 노동자여 단결하라. 프롤레타리아가 잃을 것은 쇠사슬밖에 없고 얻을 것은 세계다"라고 외쳤던 마르크스가 골프를 했다는 것은 참 의외다.

마르크스는 1818년 5월 5일 독일 트리어Trier에서 태어났다. 본대학에 입학해 법학을 공부했고, 1841년 예나대학에서 철학박사 학위를 받았다. 이후 급진적 신문 『라인신문』 등에 기고하면서 글로 사회를 변화시키려는 운동을 시작했다. 1943년에는 파리로 이주해 프리드리히 엥겔스Friedrich Engels와 교류하면서 문필 활동을 계속했다. 1845년 프로이센 정부를 비판하다 프로이센의 요청을 받은 프랑스에서 추방당해 벨기에로 갔다. 여기서 『독일 이데올로기』 등 유물사관을 주장하는 저술을 발표했다. 1848년 2월에는 엥겔스와 함께 『공산당선언』을 발표했고, 곧 파리 등지에서 혁명이 발생하자 파리와 쾰른 등에서 혁명 활동에 참여했다. 그러다 다시 쫓기는 몸이 되어 1849년 영국 런던으로 망명했다. 이때부터 마르크스는 대영박물관의 도서관에 자리를 틀고 앉아 경제학 연구에 매진했다. 1956년부터는 자본주의에 대한 깊이 있는 분석에 착수했다. 1867년에 나온 『자본론Das

Kapital』 제1권은 그런 노력의 결실이었다. 제2권과 제3권은 사후 엥겔스에 의해 출간되었고, 제4권은 카를 카우츠키Karl Kautsky가 편집, 출간했다. 『자본론』은 지금도 '사회주의의 성경'으로 불리며 널리 읽히고 있다.

'사회주의의 성경'으로 불린다고 해서 『자본론』이 사회주의 사상의 구성 원리와 구체적인 명제들을 다루고 있는 것은 아니다. 흔히들 그렇게 오해하고 있지만 그렇지는 않고, 주요 내용은 자본주의의 모순을 논리적으로 분석하는 것이다. 자본주의의 원리, 그 속에서 노동자가 착취당하는 이유를 설명하면서 자본주의의 어두운 미래를 전망했다. 자본주의가 멸망한다는 그의 예측은 맞지 않았지만 자본주의의 운영 원리를 설명한 부분은 매우 논리적이어서 지금도 많은 사회과학도들의 찬사를 받고 있다.

『자본론』을 우리나라에서 처음으로 완역한 학자가 서울대학교 경제학과 교수였던 김수행이다. 1989년부터 차례로 번역해서 냈다. 당시만 해도 좌파에 대한 감시가 심할 때인데, 서울대학교 교수가 직접 번역을 해서 내니까 경찰도 어쩌지 못했다. 한국 사회의 문제와 문제 해결 방향에 대한 해답을 갈구하던 대학생이 이 책을 많이 샀다. 덕분에 김수행은 경기도 산본에 아파트를 샀다고 한다. 『자본론』이 자본을 벌어준 것이다.

마르크스는 1949년 이후 런던에 살면서 대영박물관 도서관으로 늘 출근했다. 가끔 사회주의 단체들의 모임이 참석하는 시간과 아이들을 가르치는 시간을 제외하고는 연구에 정열을 쏟았다. 그는 자신이 직접 집에서 아이들을 가르쳤다. 요즘말로 하면 홈스쿨링이다. 엥겔스가 가끔 와서 마르크스의 아이들을 가르치기도 했다. 마르크스는 경제, 법, 역사에 조예가 깊었고, 엥겔스는 철학과 문학에 일가견이 있었다.

　마르크스의 작업은 막중한 것이었다. 핍박받는 노동자 삶의 근본적인 원인을 찾아내는 작업이었다. 가끔은 휴식이 필요했다. 그럴 땐 런던 근교의 골프장을 찾았다. 덕분에 그는 20년 이상 꾸준히 『자본론』 집필에 몰두할 수 있었다. 부르주아 스포츠인 골프가 부르주아를 비판하는 내용의 책이 만들어지는 데 기여한 것이다. 경제적으로 여유가 있었던 것은 아니지만 엥겔스의 도움으로 나름 생활을 할 수 있었다. 엥겔스는 아버지가 맨체스터에서 방적 공장을 운영하고 있어서 경제적으로 충분히 여유가 있었다. 엥겔스는 마르크스가 천재라고 생각했고, 그래서 자신이 집필 활동을 도와야 한다고 여겼다. 마르크스는 부인의 친척에게도 도움을 받고 있었다. 하지만 이렇게 도움을 받아 생활하는 모습이 마르크스의 어머니에게는 불만이었다. "애야! 자본론을 글로만 쓰지 말고 자본을 좀 모아야 되지 않겠니?"라고 했다고 한다. 하지만 마르크스는 힘이 다할 때까지 글을 쓰다가 1963년 서재 의자에 앉은 채 숨을 거두었다.

9장

대통령이
골프를 하는
이유

스트레스 해소형

대통령들이 골프를 하는 이유는 다양하다. 정치 활동의 일환, 자기과시 등 여러 가지이다. 하지만 많은 경우 최고 의사결정권자로서 중압감과 스트레스를 해소하기 위해 골프를 한다. 공을 클럽으로 때리는 아주 단순한 동작을 하면서 복지와 치안, 국방 등 다양한 영역의 복잡한 이슈로 가득 차 있는 머리를 잠시나마 비울 수 있다. 푸른 잔디밭을 보면서 한 때나마 가슴이 탁 트이는 느낌을 가질 수도 있다. 그런 느낌을 한두 번 경험하면 중독이 되기도 한다. 그래서 밀려오는 일의 와중에서도 틈을 내서 골프장을 찾는 것이다. 긍정적인 측면으로 골프를 활용하는 경우를 말하는 것이다. 오바마가 골프를 많이 치는 것에 대해서 말들이 많지만, 전임자 부시는 "대통령직 수행에는 엄청난 스트레스가 따르는데 이를 해소하기 위해서는 골프장을 자주 찾는 것이 바람직하다"는 말로 오바마를 옹호해주었다.

오바마는 승부사형으로 일을 즐기면서 하는 스타일이다. 스트레스를 많이 받는 유형은 아니다. 스트레스를 미리 예방하는 유형이다. 오후 6시 30분이 되면 퇴근하고 가족과 함께 보내는 것도, 가까운 친구들과 골프를 하는 것도 스트레스를 예방하는 방법이다. 그래서 오바마도 점수보다는 라운딩 자체를 즐긴다. 내기는 가볍게 한다. 골프를 하면서 트래시톡도 즐긴다. 한국계 오바마 보좌관으로 열 번 이상 오바마와 라운딩을 한 유진 강은 "오바마는 아주 전략적으로 트래시톡을 구사한다"고 말한다. 골프할 때는 심각하게 공만 때리는 것이 아니라 농담을 해가면서 시끄럽게 떠들면서 즐기는 것이다. 그래서 그는 골프를 '4시간의 자유'라고 한다. 가까운 친구들과 골프를 하기 때문에 가능한 일이다.

박정희나 노무현도 마찬가지였다. 박정희가 퍼팅을 한 번만 한 것은 스트레스 해소용으로 골프를 했음을 잘 보여준다. 점수를 잘 내려면 퍼팅을 잘해야 한다. 영국의 골프 속담에 "드라이버는 쇼고, 퍼팅은 돈이다Drive for show, put for dough"라는 말이 있다. 드라이버는 기분 풀이가 되지만 실제로 점수를 줄여서 내기에 이기게 하는 것은 퍼팅이라는 말이다. 점수를 줄이려면 퍼팅을 잘해야 하는데 박정희는 이걸 안 했다. 점수보다는 재미로, 어른들의 놀이로 골프를 한 것이다. 노무현도 실력이 100타 정도였으니 잘 치는 데 관심을 둔 골프라고 할 수 없다. 한순간 골치 아픈 일들을 벗어나 정신을 긴장 상태에서 놓아주는 것에 더 관심을 두었음을 알 수 있다.

그밖에도 많은 대통령들이 스트레스 해소를 위해 골프를 했다. 클린턴도 골프를 하면 다른 생각이 전혀 안 나기 때문에 골프를 한다고 말한 적이 있다. 게임에 몰입해 있다 보면 복잡한 일을 잊고 마음이 새로워진다는 이야기다. 닉슨도 워터게이트 사건으로 언론과 민주당에게 사임 압력을 받고 있을 때 친구들과 골프를 하면서 잊으려 했다. 윌슨은 "골프를 하면 심장에 산소를 불어넣는 것 같다"고 말하기까지 했다. 누구나 골프공을 대하는 순간 '어떻게 하면 이 공을 똑바로 보낼까'만을 생각한다. 다른 것은 다 잊도록 해준다. 그래서 많은 대통령이 골프에 중독된다.

정치적 활용형

한국의 군 출신 대통령들은 대부분 골프를 정치 · 외교적으로 십분 활용하려 했다. 실제로 박정희의 골프 동반자는 대부분 정치인, 경제인, 군 장성, 주한미군 장성 등이었다. 경호실장 박종규, 통양통신 사장 김성곤, 공화당의 중진 길재호, 육군참모총장 김종오, 국회의원 신용남 등과 골프를 자주 했다. 김종필과도 골프장에서 가끔 만났고, 삼성 회장 이병철도 박정희의 주요 파트너였다. 주요 외교사절, 미군 장성 등과도 라운드를 했다. 이런 사람들과 골프를 하면서 공식적인 자리에서 하기 어색한 이야기도 하고, 얽혀 있는 문제를 풀기도 했다. 야수형 대통령으로서 중압감 해소에도 골프를 썼지만, 정치적 목적에도 큰 비중을 두었다. 1979년 6월 3일의 일기에는 주한미군사령관과 골프를 한 이야기를 쓰고 있다.

6월 3일(일) 흐림

다가오는 7월 초 본국으로 전임하는 유엔군사령관 베시 대장 송별 골프 대회를 뉴관악 칸추리에서 개최하다. 미8군의 장성급 7명과 아我 측에서 각군 참모총장 및 국방장관, 청와대 등 12명 계 20명이 참가, 미美 측에서는 출장 중인 미태평양사령부 해군사의 쿠건 중장도 합류해 14홀을 돌고 저녁에는 경호실 식당에서 만찬을 같이 하다.

베시 장군은 역대歷代유엔군 사령관 중에서도 특히 한국을 깊이 이해하고 한국민을 좋아하는 친한적親韓的 장군이었다. 그는 카터 대통령의 미 지상군 철수 계획에 대해 강력한 반대 의견을 가진 장군이었으나 금번 미 육군참모총장 물망에 오르기도 했으나 주한 미 지상군 철수 정책에 대해 카터 대통령과 의견을 달리하는 까닭에 참모 차장으로 전임되어 간다고 한다.

주건과 소신이 뚜렷한 훌륭한 장군이었다. 장군의 건강과 대성大成을 기원한다.

바로 10 · 26이 일어나기 4개월 전의 일이다. 떠나가는 미군 장성과 골프를 하면서 친교를 유지하려 했음을 잘 알 수 있다.

주인 없이 이사회를 통해 운영되던 서울CC는 1960년대 대한민국에서 돈 있고, 권력 있는 사람들의 사교장이었다. 뿐만 아니라 박정희 정권의 외교적 로비의 도구로도 많이 이용되었다. 박정희가 수시로 여기에 나와 외교적 · 군사적으로 중요한 인물들과 골프를 했다. 그뿐인가? 정권과 가까운 밀접한 사람들이 이사장을 하면서 필요한 곳에 명예회원증이나 대우회원증을 발급해주어 회원처럼 최소 비용만 내고 골프를 칠 수 있게 했다. 우선 이사장의 면면을 보면, 이순용 이사장은 이승만의 몰락과 함께 물러났고, 1960년부터 1965년까지는 『한국일보』 사장 장기영, 1965년부터 1967년까지는 두산그룹의 전신인 동양맥주 회장 박두병, 1967년부터 1971년까지는 김종필의 형 김종락이 이사장이었다. 이후에는 청와대경호실장 박종규, 법무장관 이호 등으로 이사장이 이어졌다.

1960년대 서울CC의 명예회원증, 대우회원증 발급 현황을 보면 당시 박정희 정권이 어느 기관을 주요 로비 대상으로 여겼는지 알 수 있다. 우선 회원과 같은 권한을 주는 명예회원증은 미8군에 30개가 발급되었다. 미국과 자유중국(타이완), 독일, 이탈리아, 태국, 필리핀, 터키의 대사, 군사정전위원회의 미국 대표 등에게도 명예회원증이 주어졌다. 미국대사관은 특별대우를 해서 대사특별보좌관, 연락관 등 4명에게도 명예회원증을 줬다. 미국대사관은 김형욱을 통해 이렇게 많은 명예회원증을 확보했다. 회원과 비슷한 권한을 주는 대우회원증은 우리나라에 원조 물자를 대주던 미국의 대외원조처USOM에 가장 많은 80개가 발급되었다. 한국군 장성들에게도 격려차원에서 대우회원증이 주어졌는데, 육군 41개, 해군 10개, 공군 16개, 해병대 9개로, 모두 76개의 대우회원증이 군에 발급되었다.

박정희가 태릉CC를 만든 이유도 군을 위무하면서 정치·외교적 목적으로도 활용하기 위해서였다. 이병철도 골프를 무척 좋아했다. 골프채가 200개나 될 정도였다. 19세기 영국의 왕족들이 쓰던 클럽 케네스 스미스를 영국에서 주문해 쓰기도 했다. 이후 혼마로 바꿨는데, 한때 우리나라에서 혼마가 인기 있었던 이유가 바로 이병철 회장이 쓰는 클럽이었기 때문이다. 골프채뿐만 아니라 골프화, 골프복, 골프 서적 등 골프와 관련된 것은 무엇이든 수집하는 수집광이기도 했다. 그는 골프로 사람들을 만났다. 국무총리 신현확, 대법원장 민복기, 국회의원 최치환·신용남, 쌍용 회장 김성곤, 대한방직 회장 김용주, 대한교육보험 회장 신용호, 중소기업협동조합 중앙회 회장 김봉재, 전경련 회장 김용원, 『전남일보』 사장 김남중 등이 이병철의 골프 친구였다. 골프장을 직접 짓기도 했다. 안양CC다. 지금은 안양베네스트CC로 이름이 바뀌었다. 가수 조용필도 엄청 좋아한다는 곳이다. 나무 한 그루, 바위 하나까지 이병철이 일일이 신경 써서 조성했다.

초기에 박정희도 안양CC에서 자주 골프를 했다. 박정희가 이 골프장을 좋아해 청와대 측은 아예 대통령용 VIP룸을 만들어달라고 요청했다. 이병철은 거절했다. 박정희 말이라면 안 되는 게 없던 시절이었는데, 이병철이 정중히 거절했다. 그러면서 자신이 쓰는 VIP룸이 있고, 그게 늘 비어 있다시피 하니 그걸 쓰라고 했다. 물론 박정희는 몹시 기분이 나빴을 것이다. 하지만 이병철을 어쩌지는 못했다. 박정희의 모토는 경제 건설이었고, 그 첨병 역할을 삼성이 해주고 있는 상황이었다. 그래서 박정희는 태릉CC에 VIP룸을 따로 만들었다. 여기서 1971년 7월 미국의 애그뉴 부통령을 맞는 등 중요한 손님들을 접대했다.

지금은 에버랜드가 된 용인자연농원도 박정희와 이병철의 골프 회동에서 나온 이야기에서 비롯된 것이다. 한번은 둘이서 라운드를 끝내고 식사를 하다가 농촌 지역도 개발하고 일반인의 휴식 공간을 늘리는 문제를 논의하게 되었다. 자신들만 화려한 골프장에서 여유를 즐기는 것이 마음에 걸리기는 했던 모양이다. 이날의 이야기를 계기로 이병철은 자연농원을 구상하고 용인에 수백만 평의 부지를 매입해 곧바로 조성에 들어갔다. 박정희 입장에서는 많은 사람들이 레저를 즐길 수 있도록 한다는 명분이 있었고, 이병철 입장에서는 또 하나의 큰 비즈니스 아이템이었다. 이제는 웬만한 시민이면 누구나 갈 수 있는 테마파크가 된 에버랜드는 그런 과정을 통해서 만들어졌다. 물론 입장료 4만 원이 부담스러워 그마저도 가기 어려운 사람들이 여전히 많기도 하지만 말이다.

박정희가 태릉CC를 건설한 이후 1970년대 각 군 대항 골프대회를 열고, 군 비행장에 골프장을 건설한 것도 군을 위로해 분명한 지지 기반으로 삼기 위한 것이었다. 그의 권력 기반은 군이었다. 그들의 탄탄한 기반이 없이 박정희 정권은 유지될 수 없었다. 그래서 군을 우대했다. 장성으로 예편하면 장관, 공기업 사장, 대사를 시켜주는 것이 예삿일이었다. 대위만 되면 정부 부처 사무관으로 옮길 수도 있었다. 이른바 '유신 사무관'이다. 군 골프장을 지어준 것도 그런 맥락이다.

군 출신 전두환, 노태우를 거쳐 오면서 군 골프장은 증가 일로였다. 모두 29개나 된다. 육군 7개, 해군 5개, 공군 14개, 국방부 3개다. 짓고 있는 것도 있다. 물론 장군들이 주로 이용한다. 2011년과 2012년 통계를 보면 육·해·공군 장군 450여 명이 2만 2,000여 번 군 골프장에서 라운딩을 했다. 한 사람이 한 해에 평균 24.5회 정도 친 것이다. 그러니까 2주에 한 번씩 했다는 말이다. 군 출신 대통령들이 군에 대한 배려 차원에서 골프장을 늘

박정희는 태릉CC를 건설하는 등, 군을 위무하는 용도로 골프를 잘 활용했다.
그의 권력 기반이 군에 있었기 때문이다.

린 결과다. 그들에게 군에 대한 배려는 군의 지지와 충성을 유도하는 당근
이었다.

　이처럼 박정희는 골프를 정치와 외교를 하는 데 많이 이용했다. 골프
를 하면서 정치 이야기를 일체 못하게 하는 대통령도 있지만, 박정희는 반
대로 골프장에서 정치 이야기를 많이 했다. 때로는 경제를 더 성장시킬 수
있는 방안을 말하기도 하고, 때로는 야당의 입을 틀어막을 수 있는 방안, 학
생들의 민주화 요구를 억제할 수 있는 방안을 이야기하기도 했을 것이다.

　박정희의 휘하에서 활동한 김종필은 특히 외교에 골프를 활용했다고
스스로 자랑한다. 그는 총리를 하고 있던 1973년 1월 미국을 방문했다. 당

시 미국의 국무장관 윌리엄 로저스William Rogers를 만나 골프를 했다. 5달러 내기도 걸었다. 18홀 통산해서 이기는 사람이 갖는 것이었는데, 김종필이 졌다. 김종필은 로저스 장관이 관용차를 쓰지 않고, 부인이 운전하는 차를 타고 골프장으로 나오는 모습을 인상적으로 봤다. 그날이 일요일이었는데, 로저스는 일요일에는 관용차를 쓰지 않고 자기 차를 썼다. 6개월 후 로저스가 다시 한국에 왔다. 김종필이 다시 안양CC에서 로저스를 만났다. 김용식 외무장관, 필립 하비브 주한미국대사도 함께였다. 이날은 김종필이 이겨 5 달러를 회수했다. 김종필의 설명에 따르면 골프장에서 두 번 로저스를 만나면서 이야기가 잘 되었다고 한다. 한국은 경제성장에 모든 힘을 쏟고 있다. 그러니 경제가 더 성장할 수 있도록 도와 달라 했다고 한다. 필리핀은 민주주의를 한다고 해서 미국이 관심을 많이 가지는데, 우리는 경제성장에 최우선적 목표를 두고 정책을 추진하고 있으니 어느 쪽이 성과가 좋은지 잘 지켜봐 달라는 이야기도 했다고 한다. 부드러운 분위기 속에서 그런 대화를 했기 때문에 로저스도 우리 입장을 잘 이해하는 것 같았다는 것이 김종필의 말이다. 경제성장에 올인하면서 저임금의 근로자, 재벌 위주 정책으로 인한 부의 편재, 민주주의 무시에 따른 정치 발전의 지연 등에 대한 고민은 부족한 김종필이지만, 나름의 생각과 박정희 정부의 입장을 미국에 전하면서 미국의 협조 속에서 성장을 추구하려 했다.

이처럼 골프는 대통령들이 정치적 회동의 기회로 이용되었다. 정치적 활용형은 골프를 통한 사교를 목적으로 한다는 점에서 사교형이라고 할 수도 있겠다. 38대 미국 대통령 포드도 왜 골프를 하느냐는 질문에 "친구를 사귀고 우정을 돈독하게 할 수 있기 때문"이라고 말한 적이 있다. 정치적 타협에 능했던 그도 골프를 협상 분위기를 만드는 하나의 도구로 활용한 것이다. 하지만 정치적 활용형이라고 해서 항상 그런 용도로만 골프를 치는 것은 아니다. 스트레스 해소용으로 치는 경우도 많다. 박정희도 부인 육영수의 사망 이후에는 골프를 많이 했다. 주로 정치적 용도로 골프를 이용하는 대통령들도 때로는 정신적인 어려움과 피로를 극복하기 위해 골프를 하는 것이다.

미국 대통령 가운데는 클린턴이 대표적인 정치적 활용형이다. 30대 초반에 아칸소주 주지사가 되면서부터 본격적으로 정치 골프를 하기 시작했다. 정치인이나 기업가들과 골프를 하면서 지지 세력을 확보하고 선거 자금을 모았다. 대통령 선거 출마와 같은 정치적 결단이 필요할 때도 골프 코스에서 지인들과 협의했다. 대통령이 되어서는 주요 법안을 통과시키기 위해 골프를 이용했다. 반대하는 의원들과 골프를 하면서 협상했다. 우군들도 골프장으로 불러 위로했다. 퇴임 후에도 기업인이나 유명인과 골프를 하면서 클린턴재단의 기부금을 모으고 부인 힐러리를 지원하는 활동을 계속하고 있다.

닉슨의 골프 동반자들도 통상은 정치적으로 유용한 사람들이었다. 상원의원, 장관, 기업인 등이었고, 어떤 때는 노조 지도자들과도 라운딩을 했다. 미국 노동조합의 최대 조직인 미국 노동총동맹 산업별조합회의AFL-CIO는 전통적으로 민주당을 지지해왔다. 1972년 닉슨이 대통령 재선에 출마했을 때는 민주당과 노조 사이에 갈등이 있었다. 민주당은 열성적으로 도와주지 않는다고 불만이었고, 노조는 민주당이 자기들의 중요성을 제대로 인정 해주지 않는다고 불만이었다. 그 사이를 닉슨이 비집고 들어갔다.

잠깐 삼천포로 좀 빠져서 영어 숙어 하나 배우고 가자. 'drive a wedge'라는 숙어가 있다. '사이를 벌려놓다', '이간질하다' 등의 뜻이다. 쐐기wedge를 밀어넣으니까 사이를 벌리고 이간질하는 것이다. 골프클럽 가운데 웨지도 공과 땅 사이를 파고들어서 공을 띄워주는 도구라서 그런 이름이 붙었다. 골프를 좋아한 닉슨이 민주당과 노조 사이에서 웨지샷을 제대로 했다. 그것도 바로 골프장에서 했다. 닉슨은 당시 AFL-CIO의장 조지 미니George Meany를 메릴랜드의 고급 골프장 버닝트리로 초대했다. 당시 노동부 장관 조지 슐츠George Shultz도 자리를 함께 했다. 18홀 내내 이들은 정치 이야기, 선거 이야기, 가정 이야기를 하면서 가까워졌다. 얼마 있지 않아서 AFL-CIO는 1972년 대선에서 닉슨을 지지한다고 공식 선언했다. 노조가 가진 자들의 정당인 공화당을 지지한 특이한 경우였다. 그런 특이한 정치사도 골프장에서 쓰였다.

존슨도 정치적 활용형 중 한 사람이다. 어릴 적부터 정치를 좋아한 존슨은 사람들과 말하고, 생각이 다른 사람을 설득하는 것 자체를 즐겼다. 그런 것을 골프장에서 하면 더 잘된다는 것을 하원의원 생활을 하면서 깨달았다. 그래서 대통령 임기 중에 흑인들의 평등한 권리를 보장하는 인권법이나 흑인들의 투표를 보장하는 선거법 등 이해가 첨예하게 대립하는 법안을 통과시키기 위해, 설득과 대화의 기회로 골프를 잘 활용했다.

베트남 전쟁이 격화되던 1965년부터 1967년까지는 골프장 출입을 하

경제성장에 따라 중국에도 골프장이 우후죽순으로 생기고 있다.
골프를 불법 거래의 용도로 쓰는 사람이 많은 중국에서 부패 척결에 힘쓰고 있는
시진핑의 대처가 관심사다.

지 않았다. 그러다 다시 골프를 가끔 했다. 퇴임 이후에도 몇 차례 하긴 했
지만 이내 시들해져서 골프에서 완전히 손을 뗐다. 정치가 그의 손에서 떠
났기 때문에 더 이상 골프를 할 이유가 없었다. 정치를 위해서 골프를 했기
때문에 퇴임 후에 골프를 안 하는 것이 너무 자연스러운 일이었다.

중국에도 골프장이 600여 개 있다. 돈을 버는 사람들이 많아지면서 골
프장도 늘어난 것이다. 마오쩌둥은 1949년 혁명에 성공한 직후 골프를 '부
르주아의 방종'으로 규정하고 모든 골프장을 없앴다. 지금의 상하이동물원

도 원래는 골프장이었다. 그렇게 사라진 골프장은 1978년 개혁 개방과 함께 서서히 생겨나기 시작해 지금은 600개를 넘어섰다. 그 골프장 중 66개에 대해 중국 정부가 2015년 봄에 폐쇄 조치를 내렸다. 불법으로 건설된 것들이기 때문이다. 불법 건설된 골프장을 폐쇄한 시진핑 정부의 조치는 부패의 온상인 골프에 대한 경종의 의도도 담고 있다. 골프는 그동안 기업인과 관료들이 불법 거래를 하는 기회로 이용되어 왔다. 골프를 매개로 뇌물을 주고, 청탁을 하고, 부정한 약속을 해온 것이다. 중국에서 골프는 여전히 그런 용도로 많이 쓰이고 있다. 한 번 라운딩에 15만 원 정도니 한 달 월급이 70~80만 원인 일반인은 엄두도 못 낼 일이다. 66개 골프장 폐쇄는 골프장에서 이루어지는 부정적인 거래에 대한 경고가 들어 있는 것이다. 하지만 아무리 중국이라 해도 골프장 모두를 한꺼번에 없애기는 어려울 것이다. 부패 척결에 심혈을 기울이고 있는 시진핑이 앞으로 골프와 관련해 어떤 정책을 실행하는지 관찰하는 것도 흥미로운 일이 아닐 수 없다.

순수 오락형

스트레스 해소나 정치적 목적보다는 그저 단순한 오락으로 골프를 하는 경우도 있다. 회사원형인 아이젠하워가 그랬다. 대통령직을 즐기지 못하고 정열도 쏟지 않는 회사원형은 야수형이나 승부사형에 비하면 스트레스는 적은 편이다. 아이젠하워도 중압감에 힘겨워하면서 대통령직을 수행하지는 않았다. 중요한 일은 신속하게 하면서 주중에 골프를 했다. 좋아서 한 것이다. 실제로 기자회견에서도 그렇게 답을 했다. 1958년 10월 기자회견에서 "왜 그렇게 골프를 좋아하십니까?"라는 기자의 질문에 "재미있어서요"라고 답했다. 낚시와 사냥도 좋아하지만 골프는 공을 따라다니는 게 재미있어서 한다고 말한 것이다. 물론 순수 오락형이라고 해서 스트레스 해소의 성격이 전혀 없는 것은 아니다. 장인형이나 회사원형 대통령도 중압감이 전혀 없을 수는 없다. 미국의 대통령은 그의 의사 결정 하나하나가 미국뿐 아니라 전 세계에 영향을 주는 일이 많기 때문에 더 그렇다. 순수 오락 목적으로 골프를 하는 대통령도 따지고 보면 그 오락의 과정에서 스트레스가 완화되는 효과를 누린 것이다.

레이건도 순수 오락형이다. 레이건은 장인형 대통령으로 일을 즐기면서 모든 에너지를 일에 쏟아붓지 않는 형이다. 따라서 엄청난 중압감에 시달리는 유형도 아니었다. 골프를 한 것은 즐겁기 때문이었다. 유명 골프 선수들하고도 하고, 친구들하고도 하면서 보드게임이나 당구처럼 골프를 즐겼다.

아버지 부시의 리더십 유형은 승부사형에 가깝다. 정열적으로 일했다. 독일 통일을 위해 소련, 영국, 프랑스를 설득하는 데 앞장섰다. 쿠웨이트를 침공한 이라크를 응징하기 위해 전쟁까지 일으켰다. 그러면서도 긍정적인 마인드를 가지고 대통령직에 임했다. 야수형처럼 중압감에 시달리는 편은 아니었다. 그래서 골프도 중압감에서 해방되기 위해서라기보다는 가까운 사람들과 순수하게 즐기기 위해 치는 일이 많았다. 가까운 골프 친구로는 브렌트 스코크로프트 국가안보보좌관, 제임스 베이커 국무장관, 니컬러스 브래디Nicholas Brady 재무장관 등으로 이들과 자주 쳤고, 아니면 조지와 젭 등 가족과 골프하는 것을 좋아했다. 특히 가족과의 골프를 '천국'이라고 표현할 정도로 그는 가족 골프를 즐겼다. 골프를 순수하게 오락으로 대한 것이다.

골프를 순수 오락으로 즐기는 형은 골프를 인생의 축소판으로 본다. 때로는 잘 되기도 하고, 때로는 안 되기도 하고, 때로는 쉬운 것도 있고, 또 때로는 어려운 것도 있고, 운이 좋으면 행운을 잡고, 운이 안 따르면 불행한 일을 만나는 것이 인생인데, 그런 것이 다 골프에 있다. 순수 오락형은 그런 것을 골프를 통해 관조하면서 즐긴다. 공이 해저드에 들어가면 '아! 나에게 시련이 왔구나. 이를 벗어나서 피해를 최소화하는 방법을 강구해보자'라고 한다. 버디를 잡으면 충분히 즐기고 '뜻밖의 행운이 왔으니 조금은 조심해야겠지' 한다. 이렇게 골프를 인생 게임으로 즐기는 것이다.

영국의 대문호 셰익스피어도 골프를 했는데, 그가 이런 식이었다. 셰익스피어는 테니스와 활쏘기, 여우 사냥 등 여러 가지 스포츠를 즐겼고, 그 중에서도 특히 골프를 좋아했다. 세인트앤드루스 골프장에서 82타까지 친 적이 있다고 한다. 그는 한 홀 한 홀이 모두 인생의 축소판이라고 여겼다. 티샷에서 퍼팅까지 과정에 인생의 전 과정이 녹아 있다고 본 것이다. 인생을 그대로 담아내는 거울로 골프를 간주했다. 1번 홀부터 18번 홀까지 경기를 하는 것은 인생을 열여덟 번 사는 것이었다. 골프장에 인생을 대입해 생각하면서 게임을 즐겼다. 그러면서 인생의 희로애락을 드라마틱하게 담은 작품들도 구상했을 것이다. 그렇게 셰익스피어는 취재 여행 차 세인트앤드

루스, 에든버러 등 영국 여기저기를 돌아다니며 골프를 만끽했고, 문학사에
빛나는 걸작을 만들어냈다.

자기과시형

포드는 실력을 과시하기 위해 골프를 했다. 본래 미식축구 선수여서 운동을
잘했고, 골프에도 자신이 있었다. 프로대회에도 참여할 정도였으니까 자랑
을 하고 싶었을 만도 하다. 그래서 포드는 좋은 자세, 쭉 뻗는 샷, 내세울 만
한 스코어로 자신을 돋보이게 하고 싶었다. 그런 용도로 골프를 활용했다.

포드가 자기의 골프 실력을 과시하고 싶어 했다면, 전두환은 자기 세
력을 과시하고 싶어 했다. 한 번 골프를 하면 두세 팀을 만들어 함께 라운딩
을 했다. 힘을 과시하면서 결속도 다지는 행사로써 골프를 했다. 전두환은
그런 행사를 통해 보스의 위신을 확보하려 했다. 돈을 만들고 푸는 데 능했
기 때문에 그런 행사가 가능했다. 골프 실력도 좋았기 때문에 시원한 장타
를 통해 자신의 실력을 사람들에게 보여주고 싶은 욕구도 있었을 것이다.
그는 이를 위해 장군이 되자마자 영내에 연습장을 설치해놓고 연습을 했다.
그것이 실력이 되어 실제로 한국의 대통령 가운데서는 가장 골프를 잘했던
대통령으로 기억되고 있다.

이밖에도 골프할 때 동반자를 유심히 관찰하는 유형이 있을 수 있다.
참모나 주변 사람을 관찰하는 기회로 골프를 이용하는 경우다. 기업의 사장
들도 핵심 포스트에 필요한 사람을 고를 때 같이 골프를 하기도 한다. 위기

가 닥쳤을 때 그 위기를 어떻게 극복하는지를 면밀히 관찰하는 것이다. 가령 앞에 큰 나무가 있을 때 좁은 가지 사이로 볼을 통과시키는 샷을 하는지, 아니면 우회하는 길을 택하는지 등을 자세히 관찰하는 것이다. 이런 관찰 결과를 가지고 그 사람을 평가하고 기용 여부를 판단하는 것이다.

대통령 중에도 이런 유형이 있을 수 있다. 주변 인물들과 골프를 하면서 그들을 평가하는 것이다. 대통령이 실수를 했을 때 멀리건을 너무 쉽게 주는지, 벌타를 받아야 할 상황인데 너무 쉽게 면제를 해주는지, 아니면 너무 엄격하게 따지는지 등을 관찰하는 것이다. 너무 쉽게 벌타를 면제해주는 경우 그 인물은 간신일 가능성이 크다. 대통령이지만 규칙을 제대로 지키라고 하는 사람은 어려운 상황에서 충언을 할 가능성이 높은 사람이다. 이런 식으로 골프를 통해 사람을 판단할 수 있다.

10장

●

골프 스타일로
보는
통치 행태

장쾌한 골프형 · 전략적 플레이형 · 점수 관리형

앞서 대통령들의 골프 형태를 살펴보았는데, 실제 골프 게임을 운영하는 행태로는 장쾌한 골프형과 전략적 플레이형, 그리고 점수 관리형이 있음을 알수 있다. 장쾌한 골프형은 시원시원한 장타를 앞세워 과감하고 공격적인 골프를 하는 유형이다. 전략적 플레이형은 코스의 특성과 날씨 등을 종합적으로 파악해 계획적이고 체계적으로 게임을 운영하는 유형이다. 점수 관리형은 숏게임과 퍼팅을 중심으로 실속 있는 골프를 하는 스타일이다. 어떤 동반자를 대동하는지를 기준으로 구분해 보면, 네트워크형과 친구 동반형이 있다. 네트워크형은 정치인, 기업인 등 다양한 분야의 사람들과 골프를 하는 유형이고, 친구 동반형은 아주 가까운 주변 인물들과 골프를 하는 유형이다. 또 골프 규칙을 잘 지키는지를 기준으로 하면, 규칙 무시형과 규칙 준수형으로 나눌 수 있다.

전두환은 장쾌한 골프형이다. 80이 넘은 나이에도 드라이버샷을 230미터 날렸다. 안전하게 정확하게 앞뒤 재면서 가는 형이 아니다. 기분도 내고 주변에 과시도 하고 그러면서 골프를 하는 형이다. 잘 맞으면 230미터지만 조금만 빗나가도 OB다. '모 아니면 도' 식의 모험형이다. 이런 골프를 하는 정치인은 기회가 왔다고 판단되면 모든 것을 걸고 도박을 할 가능성이 높다. 전두환은 그런 기질로 쿠데타를 했다.

장쾌한 골프형이 전두환처럼 부정적인 측면으로 나타나는 경우가 있는가 하면 긍정적인 측면으로 나타나는 경우도 있다. 케네디도 장쾌한 골프를 했다. 드라이버샷이 300야드(274미터)를 날아가기도 했다. 그의 호쾌한 성격을 잘 보여주는 것이다. 이런 것이 그에게는 쿠데타가 아니라 필요할 때 결단을 내리고 정면 승부를 벌이는 형태로 나타났다. 그런 성향이 20대에 하원의원 출마, 30대에 상원의원 출마, 40대에 대통령 출마라는 승부수를 가능하게 했다.

거꾸로 말하면, 장쾌한 골프형의 정치인은 정치도 호기롭게 할 가능성이 높다. 기회를 보다가 결정적인 시기가 오면 큰 승부를 걸어보는 것이다. 그것이 부정적인 쪽으로 향하면 역사에 큰 죄악을 범하는 것이고, 반대로 긍정적인 쪽으로 향하면 정치인 개인에게도, 그가 속한 공동체에도 획기적인 전환의 계기가 되는 것이다.

전략적 플레이형은 코스, 날씨, 자신의 컨디션 등을 꼼꼼히 살피면서 그에 맞게 골프를 하는 유형이다. 이명박은 재임 시절 골프를 즐기지는 않았지만 기업인 시절에는 골프를 많이 했다. 그는 골프장을 사전에 충분히 연구해 공략법을 미리 생각하는 전략적인 스타일이었다. 코스의 길이, 벙커와 워터해저드의 위치 등을 사전에 정확히 파악한 뒤 게임에 임했다. 어떤 사안을 대할 때 어떻게 행동할지를 미리 생각을 해두는 유형이다. 그래서 골프 실력도 좋았다. 핸디캡 80대 중반 정도의 실력이었다.

이명박의 정치도 매우 전략적인 루트를 따랐다. 현대에 들어가 현대건설의 회장까지 지냈다. 돈을 모으고 이름을 얻었다. 그다음 정치인이 되었다. 국회의원을 두 번만 하고 서울 시장이 되었다. 대권으로 가기에 국회의원보다는 서울 시장이 훨씬 낫다는 판단이었다. 서울 시장이 되어서도 국민의 관심이 될 만한 사업을 잘 찾아서 했다. 청계천 복원 사업이 대표적이다. 환경 이슈가 각광받는 시점에 환경친화적인 사업을 찾은 것이다. 사람들이 원하는 것이 무엇인지, 주목을 받을 만한 일이 어떤 것인지를 면밀히 생각해 실행했다. 결국 이것 하나로 이명박의 주가는 크게 치솟았다.

교통체계 개선 사업도 마찬가지다. 인구 집중 도시 서울의 가장 큰 문제점인 교통 문제를 개선하면 관심을 끌 것임을 안 것이다. 교통 전문가를 특별 채용해 문제를 찾았고, 해법은 버스 중앙차로제였다. 이것 역시 시민의 생활과 직결되는 것이어서 이명박의 이름값을 더 높이는 데 크게 기여했다. 두루뭉술하게 이럴 수도 있고, 저럴 수도 있다는 식의 말이나 일은 하지 않았다. 핵심을 파악하고 그것을 해결해서 그 파급효과로 전체를 끌고 가겠다는 고도의 전략을 이명박은 실행했다. 기업가로서의 오랜 경험이 이를 가능하게 했다. 그리고 그런 이명박의 정치 스타일은 전략적 골프 하나만 잘 관찰해도 웬만큼 파악할 수 있었다.

전략적 플레이형의 정치인이 대통령이 되면 나름의 아이디어와 계획으로 국가를 예측 가능하게 경영해서 긍정적인 효과를 낼 가능성이 높다. 이명박도 서울 시장을 할 때까지는 상당한 성과를 냈다. 하지만 불행하게도 대통령으로서는 이렇다 할 성과를 못 냈다. 4대강에 매달려 경제 살리기를 못 했고, 고루한 대북 강경책을 벗어나지 못해 남북 관계를 크게 후퇴시켰다. 공교육을 전혀 살리지 못했고, 대학은 정량적인 성과에 중점을 두게 해 장기적인 안목의 깊이 있는 교육을 어렵게 만들었다. 그게 이명박의 한계였지만, 어쨌든 전략적 플레이형의 정치인이 대통령이 되면, 다른 유형에 비해 연구와 계획에 따라 정책을 입안하고 체계적으로 정책을 실행할 가능성은 높다고 하겠다.

점수 관리형은 "드라이버는 쇼, 아이언은 스코어, 퍼터는 돈"이라는 명제를 신봉하는 형이다. 쇼는 줄이고 아이언샷, 그중에서도 짧은 어프로치 샷과 퍼팅에 신경을 많이 쓰는 스타일이다. 노태우가 대표적이다. 그는 장타보다는 정확성을 추구했다. 특히 숏게임이 정확했다. 연습도 드라이버샷 보다는 숏게임 위주로 했다. 연습도 많이 했다. 수시로 연습장에서 연습을 했고, 필드에서 하루 종일 연습과 게임을 하는 경우도 있었다. 이렇게 숏게임 위주로 연습을 많이 하면 점수 관리에 매우 유리하다. 일단 장타를 자제하고 정확한 티샷, 안정적인 아이언샷, 정확한 숏게임, 정확한 퍼팅을 하면 점수가 좋을 수밖에 없다. 특히 모험을 하지 않기 때문에 한꺼번에 점수를 많이 잃는 일이 없다. 대게 이런 사람이 돈을 딴다.

이런 유형은 실속형이다. 잃는 것 없이 이득만 챙긴다. 노태우는 전두환을 앞세워 실속을 모두 챙겼다. 육군 대장, 장관, 대통령까지 했다. 모험가를 따라다니면서 2인자로서 실익을 충분히 확보한 것이다. 실익은 챙기지만 획기적인 일은 못한다. 장타를 내지 않고 타수를 크게 줄이는 게 어려운 것처럼 모험을 하지 않고는 역사적인 업적은 내놓기는 어렵다. 정치 인생 모두를 거는 모험을 할 때 혁명적인 조치도 기대할 수 있는데, 접수 관리형의 정치인은 그런 모험을 하지 않는다. 그래서 이런 형은 특별한 경우 아니면 국가의 최고 지도자가 될 가능성은 낮다. 노태우는 특별한 경우다. 대통령이 되어도 기존에 해오던 것을 그대로 관리하는 역할에 그칠 가능성이 높다. 오죽하면 역대 대통령을 운전 행태에 비유한 최근의 유머에서 노태우는 졸음운전이라고 했을까. 이승만은 초보운전, 박정희는 과속운전, 최규하는 대리운전, 전두환은 난폭운전, 노태우는 졸음운전, 김영삼은 음주운전, 김대중은 안전운전, 노무현은 모범운전, 이명박은 역주행, 박근혜는 무면허 운전이라고 한다.

네트워크형과 친구 동반형

네트워크형이 골프를 하는 목적은 말 그대로 네트워크를 넓히기 위해서다. 자신에게 정치적으로 경제적으로 도움이 될 사람들을 골프 파트너로 삼는다. 여기서 대화와 협상도 이루어지고, 은밀한 거래도 이루어진다. 대화와 협상으로 그친다면 긍정적인 역할을 하는 것이지만, 거래로 이어지면 부정부패의 온상이 된다. 박정희는 네트워크형이라고 할 수 있다. 그는 대화를 해야 할 필요가 있는 정치인, 협의를 할 필요가 있는 경제인 등과 주로 골프를 했다. 노무현도 해양수산부 장관 시절부터 본격적으로 골프를 하면서 기업인을 만나고, 주변의 정치인들을 만나 자신의 활동 반경을 넓혔다. 클린턴도 그런 형이다. 그의 주요 골프 파트너는 그에게 기부금을 낼 수 있는 기업인들이었다.

정치인은 통상 네트워크형이다. 네트워크를 위해 골프를 하는 일이 많다. 대통령이 되고 난 이후에 골프를 배운 경우가 아니면, 정치인의 골프 행태는 네트워크형인 경우가 대부분이다. 사람과 돈, 표가 늘 필요한 존재가 정치인이기 때문이다. 이런 유형의 정치인은 대통령이 되면 더 많은 접촉을 위해 골프를 활용할 가능성이 높다. 좋은 측면으로 활용되면, 야당과도 만나고, 기업인들과도 만나면서 균형적인 시각과 포용력 있는 리더십을 갖추는 데 도움이 된다. 반대로 부정적으로 이용되면 거래의 장이 되고, 국민의 의심과 지탄을 받을 것이다.

친구 동반형은 정치인 골프 행태로는 드문 경우이다. 이해관계가 없는 가까운 사람들하고만 골프를 하는 정치인은 많지 않다. 오바마가 그런 유형에 가깝다. 대통령이 되기 전부터 주변의 가까운 참모들과 주로 골프를 했다. 대통령이 되어서도 마찬가지다. 윌슨도 비슷한 경우다. 자신의 주치의 또는 부인과 주로 골프를 했다. 오바마와 윌슨은 성공한 경우지만, 이런 골프는 정치인에게 필요한 네트워크 확장에 도움이 되지 않는다. 하지만 골프는 이런 식으로 하고, 정책 세미나, 연설회, 설명회 등 다양한 형태로 사람들을 만나고 표를 확보하는 정치인도 있다. 따라서 친구 동반형 골프를 한다고 해서 인적 네트워크가 좁다고 말할 수는 없다. 오히려 네트워크 골프에 대한 부정적인 인식 때문에 이를 피하면서 다른 형태로 소액 기부자나 지지자들을 확보하는 정치인도 얼마든지 있을 수 있다.

이런 유형의 정치인이 대권을 쥔다면, 부정적인 측면보다는 긍정적인 측면이 클 것이다. 대통령이 된 이후에는 골프가 아니라도 만나고 싶은 사람은 누구든 만날 수 있다. 기업인이든, 근로자 대표든, 예술인이든, 체육인이든. 집무실에서 만나고 현장에서 만나고 얼마든지 할 수 있다. 소수와 골프를 하는 것보다는 더 많은 사람들을 만나 더 많은 이야기를 들을 수 있다. 이렇게 직무와 관련된 만남은 공개적이면서 다양하게 하고, 하고 싶은 골프는 휴일에 가까운 사람들과 조용히 하는 것이 훨씬 바람직하다. 친구 동반형은 이런 형태로 갈 가능성이 높고, 그래서 깔끔하다. 오바마가 골프를 많이 하는 데도 별로 욕을 안 먹는 것은 이 때문이다.

규칙 무시형과 규칙 준수형

대표적 규칙 무시형은 클린턴이다. 오죽했으면 '빌리건'이란 말이 생겼겠는가. 아무리 타수를 많이 쳐도 더블보기 이상은 적지 않았다. 자기 확신형

범죄에 가깝다. 멀리건을 많이 치고도 스스로 괜찮다고 생각하고 규칙 위반이 아니라고 간주했다. 조기에 출세하고 주변의 떠받들음을 누려온 탓으로 보인다. 멀리건만 해도 그렇다. 클린턴의 동반자들은 모두 이를 인정해줬다. 그가 멀리건을 즐기는 것을 알고 멀리건을 적극 권장하기도 했다. 그러니 이것이 벌타에 해당한다는 사실조차 인식을 못하고 있을 것이다.

하지만 골프의 규칙은 자신에 대한 규제다. 규칙을 스스로 익히고 스스로 지키자는 것이 골프 게임의 방식이다. 심판도 없다. 넓은 골프장을 돌다 보면 아무도 안 보는 상황에 처하기도 한다. 속임수를 쓰고 싶은 유혹이 있을 수 있다. 하지만 이런 상황에서도 자기를 다스리면서 게임을 하는 것이 골프다. 그렇게 해야 자기 스코어를 정확히 알 수 있고, 거기서 더 타수를 줄이기 위해 노력하고, 그러면서 재미를 더 느끼는 것이다. 클린턴은 그런 재미는 모르는 인간형이다. 그저 좋은 게 좋고, 골프 실력 향상보다는 골프장에서 사람 만나고, 협상하고, 기부금을 얻고 하는 게 좋은 것이다. 그러니 규칙은 나와는 상관없는 이야기가 될 수밖에.

규칙 무시형 골퍼 클린턴은 결국은 대통령 재임 시 탄핵 소추를 당하는 수모를 겪었다. 앤드루 존슨과 닉슨에 이어 미국 역사상 세 번째였다. 르윈스키와 집무실에서 성적 접촉을 했다는 것은 그야말로 추문이고, 더 문제가 되는 것은 거짓말이었다. 그런 일이 없었다고 말한 것이다. 특별검사 케네스 스타Kenneth Starr에 의해 그 거짓말이 낱낱이 밝혀졌다. 상원의 탄핵 심판 부결로, 간신히 쫓겨나는 대통령 신세는 면했지만 거짓말쟁이 대통령의 불명예는 지금도 벗지 못하고 있다.

클린턴의 탄핵 소추 선배인 닉슨도 골프공을 발로 툭툭 차곤 했다. 그렇게 러프에서 공을 꺼내서 쳤다. 역시 규칙 무시형이다. 벌타를 받았을 리 없다. 닉슨의 문제도 거짓말이었다. 민주당 선거 본부에 대한 도청 시도 자체도 문제였지만, 닉슨 주변의 참모들이 직접 관련되어 있었는데, 닉슨이 사건을 은폐하려 했다는 것이 더 문제였다. 결국은 사임했다. 형식이 사임이지 실제로는 쫓겨난 것이다.

내가 방송국에 근무할 때도 그런 사람이 있었다. 골프를 아주 잘했다. 손에 굳은살이 박히도록 연습을 했다. 싱글을 밥 먹듯이 했다. 그 실력으로 유력한 사람들과 골프를 많이 쳤다. 메이저 언론사 기자 직함에 골프까지 잘했으니 골프 기회가 많았다. 그래서 아는 사람이 많았다. 소위 '네트워크가 좋은 사람'이었다. 이 사람이 러프에 들어간 공을 발로 차낸다는 소문이 있었다. 나도 확인은 못했지만 주변에서는 공지의 사실이었다. 그렇게 '잘나가던' 그가 어느 날 검찰의 소환을 받았다. 혐의는 국세청에 로비를 해서 기업체의 세금을 깎아주고 돈을 받았다는 것이었다. 결국 그는 구속되었다.

하나를 보면 열을 알고, 골프를 보면 사람을 안다. 골프를 보면 정치인의 정치 행태도 알 수 있다. 규칙을 무시하는 골퍼는 높은 자리에 올라가면 위험하다. 하물며 대통령이야 말할 것도 없다.

규칙 준수형은 알아서 벌타 받고, 알아서 정직하게 타수 계산하는 유형이다. 오바마는 한 홀에서 10타를 치면 이걸 다 적는다. 일반 주말 골퍼들처럼 '양파'라고 해서 규정 타수의 2배까지만 적는 것을 하지 않았다. 디보트도 메우고, 벙커 모래도 정리한다. 케네디도 멀리건을 쓰지 않았다. 하딩도 정치적 성과는 별로 못 낸 대통령이었지만 골프는 규칙을 잘 지키면서 했다. 쿨리지도 말 없이 룰대로 골프를 하는 스타일이었다. OK도 안 받았다. 레이건도 멀리건이나 OK를 안 좋아했다. 그러고 보면 클린턴이나 닉슨처럼 엉망으로 골프를 하는 대통령보다는 '규칙대로 골프'를 즐긴 대통령이 훨씬 많았다. 하긴 골프에서 규칙을 지키는 것은 기본이기 때문에 그게 당연한 것이기도 하다. 규칙을 안 지키는 게 이상하고 특이한 것이다.

골프 규칙을 지키면서 골프를 한다는 것은 골프장에 들어서는 순간 누구나 하는 무언의 약속이다. 이 약속을 잘 지킨다면 기본 중의 기본 정도를 갖춘 것이다. 정치인은 활동의 폭이 넓기 때문에 말도 많이 하고, 약속도 많이 한다. 이런 게 너무 많아서 오래 정치를 하다보면 약속하고 잊어버리는 일도 많다. 선거 공약을 무시하기도 한다. 처칠은 "공약을 하되 지켜지지 않는 경우 그 이유를 잘 대는 게 정치인이다"라고 했다. 공약을 할 때부터 못 지킬 것을 알고 이에 대한 설명까지 준비하는 게 정치인이라는 말이다. 하지만 이는 시민들의 민도가 낮을 때의 이야기고, 지금은 그런 의식을 가지고는 시민들의 지지를 얻기조차 힘들다.

규칙 준수형은 대통령이 되어도 규칙과 법을 진정성 있는 태도로 대할 수 있는 기본을 갖추었다고 할 수 있다. 일반인이 법을 어기면 도둑질에 그치지만 대통령이 법을 어기면 국고를 들어먹는다. 규칙 준수형이 대통령이 되는 것은 그런 가능성을 낮추는 것이다. 골프 규칙을 지킨다고 해서 더 중요한 법을 반드시 지키라는 법은 없다. 하지만 규칙 무시형보다는 법을 준수할 가능성은 훨씬 높다고 하겠다. 민주 사회에서 선거가 최선의 정치인을 뽑는 행위는 아닐지라도 최악을 피하는 수단은 되고 있다. 최악을 피하는 방안은 여러 가지가 있다. 전과자나 탈세, 공약 위반의 경험이 있는 사람을 배제하는 것이다. 대통령 후보가 골퍼라면 골프 규칙을 잘 지키는지를 보는 것도 최악을 피하는 하나의 방법이 될 것이다

정치인을 평가할 때 전체적으로 보면, 게임을 운영하는 방식으로는 장쾌한 골프형과 전략적 플레이형, 점수 관리형 가운데 전략적 플레이형이 장점이 많다. 장쾌한 골프형은 위험 부담이 있고, 점수 관리형은 창의적인 리더가 되기는 어렵다. 파트너 동반 유형, 네트워크형과 친구 동반형 가운데는 친구 동반형이 도덕성과 청렴성을 보장할 가능성이 높다. 규칙 준수와 관련해서는 규칙 준수형이 바람직하다.

세 가지의 조합을 생각해본다면, 장쾌한 골프형이면서 네트워크형, 규칙 무시형이면 최악이다. 모험심이 강하면서 이런저런 사람들을 만나면서 골프로 대화하고 협상하고 거래하면서 편법과 탈법의 경계를 오가는 정치인이다. 이런 유형을 대통령으로 뽑는 것은 그야말로 국민들이 큰 모험을 하는 것이다. 가장 바람직한 유형은 전략적 플레이형이면서 친구 동반형, 규칙 준수형이다. 이런 정치인을 대통령으로 선출하면 최선을 보장받지는 못하더라도 최소한 최악은 피할 수 있을 것이다.

대통령과 골프

© 안문석, 2015

초판 1쇄 2015년 12월 4일 찍음
초판 1쇄 2015년 12월 11일 펴냄

지은이 | 안문석
펴낸이 | 강준우
기획 · 편집 | 박상문, 박지석, 박효주, 김환표
디자인 | 이은혜, 최진영
마케팅 | 이태준, 박상철
인쇄 · 제본 | 제일프린테크

펴낸곳 | 인물과사상사
출판등록 | 제17-204호 1998년 3월 11일

주소 | (121-839) 서울시 마포구 서교동 392-4 삼양E&R빌딩 2층
전화 | 02-325-6364
팩스 | 02-474-1413
www.inmul.co.kr | insa@inmul.co.kr

ISBN 978-89-5906-383-3 03300
값 14,000원

이 도서의 국립중앙도서관 출판시도서목록(CIP)은 서지정보유통지원시스템 홈페이지(http://seoji.nl.go.kr)와
국가자료공동목록시스템(http://www.nl.go.kr/kolisnet)에서 이용하실 수 있습니다.
(CIP제어번호: CIP2015032599)